KB115130

2020
재무제표를 읽으면
기업이 보인다

2020

재무제표를 읽으면 기업이 보인다

| 공인회계사 홍성수, 김성민 지음 |

새로운제안

희망제약주식회사의
재무제표를 살펴보면

초보자가 재무제표를 정확하게 이해하기 위해서는 이론보다 사례를 통한 연습이 훨씬 유리하다. 이를 위해 '희망제약주식회사'라는 가상 기업의 재무제표를 첨부했다. 앞으로 재무제표를 활용해 기업을 제대로 이해하기 위해 다음의 과정을 거쳐 분석하고자 한다.

첫째, 재무제표에 나오는 계정과목의 의미를 이해한다.

둘째, 재무제표에 표시된 수치를 이용해 금융기관이 신용평점을 매길 때 중시하는 여러 재무비율을 계산하고, 그 재무비율의 속내를 살펴본다.

셋째, 매년 한국은행에서 발행하는 〈기업경영 분석〉에서 '희망제약주식회사'가 속한 제약업의 평균 재무비율과 비교하여, 사례 회사의 재무현황이 좋은지 나쁜지에 대해 분석한다.

희망제약주식회사의 개요

- 총자산: 719억 원

- 연매출액: 547억 원

- 종업원 수: 613명(판매 및 관리 부문 250명, 생산 부문 363명)

- 전기 종업원 수: 629명

- 제약업계 순위: 15위

- 당기 배당액: 5억 8,800만 원

재무상태표

당기 20△△년 12월 31일 현재
전기 20▽▽년 12월 31일 현재

■ 희망제약주식회사

(단위 : 백만원)

계정과목	당기	전기	계정과목	당기	전기
자 산			부 채		
Ⅰ. 유동자산	(54,815)	(49,455)	Ⅰ. 유동부채	(31,225)	(30,167)
(1) 당좌자산	(48,135)	(43,201)	1. 매입채무	4,507	4,153
1. 현금및현금성자산	5,345	4,788	2. 단기차입금	17,351	17,658
2. 단기금융상품	10,572	7,500	3. 미지급금	1,065	826
3. 매출채권	29,955	27,742	4. 미지급비용	2,483	1,856
4. 선급금	45	44	5. 유동성장기부채	5,303	5,307
5. 선급비용	473	547	6. 기타유동부채	516	367
6. 기타당좌자산	1,745	2,580	Ⅱ. 비유동부채	(15,881)	(15,357)
(2) 재고자산	(6,680)	(6,254)	1. 사채	7,280	7,536
1. 상품	503	753	2.장기차입금	682	999
2. 제품	4,009	3,013	3. 퇴직급여충당부채	9,675	7,691
3. 재공품	465	819	퇴직보험예치금	△2,000	△1,000
4. 원재료	1,570	1,659	4. 반품충당부채	244	131
5. 미착품	120	6			
6. 기타재고자산	13	4	부 채 총 계	47,106	45,524
Ⅱ. 비유동자산	(17,173)	(17,748)			
(1) 투자자산	(1,483)	(2,119)	자 본		
1. 장기금융상품	593	1,559	Ⅰ. 자본금	(7,350)	(7,000)
2. 만기보유증권	182	287	1. 보통주자본금	6,350	6,000
3. 매도가능증권	105	273	2. 우선주자본금	1,000	1,000
4. 지분법적용투자주식	403	–	Ⅱ. 자본잉여금	(900)	(900)
5. 장기대여금	200	–	1. 주식발행초과금	700	700
(2) 유형자산	(8,745)	(9,201)	2. 기타자본잉여금	200	200
1. 토지	2,936	1,936	Ⅲ. 자본조정	(△1,135)	(△1,555)
2. 건물	4,785	3,062	1. 자기주식	△937	△1,235
(감가상각누계액)	△3,967	△2,864	2. 주식매입선택권	122	–
3. 기계장치	5,120	7,640	3. 감자차손	△320	△320
(감가상각누계액)	△702	△1,211	Ⅳ. 기타포괄손익누계액	(1,121)	(1,430)
4. 기타유형자산	680	475	1. 장기투자증권평가이익	321	1,430
(감가상각누계액)	△220	△94	2. 재평가잉여금	800	–
(손상차손누계액)	△53	–	Ⅴ. 이익잉여금	(16,646)	(13,904)
5. 건설중인자산	166	257	1. 이익준비금	10,378	9,519
(3) 무형자산	(284)	(212)	2. 기타법정적립금	1,000	1,000
1. 영업권	50	87	3. 사업확장적립금	2,000	2,000
2. 개발비	220	125	4. 미처분이익잉여금	3,268	1,385
3. 기타무형자산	14	–			
(4) 기타비유동자산	(6,661)	(6,216)	자 본 총 계	24,882	21,679
1. 보증금	1,223	1,067			
2. 장기미수금	5,438	5,149			
자산 총계	71,988	67,203	부채와 자본 총계	71,988	67,203

손익계산서

당기 20△△년 1월 1일부터 20△△년 12월 31일까지
전기 20▽▽년 1월 1일부터 20▽▽년 12월 31일까지

■ 희망제약주식회사

(단위 : 백만원)

계정과목	당기	전기
Ⅰ.매출액	(54,712)	(50,845)
상품매출액	6,284	8,273
제품매출액	48,428	42,572
Ⅱ.매출원가	(23,529)	(23,233)
1. 상품매출원가	(3,412)	(3,618)
기초상품재고액	753	853
당기상품매입액	3,395	4,042
타계정대체출고	△233	△524
기말상품재고액	△503	△753
2. 제품매출원가	(20,117)	(19,615)
기초제품재고액	3,013	1,011
당기제품제조원가	22,445	22,629
타계정대체출고	△1,109	△862
관세환급액	△223	△150
기말제품재고액	△4,009	△3,013
Ⅲ.매출총이익	31,183	27,612
Ⅳ.판매비와 관리비	(18,497)	(18,232)
급여	6,368	5,925
퇴직급여	1,182	1,794
복리후생비	874	945
교육훈련비	121	35
여비교통비	1,209	1,218
세금과공과	67	49
임차료	242	188
감가상각비	156	153
접대비	675	697
광고선전비	5,850	5,480
보관료	131	142
경상개발비	41	31
판매수수료	1,200	1,100
대손상각비	232	403
무형자산상각비	41	40
잡비	108	32
Ⅴ.영업이익	12,686	9,380
Ⅵ.영업외수익	(2,521)	(2,112)
이자수익	2,400	2,035
배당금수익	19	10
자산처분이익	18	32

계정과목	당기	전기
외환차익	12	5
외화환산이익	45	12
기타	27	18
Ⅶ.영업외비용	(9,673)	(8,690)
이자비용	4,113	3,958
기타대손상각비	234	185
외화차손	872	138
외화환산손실	1,740	226
자산처분손실	2,357	4,012
자산손상차손	234	15
기부금	102	89
기타	21	67
Ⅷ.세전이익	5,534	2,802
Ⅸ.법인세비용	2,440	1,469
Ⅹ.당기순이익	3,094	1,333

제조원가명세서

당기 20△△년 1월 1일부터 20△△년 12월 31일까지
전기 20▽▽년 1월 1일부터 20▽▽년 12월 31일까지

▌희망제약주식회사

(단위 : 백만원)

계정과목	당기	전기
Ⅰ. 재료비	(10,814)	(10,968)
1. 기초원재료재고액	1,659	1,737
2. 당기원재료매입액	10,813	10,936
3. 타계정대체출고	△88	△46
4. 기말원재료재고액	△1,570	△1,659
Ⅱ. 노무비	(3,621)	(3,532)
1. 급여	288	240
2. 임금	2,908	2,566
3. 퇴직급여	425	726
Ⅲ. 제조경비	(7,708)	(8,021)
1. 전력비	103	100
2. 수도광열비	71	70
3. 운반비	168	158
4. 감가상각비	686	671
5. 수선비	99	106
6. 소모품비	982	1,406
7. 세금과공과	247	247
9. 임차료	758	858
10. 보험료	100	80
11. 복리후생비	417	472
12. 교육훈련비	117	63
13. 외주가공비	3,768	3,649
14. 반품충당부채전입	117	74
15. 잡비	75	67
Ⅵ. 당기총제조비용	22,143	22,521
Ⅴ. 기초재공품재고액	819	899
Ⅵ. 기말재공품재고액	△465	△819
Ⅶ. 타계정대체	△52	28
Ⅷ. 당기제품제조원가	22,445	22,629

재무제표를 읽으면 기업이 보입니까?

　기업체에 회계감사를 나가면 임직원들의 공통된 질문 중의 하나가 '회사의 재무제표를 보면 그 기업의 현황, 문제점, 미래까지도 알 수 있나요?'라는 것이다. 이 질문에 대해 '우리도 재무제표를 분석해야 합니다'라고 답하면, 회계사들은 어떤 특별한 분석법이 있을 것이라고 생각하는 사람들이 많다.

　'천릿길도 한걸음부터'라는 속담처럼 가장 중요한 것은 기초지식, 즉 재무제표를 해석할 수 있는 능력을 갖추는 것이다. 그 기초지식을 활용하여 상호 연관되는 내용을 연결시키면(이를 비율 분석 또는 경영 분석이라고 한다) 자연히 그 회사의 전반적인 사업 내용과 경영 관리 활동에 대해 알 수 있게 된다. 기초를 열심히 배양한 후 재무제표에 나오는 항목들을 서로 연결시켜 산출된 수치에 담긴 내용을 곰곰이 생각해 보면, 자연히 기업의 참모습을 볼 수 있는 것이다.

　이 책의 가장 큰 목적은 독자들이 생각하는 능력을 갖출 수 있도록 반드시 알아두어야 할 가장 기초적이고 기본적인 내용을 수록했으므로 이 책을 기반으로 기업을 보는 시각을 가질 수 있게 되기를 바란다.

이 책은 다음과 같이 구성되어 있다.

제1장에서는 재무제표의 유형과 대상이 되는 회계기간, 제2장에서는 손익계산서를 읽는 방법, 제3장에서는 재무상태표를 읽는 방법, 제4장에서는 현금흐름표를 읽는 방법에 대해 설명하고 있다. 여기까지가 재무제표를 읽는 방법에 대한 설명이다.

그 이후부터는 재무제표를 활용해 기업을 보는 방법에 대해 설명한다. 제5장에서는 사례회사인 희망제약주식회사의 재무제표를 활용해 다양한 재무비율을 계산해 본 후, 제6장에서는 금융기관의 신용평점표와 이상적인 재무제표를 설계하는 방법에 대해 설명했다.

이 책을 단순히 읽어본다고 해서 재무제표에 대한 지식이 저절로 쌓이지는 않는다. 실제 이론보다 더 중요한 것이 실전이다. 이 책을 읽으면서 실제 재무제표와 계산기를 옆에 놓고, 이 책에 적힌 내용이나 산식을 그대로 따라해 보기 바란다. 자신이 근무하는 회사나 거래처의 재무제표도 좋고, 자신이 주식에 투자하고 있는 기업의 재무제표도 괜찮다. 그것마저 없으면, 이 책 맨 앞에 수록된 희망제약주식회사의 재무제표를 활용한다. 이를 통해 재무제표를 읽는 실력이 일취월장한다는 느낌을 받게 될 것이다.

끝으로 이 책이 나오기까지 수많은 도움을 주신 여러분께 깊은 감사를 드리는 바이다.

목차

왜 재무제표를 읽어야만 할까?

왜 경기가 침체되면 도산하는 기업들이 늘어날까?

모든 사회 현상을 세세히 살펴보면 원인이 발생하면 일정한 과정을 거쳐 결과로 이어진다. 경기 침체라는 원인에 따라 기업 도산이라는 결과로 귀착된다는 뜻이다. 그 일련의 과정을 살펴보자.

우선, 경기가 침체되었다는 것은 전반적인 경제 상황이 악화되었다는 것이다. 기업이 생산 설비 등에 투자하지 않고, 또한 개인이 향후 소득이 줄어들 것으로 염려하여 소비를 줄이면서 경기 침체가 시작된다. 그리고 경기가 침체하면서 기업은 판매 부진에 시달리게 된다.

이론적으로 판매가 부진하면 조업률을 낮춰야 한다. 그런데 기업은 조업 수준을 예전처럼 유지할 수밖에 없는 상황에 처한다. 왜냐하면 이미 투자한 생산설비에서 발생하는 비용(감가상각비나 수선유지비 등)과, 현재 고용하고 있는 인력에 대한 비용(임직원들의 급여나 복리후생비 등)은 설비를 가동하지 않더라도 계속 부담하기 때문이다. 설비는 매각하지 않는 한 계속 가동해야 하고, 인력을 감축하는 것은 엄격한 노동 관련 법률 때문에 그리 녹록하지 않다.

다음의 현상으로 판매가 부진한데 조업률이 현상을 유지하게 되면, 당연히 제품이나 원재료 등의 재고가 늘어날 수밖에 없다. 안 팔리는데 만들어봤자 재고만 쌓인다는 의미다. 이어서 재고가 늘어나는 만큼 필요한 자금도 증가한다. 다시 말해, 상당 금액의 운전자금이 재고로 묶이면서 자금 운용에 애로가 발생한다.

특히 판매가 부진하다고 해서 비용이 줄어들지는 않는다. 도리어 물가 상승에 따라 비용이 증가하면서 이익은 줄어든다. 이런 현상이 지속되면 그나마 쥐꼬리만 한 이익도 없어지면서 손실로 전환된다.

만약 경영자들이 이러한 문제를 해결하려고 노력하지 않고 무시하거나 수수방관하게 되면, 결국 기업은 부도나 도산이라는 불행한 사태를 만나게 된다. 이때 임직원들이 재무제표를 읽을 수 있다면, 상황은 충분히 달라질 수 있다. 다음 사례를 통해 기업의 임직원들이 왜 재무제표를 읽어야만 하는지에 대해 알아보기로 하자.

[시나리오 1] 임원들이 회계를 모르는 상황에서의 회의록

안산공단에 소재하는 소망주식회사는 자동차 부품인 전조등을 생산하여 완성차업체인 한국자동차(주)에 납품하는 매출액 200억 원 정도의 중소기업이다. 회사가 생산한 제품은 전량 한국자동차(주)에 납품되기 때문에, 자동차의 생산량에 따라 회사의 매출액이 좌우된다.

현재 전조등을 생산하는 20여 개의 업체들이 치열하게 경쟁하는데, 대부분 종업원 10여명 내외에 연간 매출액 40억 원 가량인 영세기업들이다. 따라서 치열한 경쟁에 따라 소망주식회사의 제품 판매가는 원가에 소폭의 마진을 붙여 납품할 수밖에 없는 실정이다.

앞으로 지속되는 경기 침체로 인해 자동차 수요가 감소할 것으로 예상되는 가운데, 사장은 내년도 사업계획을 수립하기 위해 각 부서장들을 소집하여 경영회의를 갖게 되었다. 거기서 나온 대화 내용을 살펴보기로 한다.

대표이사: 향후 경기침체로 인해 자동차 수요가 감소됨에 따라 우리 회사 주력 제품인 전조등의 판매 수량이 줄어들 것으로 전망됩니다. 그러면 우리 회사에 어떤 문제가 발생할 것 같습니까?

영업부장: 당연히 회사의 매출액이 감소될 것으로 보입니다.

대표이사: 그렇다면 매출액 감소에 따라 어떤 문제가 생기겠습니까?

생산부장: 우리 회사의 경우 판매가 부진하다고 조업을 중단하기가 굉장히 곤란하기 때문에 제품 생산은 계속 되어야만 합니다. 따라서 제품 재고가 늘어날 것으로 예상됩니다.

대표이사: 판매가 부진한데 제품 재고가 늘어나면 무엇이 문제입니까?

자재부장: 제품 재고가 늘어나면 상당한 규모의 운전자금이 재고로 묶일 수밖에 없습니다. 또한 제품 재고를 보관하려면 창고료, 경비원 인건비 등의 직접비용이 증가할 것입니다.

경리부장: 게다가 운전자금이 증가하면 은행으로부터 추가로 대출받

아 충당해야 하기 때문에, 이자비용도 증가할 것입니다.

대표이사: 결국 경기침체에 따라 판매가 부진해지고 재고가 증가하면서 비용도 늘어난다는 것인데, 그러면 어떻게 하면 좋겠습니까?

영업부장: 무조건 많이 팔아야 합니다. 가격을 대폭 낮추거나 외상대금의 회수기간을 연장하더라도 제품 판매를 늘려야만 합니다. 보통 경기가 어려우면 살아남기 위해 수많은 기업들이 밀어내기 판매(수출) 전략을 취하지 않습니까?

생산부장: 영업부장은 판매 촉진책으로 매가 할인과 외상대금 회수 연장 등을 주장하는데, 그렇게 되면 업계 내 경쟁업체들도 우리와 동일하게 판매가를 낮추기 때문에 시장이 엉망진창이 될 것입니다. 이러한 상태가 된다면 영업부장이 기대하는 것처럼 판매 증대는커녕, 우리 회사를 포함한 모든 경쟁업체들까지 몰살하는 사태에 이를 것이 뻔합니다. 따라서 차제에 외형 성장보다는 내실 경영을 다지는 것이 필요합니다. 다시 말해 원가절감 방안을 모색하여 경쟁력을 강화시키는 방안으로 가야만 합니다.

자재부장: 저 역시 생산부장의 의견에 동감합니다.

경리부장: 제 생각은 생산부장과는 정반대입니다. 현재 은행의 대출규정에 따르면 기업별 적절한 대출한도는 매출액의 50%인 것으로 파악됩니다. 따라서 우리 회사의 매출액이 감소하게 되면 은행의 대출 한도가 줄어들게 되고, 어쩌면 이미 대출받은 금액 중 일부를 상환하라는 압력이 들어올 것으로 보입니다. 가득이나 운전자금이 부족한데 일부 대출 상환 압력까

지 들어오면 더 빨리 망할 수밖에 없습니다.

대표이사: 그러면 경리부장은 어찌해야 한다는 겁니까?

경리부장: 무조건 판매 증대책으로 가야만 합니다. 차제에 전조등만을 생산하는 체제에서 사업 다각화를 고려할 필요가 있습니다. 현재 제품수명주기에서 보면 전조등은 이미 성숙기에 접어든 제품이기 때문에 미래를 내다보고 신규 사업을 추진해야만 한다고 생각합니다.

대표이사: 좋아요. 그러면 판매증대 방안과 원가절감 방안에 대해 심도 있게 검토할 필요가 있겠군요.

경리부장: 그런데 제가 보기에, 지금까지 우리들은 너무 추상적인 논의만 한 것 같습니다. 제 생각에는 모든 사안을 한눈에 객관적으로 파악할 수 있도록 사안별로 수치화시킬 필요가 있습니다. 다시 말해, 우리가 처한 현상에 대해 말이 아닌 수치로 분석해야 하는데, 우리 회사의 재무제표에 나오는 수치 정보 없이 대화를 나누고 있다는 것입니다. 따라서 지금까지 나눈 대화에 나오는 현상을 수치로 정리하여 다시 회의할 필요가 있다고 봅니다.

대표이사: 알았습니다. 그러면 각자 부서별 기초 자료와 회사의 재무제표를 정독한 이후에 다시 회의를 갖도록 합시다.

(시나리오 2) 임원들이 회계를 아는 상황에서의 회의록

일주일이 지나 회사의 재무제표 및 각 담당 부서의 기초 자료를 세세히 숙지한 후에 회의가 진행되었다.

대표이사: 향후 경기침체로 인해 자동차 수요가 감소됨에 따라 우리 회사 주력 제품인 전조등의 판매 수량이 줄어들 것으로 전망됩니다. 그러면 우리 회사에 어떤 문제가 발생할 것 같습니까?

영업부장: 당연히 회사의 매출액이 감소될 것으로 보입니다. 자동차업계는 내년도 매출액이 올해에 비해 약 10% 감소할 것으로 예상하고 있습니다. 따라서 우리 회사도 올해 매출액 200억 원에서 내년도 매출액은 20억 원가량 감소한 180억 원이 될 것으로 추정됩니다.

대표이사: 그러면 매출액 감소에 따라 어떠한 문제가 생기겠습니까?

생산부장: 우리 회사의 경우 판매가 부진하다고 해서 조업을 감축하기가 곤란하기 때문에 제품 생산은 계속되어야만 됩니다. 따라서 제품 재고가 증가할 것으로 전망됩니다. 현재 우리 회사의 생산원가율은 재료비·인건비·제조경비를 합해 매출액 대비 약 80% 수준입니다. 따라서 감소하는 매출액 20억 원의 80% 수준인 16억 원가량의 제품 재고가 증가할 것으로 보입니다.

대표이사: 판매는 줄고 재고가 늘면 운전자금이 꽤 들어가겠는데요?

자재부장: 맞습니다. 재고 증가액인 16억 원만큼의 운전자금 조달책을 수립해야 합니다. 더불어 늘어난 재고를 보관하려면 창고료, 경비원 인건비 등의 직접비용이 또한 늘어날 것으로 예상됩

니다. 제가 계산해보니, 재고 증가액의 약 5% 수준인 8,000
만 원만큼의 직접비용이 추가로 발생할 것으로 전망됩니다.

경리부장: 게다가 운전자금이 증가하면 은행으로부터 추가로 대출받
아 충당해야 하기에 이자비용이 증가할 수밖에 없습니다. 현
재 우리 회사는 은행 대출에 대해 연 6%의 이자를 부담하고
있습니다. 따라서 재고 증가액 16억 원에 대출이자율 6%를
곱한 9,600만 원의 이자비용이 추가 발생할 것으로 보입니
다.

대표이사: 그렇게 비용이 늘어나면 이익은 어느 정도 날 것 같습니까?

경리부장: 올해는 회사 매출액 200억 원에 당기순이익이 2억 원으로
추산됩니다. 따라서 재고 증가와 관련된 직접비용 8,000만
원과 이자비용 9,600만 원을 합한 1억 7,600만 원의 추가
비용이 발생하면, 내년에는 거의 손익분기점이 될 것으로 예
상됩니다. 설립 후 계속 이익을 내던 사업이 단번에 적자로
전환될 수도 있습니다.

대표이사: 참으로 심각한 상황이군요. 그러면 어떻게 하면 좋겠습니
까?

영업부장: 무조건 많이 팔아야 합니다. 가격을 대폭 낮추거나 외상대금
의 회수기간을 연장하더라도 제품 판매를 늘려야만 합니다.
보통 경기가 어려우면 살아남기 위해 수많은 기업들이 밀어
내기 판매(수출) 전략을 취하지 않습니까? 제가 생각하기에
판매가를 10% 낮추면 매출액은 40억 원 정도 증가하지만
매출원가는 32억 원만 늘어나 총 10억 원가량의 판매마진

이 증가할 것으로 추정됩니다.

생산부장: 영업부장은 판매촉진책으로 매가 할인과 외상대금 회수 연장 등을 주장하는데, 그렇게 되면 업계 내 경쟁업체들도 우리와 동일하게 판매가를 낮추기 때문에 시장이 엉망진창이 될 것입니다. 이러한 상태가 된다면 영업부장이 기대하는 것처럼 판매 증대는커녕, 우리 회사를 포함한 모든 경쟁업체들까지 몰살하는 사태에 이를 것이 뻔합니다. 따라서 차제에 외형 성장보다는 내실 경영을 다지는 것이 필요합니다. 다시 말해, 원가절감방안을 도모하여 경쟁력을 강화시키는 방안으로 가야만 합니다.

대표이사: 말로만 하지 말고 수치로 표현해보세요.

생산부장: 비용은 크게 고정비와 변동비로 구분할 수 있습니다. 우리 회사의 비용을 구분해보니 고정비 100억 원, 변동비 98억 원으로 나타납니다. 여기서 변동비를 매출액 200억 원으로 나눈 변동비율이 49%이기 때문에 만약 매출액이 20억 원 감소한다면 원가도 10억 원을 줄일 필요가 있습니다.

자재부장: 저 역시 생산부장의 의견에 동감합니다.

경리부장: 제 생각은 생산부장과는 정반대입니다. 현재 은행의 대출규정에 따르면 기업별 적절한 대출한도는 매출액의 50%인거로 파악됩니다. 따라서 우리 회사의 매출액이 감소하게 되면 은행의 대출 한도가 줄어들게 되고, 어쩌면 이미 대출받은 금액 중 일부를 상환하라는 압력이 들어올 것으로 보입니다. 예를 들어 우리 회사의 매출액이 20억 원 감소되면, 은행으

로부터 그 절반인 10억 원만큼의 상환 압력이 가해질 것입니다.

대표이사: 그러면 경리부장은 어찌해야 한다는 겁니까?

경리부장: 무조건 판매증대책으로 가야만 합니다. 차제에 전조등만을 생산하는 체제에서 사업다각화를 고려할 필요가 있습니다. 현재 제품수명주기에서 보면 전조등은 이미 성숙기에 접어든 제품이기 때문에, 미래를 내다보고 신규 사업을 추진해야만 한다고 생각합니다. 제가 우리 회사의 대출한도를 사정해 본 결과 현재 10억 원 수준의 차입 여력이 아직 남아있습니다. 신규 차입자금을 활용하여 과감하게 신규 사업에 도전해 볼 필요가 있습니다.

대표이사: 좋아요. 그러면 지금까지 나눈 대화를 기반으로 부서별 현상 대처 방안과 미래 전략 방안을 마련하기로 합시다.

경영진들이 자사의 재무제표를 읽을 수만 있다면 회사의 현상에 대해 자세한 내막을 알 수 있기에 회의가 보다 구체적으로 진행될 수 있다. 앞으로 설명한 재무제표란 대표이사를 비롯하여 영업부장, 생산부장, 자재부장, 경리부장 등 모든 부문 책임자들이 회의를 진행할 때 필요한 공통 언어에 해당한다. 이러한 이유로 회사의 임직원들은 모두 회계를 공부할 필요가 있다. 영어로 진행되는 회의에서 영어를 알아듣지 못하면, 아무리 똑똑한 사람이라도 멍청하게 취급될 수밖에 없다.

제1장

재무제표를 읽기 전에

재무제표의 종류

재무제표

재무제표(財務諸表, Financial statements)는 재무에 관해 작성하는 여러 유형의 보고서를 총칭하는 용어다. 기업이 결산 작업을 통해 작성하는 서류라는 뜻으로 '결산서'라고도 부른다.

재무제표는 기업이 마음 내키는 대로 아무렇게나 만드는 보고서가 아니라, 법률에서 정한 양식과 규칙에 따라 작성해야 한다. 현재 법률에서 정한 재무제표에는 재무상태표, 손익계산서, 현금흐름표, 자본변동표, 주석 등 5가지 보고서로 구성된다.

■ 재무제표의 종류

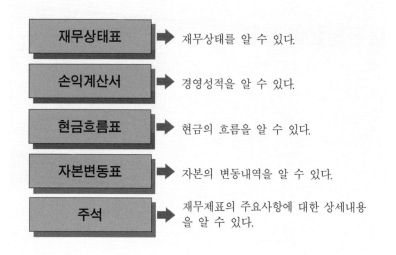

재무상태표 ➡ 재무상태를 알 수 있다.

손익계산서 ➡ 경영성적을 알 수 있다.

현금흐름표 ➡ 현금의 흐름을 알 수 있다.

자본변동표 ➡ 자본의 변동내역을 알 수 있다.

주석 ➡ 재무제표의 주요사항에 대한 상세내용을 알 수 있다.

* 이익잉여금처분계산서 또는 결손금처리계산서는 주석에 포함되어 공시된다.

재무상태표

재무상태표(財務狀態表, Statement of financial position)라는 말을 풀어보면, 재무 상태를 나타내는 도표(보고서)가 된다.

그러면 재무 상태는 어떻게 이해해야 할까? 원래 재무란 '자금과 관련된 업무'를, 상태란 일정 시점에 처해 있는 모습을 의미한다. 이 2개의 단어를 조합해 보면, 기업이 일정 시점에 어디에서 얼마큼 자금을 조달하여, 어느 곳에 얼마큼 운용하고 있는지를 보여 준다는 의미가 된다.

예를 들어 A씨가 1억 원짜리 아파트를 은행 대출 4000만 원과 그동안 모아 놓은 6000만 원을 갖고 매입했다고 하자. 이때 A씨의 재무 상태 중 총자산은 1억 원이고, 총자본은 은행 대출(부채) 4000만

원과 자기돈(자기자본) 6000만 원을 합한 1억 원으로 나타낸다.

그러면 재무상태표에서 어떤 정보를 얻어낼 수 있을까? 이 책을 읽다 보면, 재무상태표에서 다음의 정보를 읽어낼 수 있다.

- 일정 시점에 보유하고 있는 자산 규모(총자산)
- 자산을 보유하는 의도나 목적(유동자산, 비유동자산)
- 어디에서 얼마큼 빚을 냈는지 여부(총부채)
- 빚은 언제쯤 갚아야만 하는지 여부(유동부채, 비유동부채)
- 빌려온 빚에 대해 이자를 내는지 여부(차입금, 비차입금)
- 설립한 이후 현재까지 주주들이 투자한 자금의 규모(자기자본)
- 설립한 이후 현재까지 벌어들인 이익의 규모(이익잉여금)
- 회사의 유동성, 재무적 탄력성, 투자의 위험 정도 등

손익계산서

손익계산서(損益計算書, Income statement)라는 말을 풀어보면, 손익을 계산해 내는 보고서가 된다. 그러면 손익계산은 어떻게 이해하면 될까?

우선, 손익은 수익에서 비용을 차감하여 계산한다. 여기서 수익은 벌어들인 돈을, 비용은 사용한 돈을 뜻한다. 따라서 손익이 플러스(+)면 수익이 비용보다 많기에 벌었다는 의미로 이익(흑자)이 되고, 반면에 손익이 마이너스(-)면 수익이 비용보다 적기에 손실(적자)이라고 표현한다.

그러면 손익계산서에서 어떤 정보를 얻어낼 수 있을까? 이 책을 읽

다 보면 손익계산서에서 다음의 정보를 읽어낼 수 있게 된다.

- 회계기간에 상품 등을 팔아서 벌어들인 수익 규모(매출액, 총수익)
- 회계기간에 생산활동 등에 소요된 비용 규모(매출원가, 총비용)
- 수익에서 비용을 차감하여 계산한 이익 규모(매출총이익 등)
- 잉여자금의 운용이나 투자 활동에서 벌어들인 수익(영업외수익)
- 부족 자금의 조달이나 투자 활동에서 사용된 비용(영업외비용)
- 정부에 신고 · 납부한 세금의 규모(법인세비용)
- 주주들에게 배당으로 지급 가능한 금액(당기순이익)
- 과거의 경영성과, 미래 현금 흐름과 수익창출 능력 등의 예측

현금흐름표, 자본변동표, 이익잉여금처분계산서

재무상태표와 손익계산서를 읽을 수만 있어도, 그 기업의 전반적인 사업 내용과 경영 관리활동을 파악할 수 있다. 다만, 이 2가지 재무제표에 담을 수 없는 정보를 보충하기 위해 현금흐름표, 자본변동표, 주석 등의 3가지 재무제표가 추가로 작성된다. 나머지 3가지 재무제표에 대해서는 간단하게 정리하고, 뒤에서 상세히 살펴보기로 한다.

현금흐름표(現金흐름表, Statement of cash flows)는 회계기간의 재무 상태의 변동 사항을 보여 주는 보고서다. 재무상태표가 일정 시점의 재무 상태를 나타낸다면, 현금흐름표는 일정 기간의 재무 상태의 증감 내역을 보여준다는 차이점이 있다. 예를 들어 재무상태표는 기업이 설립된 이후 현재 시점(예를 들어 2000년에 설립되어 2020년까지

의 총 20년간)까지의 누적된 자금의 조달 및 운용 상태를 표시한다. 반면에 현금흐름표는 일정 기간(예를 들어 2020년 1월 1일부터 12월 31일) 동안의 재무 상태만 나타난다.

자본변동표(資本變動表, Statement of changes in equity)는 자본의 변동 상태를 보여주는 보고서다. 여기서 자본이란 원래 '자기자본'의 줄임말이다. 따라서 엄밀하게 말해, 자본변동표란 일정 기간(예를 들어 2020년 1월 1일부터 12월 31일까지) 자기자본에 속한 과목이 왜 늘어나고 줄어들었는지를 자세히 보여주는 보고서가 된다. 실제 자본변동표에서 유무상증자, 유무상감자, 인수합병(M&A), 배당금 지급 등 주식투자자들에게 유익한 정보를 읽어낼 수 있다.

마지막으로 주석(註釋, Footnote)은 원래 뜻이 '낱말이나 문장의 뜻을 알기 쉽게 풀어쓴 자료'를 의미한다. 재무제표는 과목과 숫자만을 압축하여 단순히 나열한 보고서이기에, 고도의 회계 지식을 갖췄다고 해도 쉽게 이해할 수 없다. 따라서 그 숫자에 담긴 내용을 글귀로 자세히 풀어쓸 필요가 있다. 재무제표 맨 뒷면에 첨부되는 주석이 바로 숫자 이면에 담긴 내용을 보충 해설하는 재무제표 중 하나에 해당한다.

회계기간과 사업연도

회계기간과 사업연도

가계의 주인공인 가정주부는 알뜰하게 생활하기 위해 가계부를 작성한다. 그래야 날아가는 물가 상승에 쥐꼬리만 한 월급으로 적자를 내지 않고 생활할 수 있기 때문이다. 보통 가정주부는 가계부를 현금의 입출금을 기준으로 매일 혹은 매월 단위로 작성한다. 다만, 가정주부가 분기나 연간으로 가계부를 작성하더라도 아무런 제한이 없다. 말 그대로 쓰는 사람 마음대로다.

반면에 기업은 법률에 따라 일정 기간마다 재무제표를 작성해야 한다. 이 기간을 회계기준에서는 회계기간(會計期間, Fiscal year) 혹은 보고기간(報告期間, Reporting year)이라고 하고, 세법에서는 사업연도(事業年度, Business year)라고 부른다. 모두 같은 개념을 달리 표현한 것이다.

회계기간은 1년을 초과할 수 없으며, 회사마다 한 회계기간의 대상기간을 정해 세무서에 신고해야 한다. 예를 들어 매년 1월 1일부터 그 해 마지막 날인 12월 31일까지를 하나의 회계기간으로 정할 수 있다(12월말 결산법인). 또는 매년 4월 1일부터 다음해 3월 31일까지를 회계기간으로 정한 기업도 있고(3월말 결산법인), 매년 7월 1일부터 다음해 6월 30일까지를 회계기간으로 정한 기업도 있으며(6월말 결산법인), 그 외의 색다른 회계기간을 정할 수 있다.

그러면 우리나라 기업들은 회계기간을 어떻게 정하고 있을까?

국내 기업들이 세무서에 신고한 사업연도를 살펴보면, 전체 회사의 대부분인 96%가량이 12월말 결산법인으로 나타나고 있다. 거의 모든 기업들이 정부의 회계기간에 맞춘 것으로 보인다. 참고로 일본

▌ 결산기별 법인 수

보고 기간 말	회계기간	회사 수	비중
12월말 결산법인	1월 1일부터 12월 31일까지	664,491	95.5%
3월말 결산법인	4월 1일부터 익년 3월 31일까지	5,277	0.8%
6월말 결산법인	7월 1일부터 익년 6월 30일까지	7,324	1.1%
9월말 결산법인	10월 1일부터 익년 9월 31일까지	3,744	0.5%
기타		14,609	2.1%
합계		695,445	100.0%

(국세청, 「2019 국세통계연보」)

기업들은 대부분 3월말 결산법인으로 구성된다.

회사가 회계기간을 어떻게 정하느냐에 따라 재무제표를 작성하는 시기도 달라지므로 한번 정할 때 신중을 기해야 한다. 왜냐하면 일단 회계기간을 정해 정관에 기재하거나 세무서에 신고하게 되면, 새롭게 회계기간을 변경하는 것이 상당히 번거롭기 때문이다.

그리고 12월말 결산법인의 경우 재무상태표는 회계기간 말(결산기말, 보고기간종료일, 보고기간말)인 12월 31일 현재의 재무 상태를 그리고 손익계산서는 회계기간의 개시일인 매년 1월 1일부터 종료일인 12월 31일까지의 경영실적이 표시된다.

▌12월 말 결산법인의 경우

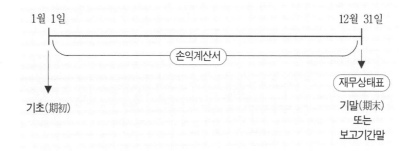

32

제2장

손익계산서를 읽어 보자

손익계산서를 알아보자

초보자가 재무제표를 읽다보면 꽤 많은 전문 용어들을 접하게 된다. 그들이 재무제표를 쉽게 이해하지 못하는 주된 이유다. 그러면 재무제표를 손쉽게 파악할 수 있는 비법은 없을까?

먼저 관심을 둔 기업의 재무제표를 찾아내서 옆에 놓고 이 책을 읽어나간다. 만약 원하는 재무제표를 구할 수 없다면, 이 책 맨 앞에 나오는 회망제약주식회사의 재무제표를 복사해서 활용하기 바란다.

다음으로 재무제표를 한 번 찬찬히 훑어본다. 단지 계정과목과 금액만이 빽빽이 적혀 있기 때문에, 처음에는 잘 이해되지 않을 것이다. 지금부터 이 책에서 설명하는 내용에 따라, 재무제표에서 그 과목을 찾아내서 내용과 금액을 음미해 본다.

지금부터 재무제표 중 손익계산서를 읽어 나가는 회계 여행을 시작해본다. 먼저 손익계산서의 체계, 과목, 개념 등을 정리해본다.

가계, 정부, 기업의 수지 계산서

가정주부는 합리적인 가계 생활을 영위하기 위해 가계부를 작성한다. 가계부에는 일정 기간(월별, 분기, 연간 등)의 현금 수입과 지출이 기록된다. 가계부가 흑자라는 것은 수입이 지출보다 많아 재산이 불어나는 상황이고, 적자라는 것은 수입이 지출보다 적어 재산이 줄어

▌부문별 수지계산 형태

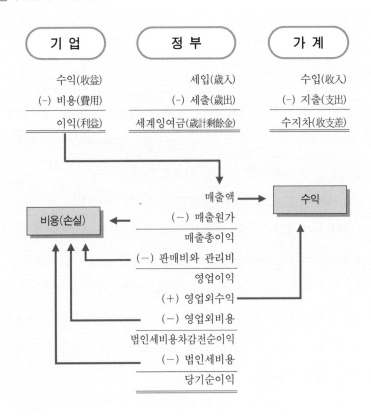

들거나 빚이 늘어나는 상황이다.

우리나라 정부도 나라 살림을 잘 꾸려나가기 위해 매년 예산서와 결산서를 작성하여 국회로부터 승인을 받는다. 보통 예산서와 결산서는 국민들로부터 세금 등의 명목으로 걷어 들인 세입에서, 국가사업을 위해 사용한 세출을 차감하는 방식으로 작성한다.

그런데 가계, 정부, 기업마다 자금의 입출금에 대해 각기 다른 용어를 사용하고 있다. 예를 들어 가계부에서 들어온 돈은 수입(收入)으로 나간 돈은 지출(支出)로 처리하여 수지차(收支差)를 계산한다. 반면에 정부는 들어온 돈은 세입(歲入)으로 나간 돈은 세출(歲出)로 처리하여 그 차액인 세계잉여금(歲計剩餘金)을 산정한다.

가계의 가계부나 정부의 결산서와 비슷한 목적을 달성하기 위해, 기업이 작성하는 보고서가 손익계산서다.

손익계산서

손익계산서(損益計算書, P/L, Profit & Loss Statement)를 풀어 보면, '손익을 계산한 보고서'가 된다. 여기서 손익은 순손실과 순이익을 합쳐 부르는 용어다.

▌ 손익의 구조

순이익(純利益, Income)은 총수익이 총비용보다 커서 그 차액이 플러스(+)인 상황이다. 보통 순이익은 흑자(黑字)라고도 하는데, 사업해서 돈을 벌고 있는 상황이다.

한편, 순손실(純損失, Loss)은 총수익이 총비용보다 적어 그 차액이 마이너스(-)인 상황이다. 보통 순손실은 적자(赤字)라고도 하는데, 사업해서 돈을 까먹고 있는 상황이다. 사업을 해서 벌어들인 돈(총수익)이 쓴 돈(총비용)에 미치지 못해 밑지는 장사를 한 셈이다.

손익계산서를 구성하는 주요 용어인 수익과 비용에 대해 알아본다.

수익

수익(收益, Revenues)은 회사가 회계기간에 벌어들인(收) 이익(益)을 말한다. 수익은 우리들이 일상생활에서 사용하는 수입, 외형, 매출액, 매상고라는 말과 거의 유사하다. 예를 들어 동네에서 포장마차를 하는 사람끼리 만나서 '오늘은 수입이 좋다'고 말한 경우 물건을 팔아 챙긴 현금이 많았다는 뜻으로 통용된다.

간혹 포장마차에서 단골손님이 한 달간 먹을 식대를 미리 내고(선급금의 증가) 이용할 때가 있다. 이 경우 고객으로부터 선금을 받는 시점에 현금 수입은 늘어나지만, 수익에는 영향을 미치지 않는다.

요즈음 대부분의 음식점에서는 고객들이 신용카드를 사용해 식사대를 지불한다. 이 경우 음식을 팔더라도 현금이 아닌 카드영수증만 잔뜩 쌓인다. 그리고 카드영수증은 일주일가량 지나서야 은행 계좌에 입금된다. 다시 말해 현금이 아닌 외상 장사를 한 셈이다.

회계에서는 현금 판매뿐만 아니라 외상 판매도 수익으로 처리한다. 이 때문에 오해를 방지하기 위해 현금 수입(收入) 대신에 수익(收益)이라는 용어를 사용한다. 회계에서의 수익은 현금 판매 부분과 외상 판매 부분을 합친 아주 폭 넓은 개념이다. 이에 더해 회사의 수익에는 물건을 팔아서 벌어들인 것뿐만 아니라, 여유자금을 금융기관에 예치하거나 또는 제3자에게 빌려주면서 그 대가로 받는 이자까지도 포함된다.

회계기준에서 '수익이란 기업의 경영 활동과 관련하여 재화의 판매 또는 용역의 제공 등에 대한 대가로 발생하는 자산의 유입 또는 부채의 감소'라고 정의한다. 이를 풀어보면, 물품을 팔거나 서비스를 제공한 대가로 벌어들인 돈이라는 의미로 이해하면 된다.

손익계산서에서 수익은 다음 항목을 모두 더한 금액으로 표시된다.

수익 = 매출액 + 영업외수익 + 중단사업이익

비용과 원가, 손실

회계에서 비용(費用, Expenses)은 수익을 얻기 위해 사용(用)한 금전(費)을 말한다. 예를 들어 회사가 거래처에 물품을 팔아 수익을 내려면, 사전에 물품을 만들어 내거나 어디선가 구매해 와야만 한다. 그리고 물품을 만들려면 원재료와 인건비가 들어가고, 물건을 구매하면 그 대가를 지급해야 한다. 이처럼 물품을 만들거나 구매하면서 들어간 돈이 바로 '비용'으로 처리된다.

회계에서는 비용과 유사한 뜻으로 '원가' 혹은 '손실'이라는 용어가 있다. 원래 비용은 수익을 얻기 위해 소비된 재화나 용역을 의미한다.

예를 들어 회사가 신제품을 광고하는 데 사용한 돈은 그 시기에 소비된 것으로 간주하여 비용(광고선전비)으로 처리한다.

반면에 원가(原價, Cost)는 소비된 재화나 용역이 다른 자산으로 변형된 경우에 사용한다. 예를 들어 생산활동에 들어간 지출은 다른 자산(제품)으로 그 형태가 변환되기에, 비용이 아닌 원가로 처리한다.

한편, 손실(損失, Loss)은 수익을 얻는 데 기여하지 못하고 소멸된 부분을 말한다. 예를 들어 거래처에 신제품을 샘플로 제공하는 경우, 그 제품은 비용(견본비)로 처리한다. 하지만 신제품을 도난이나 파손된 상황이라면 손실(정확하게 재고자산감모손실)로 처리한다. 앞으로 살펴 볼 손익계산서에서 '~손실'이라는 항목은 대부분 수익을 얻지 못하고 소멸된 부분이라고 이해하면 된다.

회계기준에서는 '비용이란 기업의 경영활동과 관련된 재화의 판매 또는 용역의 제공 등에 따라 발생하는 자산의 유출이나 사용 또는 부채의 증가'라고 정의를 내리고 있다. 회사가 돈(수익) 벌기 위해 필연코 들어가야만 하는 돈(비용)이라고 이해하면 된다.

손익계산서에서 비용은 다음 항목을 모두 더한 금액으로 표시된다.

총비용 = 매출원가 + 판매비와관리비 + 영업외비용 + 중단사업손실 + 법인세비용

손익계산서의 형태

회사는 손익계산서를 두 가지 방법으로 작성할 수 있다.

첫째, 회계기간에 벌어들인 총수익에서 총비용을 차감하여 최종 결과인 순손익만을 표시하는 방법이다. 둘째, 회계기간에 발생한 총수익과 총비용을 각 유형별로 구분하여 단계별 이익을 나타내는 방법이다.

회계기준에서는 두 번째 방법으로 손익계산서를 작성하도록 규정하고 있다. 즉 매출액에서 시작하여 다음 그림처럼 관련되는 수익과 비용을 순차적으로 가감하여, 최종적으로 당기순이익이 산출되는 과정을 보여 주는 방식이다. 이러한 과정에 따라 손익계산서에는 매출총이익, 영업이익, 법인세비용차감전순이익, 계속사업이익, 당기순이익 등이 나타난다.

▌손익계산서와 기업활동

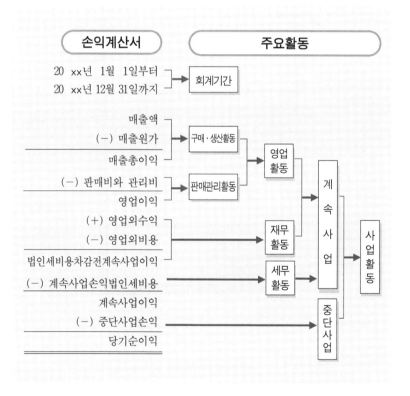

■ 손익계산서의 형태

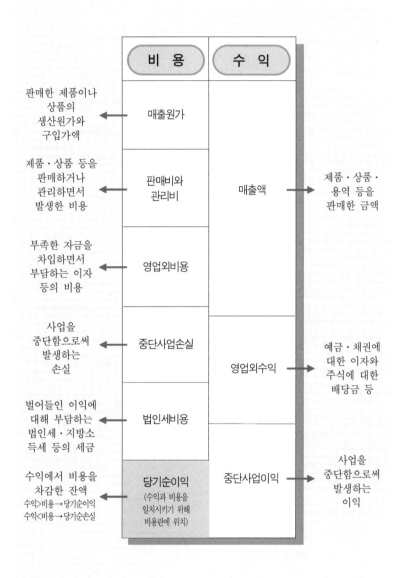

비 용	수 익
판매한 제품이나 상품의 생산원가와 구입가액 ← **매출원가**	**매출액** → 제품·상품·용역 등을 판매한 금액
제품·상품 등을 판매하거나 관리하면서 발생한 비용 ← **판매비와 관리비**	
부족한 자금을 차입하면서 부담하는 이자 등의 비용 ← **영업외비용**	
사업을 중단함으로써 발생하는 손실 ← **중단사업손실**	**영업외수익** → 예금·채권에 대한 이자와 주식에 대한 배당금 등
벌어들인 이익에 대해 부담하는 법인세·지방소득세 등의 세금 ← **법인세비용**	
수익에서 비용을 차감한 잔액 수익>비용→당기순이익 수익<비용→당기순손실 ← **당기순이익** (수익과 비용을 일치시키기 위해 비용란에 위치)	**중단사업이익** → 사업을 중단함으로써 발생하는 이익

손익계산서에 왜 다양한 이익을 모두 나타내는 걸까?

손익계산서에서는 우선 사업을 계속 사업과 중단 사업으로 구분한다. 그런 후에 계속사업에서의 활동을 생산 활동 · 판매 활동 · 영업 활동 · 재무 활동 · 세무 활동으로 더욱 세분화하고 있다. 이를 통해, 각 사업별 활동별 수익능력을 파악할 수 있게 된다. 각각의 활동마다 산출된 이익을 구간이익(區間利益)이라고 부른다.

매출총이익을 계산해 보자

매출총이익

매출총이익(賣出總利益, Gross profit)은 매출액에서 매출원가를 차감하여 계산한다. 다만, 매출액이 매출원가에 미달하여 매출총이익이 마이너스(-)로 계산되면 매출총손실(賣出總損失, Gross loss)로 표시한다.

매출총이익 = 매출액 - 매출원가

매출총이익은 회사가 재화나 용역을 팔면서 벌어들인 판매수익(매출액)에서, 이를 생산·매입하는 데 소비된 생산원가와 매입원가(매출원가)를 차감하여 계산한 이익이다. 회사가 구매 및 생산 활동을 영위하면서 창출한 부가가치를 나타낸다. 매출총이익을 매출액으로 나눈 비율을 '매출액총이익률'이라고 하는데, 제품별 수익성을 분석할 수 있다.

회사의 생산설비가 만들어 내는 산출량은 제한될 수밖에 없다. 예를 들어 거래처로부터 주문이 마구 쇄도한다고 무한정 만들어 낼 수는 없다. 회사가 취급하는 수많은 제품 중 생산의 우선순위를 정하는 경우, 매출액총이익률이 가장 높은 제품부터 생산하다보면, 자연스럽게 이익이 늘어나게 된다.

매출액

매출액(賣出額, Sales)이란 재화를 판매하거나 용역을 제공하는 거래에서, 그 대가로 얻는 금액을 말한다. 손익계산서의 매출액은 회사의 주된 수익의 원천에 해당한다. 따라서 매출액의 세부 내역을 검토하다 보면 회사가 어떤 사업을 어떻게 운용하는지를 파악할 수 있다.

매출액을 검토할 때 주의할 몇 가지 사항에 대해 알아보자.

첫째, 매출액은 재화매출과 용역매출로 구분된다

매출액 중 용역매출에는 판매한 물품의 하자를 고쳐내는 애프터서비스(AS) 수익, 자체 개발한 기술을 빌려주면서 벌어들인 로열티 수익, 소프트웨어 개발회사가 프로그램(ERP나 CRM 등) 제작으로 벌어들인 수익, 광고회사가 TV용 광고물을 제작해 받은 수익 등이 모두 포함된다.

매출액을 재화매출액과 용역매출액으로 구분하는 이유는 그 비중에 따라 업종이 결정되기 때문이다. 매출액 중 재화매출액이 절반 이상을 차지하면, 그 회사 업종은 제조업이나 소매업으로 분류한다. 반면에 용역매출액이 절반 이상을 차지하면 서비스 업종에 속하게 된다.

둘째, 재화매출은 제품매출과 상품매출로 구분된다

재화는 가공 여부에 따라 '제품'과 '상품'으로 구분된다. '제품'이 란 공장에서 원재료를 가공하여 제조된 물품을 말한다. 예를 들어 가 전제품 제조회사가 생산하는 냉장고, 세탁기, 고화질TV 등이 제품에 해당한다. 그리고 제품을 팔아 벌어들인 수익은 제품 매출액으로 처 리한다.

'상품'이란 매입한 후 별도의 생산과정을 거치지 않고 판매하는 물 품을 가리킨다. 이를테면 대기업이 중소 협력업체로부터 매입해 단 순 판매하는 OEM(주문자 상표 부착) 방식의 선풍기와 믹서 등이 상품 에 해당한다. 그리고 상품을 판매해 벌어들인 수익은 상품매출액으 로 처리한다.

매출액을 제품매출액과 상품매출액으로 구분하는 이유 역시 앞서 와 마찬가지로 매출액 비중에 따라 업종이 결정되기 때문이다. 매출 액 중 제품매출이 차지하는 비중이 절반 이상이면 제조업에 속한다. 반면에 상품매출이 절반 이상을 차지하면 도매업 또는 소매업으로 분류한다.

기업 입장에서 업종 분류는 매우 중요한 의미를 지닌다. 왜냐하면 일례로, 정부가 제조업에는 다양한 금융 및 세제 혜택을 주지만, 도소매업종은 그런 혜택을 거의 받지 못할뿐더러, 지역 상권 보호라는 이유로 도리어 규제 대상이 될 수 있기 때문이다.

매출액으로 인식하는 금액

손익계산서의 매출액은 재화를 판매하거나 용역을 제공하는 시점에 받을 대가로 계상한다. 매출액을 계산하는 공식은 다음과 같다.

매출액 = 판매대금 - (매출 에누리 + 매출 할인 + 매출 환입 + 각종 세금)

매출 에누리란 거래처에 물품을 판매했는데 수량이 부족하거나 품질이 불량한 경우, 이를 보상해주기 위해 일정 금액을 깎는 것을 가리킨다. 회사가 정한 일정 기준 이상으로 많은 금액을 구입한 거래처에 지급하는 판매 장려금도 매출 에누리에 해당한다.

매출 할인이란 판매대금을 깎아 주거나 매출채권을 조기에 수령하면서 그 대금을 낮춰주는 것을 말한다. 예를 들어 백화점이 정가 10만 원짜리 상품을 40% 바겐세일로 판매하는 경우, 매출액은 할인 후 금액인 6만 원으로 처리한다.

매출 환입은 물품의 품질 차이, 파손, 계약 취소 등의 사유로 반품된 것을 말한다. 이 경우 인도시점에 매출액으로 처리한 금액을 감액함으로써 결국 매출액은 제로(0)가 되어야 한다.

매출액은 세금을 제외한 금액으로 처리한다. 제외되는 세금으로는 부가가치세, 주세, 담배소비세, 교통세, 개별소비세 등이 있다. 이런 세금들은 회사가 거래처나 소비자에게서 받아 세무서에 대신 납부하기 때문에 회사 매출액에 포함해서는 안 된다.

매출원가

매출원가(賣出原價, Cost of sales) 매출액에 대응되는 매입원가나 생산원가를 말한다. 이해를 돕기 위해 도소매업에서 매출원가가 어떻게 계산되는지, 다음의 사례를 통해 알아보기로 한다.

어떤 편의점에서 회계기간 중에 상품 10개를 개당 100원에 사서 그중 6개를 개당 150원에 판매하고, 나머지 4개는 팔지 못해 진열대에 남았다고 하자. 이때 매출액과 거기에 대응하는 매출원가는 얼마일까?

일단 매출액은 900원(6개 × 150원)이고 매입원가는 1,000원(10개 × 100원)이다. 그러면 매출액에 대응하는 매입원가는 어떻게 계산할까?

우선 10개를 개당 100원에 사서 그중 6개만 팔았으니, 매출액에 대응하는 매입원가는 600원(6개 × 100원)이다. 이와 같이 회계기간에 발생한 매입원가 중에서 판매한 수량에 상당하는 금액(600원)만이 손익계산서의 '상품매출원가'로 처리된다.

그럼 팔리지 않는 나머지 4개의 매입원가 400원은 어떻게 처리할까?

이는 재무상태표의 '재고자산'으로 표시되어 다음 회계기간으로 넘어간다. 즉 내년도에 팔리는 시점에 상품매출원가로 처리된다. 요컨대 회계기간에 구입한 상품의 매입원가 중에서 팔린 금액은 '매출원가'로, 팔리지 않고 남은 금액은 '재고자산'으로 구분한다. 정리해 보면 다음과 같다.

$$매출액 = 판매\ 수량 \times 판매\ 단가 = 6개 \times 150원 = 900원$$

$$매출원가 = 기초재고 + 당기매입 - 기말재고$$

$$= 0원 + 10개 \times 100원 - 4개 \times 100원 = 600원$$

▌매출원가의 계산내역

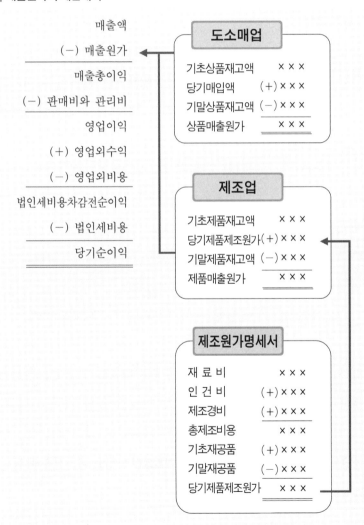

제조업도 이와 똑같이 처리한다. 공장에서 재료비와 인건비 등 생산원가 1,000원을 들여 제품 10개를 만들어, 그중 6개만 팔았다고 하자. 그럼 생산원가 1,000원 중 600원은 제품매출원가로, 나머지 400원은 재고자산(제품)으로 나눠 처리한다.

상품매출원가

상품매출원가란 회계기간 중에 매입한 상품 중에서 판매되어 비용으로 처리된 상품의 매입원가를 말한다. 원래 백화점, 할인점, 슈퍼마켓, 편의점, 도매상 등은 도소매업에 해당되는데, 이들 업종의 매출원가는 대부분 상품매출원가로 구성된다.

상품매출원가를 계산하기 위해서는 각 상품별 입고와 출고 내역을 기록한 상품수불부를 작성해야 한다. 상품수불부에 기록된 상품별 입출고 내역과 금액을 정리하면, 다음과 같이 상품매출원가가 산정된다.

상품매출원가 = 기초상품재고액 + 당기상품매입액 - 기말상품재고액

위의 산식에 나오는 (당기)상품매입액은 다음의 매입에누리 등을 조정하여 계산한다.

상품매입액 = 매입대금 - (매입에누리 + 매입할인 + 매입환출 + 각종 세금)

제품매출원가

제품(製品, Finished goods)이란 원재료를 매입하여 물리적·화학적 가공 과정을 통해 원재료와는 형질이 변형된 새로이 만들어진 물품을 의미한다. 제품매출원가란 회계기간 중에 공장에서 생산한 제품 중에서 판매된 부분의 생산원가를 말한다. 따라서 제조업의 매출원가는 대부분 제품매출원가로 구성된다. 다만, 제조업이 상품을 매입하여 되파는 경우, 위의 산식에 따라 상품매출원가를 계산한다.

제조업의 제품매출원가는 상품매출원가와는 달리 원가계산을 거쳐야만 계산된다. 왜냐하면 제품매출원가는 공장에서 제품을 생산하는데 들어간 여러 비용(재료비, 노무비, 제조경비 등)으로 구성되기 때문이다.

제품매출원가는 기초제품재고액과 당기제품제조원가의 합계액에서 기말제품재고액을 차감하는 형식으로 계산된다.

제품매출원가 = 기초제품재고액 + 당기제품제조원가 - 기말제품재고액

위에 나오는 (당기)제품제조원가는 다음과 같이 계산하되, 그 세부내역을 보여주는 제조원가명세서가 별도로 작성되어 첨부된다.

제품제조원가 = 재료비 + 노무비 +제조경비 + 재공품조정

제조원가명세서

기업의 생산활동에서 발생한 원가는 재료비, 인건비, 제조경비로 구성된다. 재료비는 회계기간에 작성하는 원자재수불부를 근거로 하여, 각각의 원자재별 총입고금액과 총출고금액을 가감하여 계산한다.

재료비 = 기초재료재고액 + 당기재료매입액 - 기말재료재고액

인건비(노무비)는 급여와 퇴직급여 등으로 구성되는데, 주로 근무기록카드와 급여대장에 따라 계산된다. 제조경비는 공장에서 생산활동을 위해 사용된 다양한 항목으로 구성된다. 그리고 재료비·인건비·제조경비를 합산하면 총제조비용이 계산된다.

당기총제조비용 = 재료비 + 노무비 + 제조경비

제조원가명세서 하단에 있는 재공품이란 보고기간말에 공장에서 가공 작업에 착수했으나, 생산이 완료되지 않은 상태에 있는 미완성 제품을 의미한다. 당기제품제조원가는 다음과 같이 계산된다.

당기제품제조원가 = 기초재공품 + 당기총제조비용 + 기말재공품

제조원가명세서에 맨 마지막에 나오는 당기제품제조원가는 손익계산서에 나오는 당기제품제조원가와 정확하게 금액이 일치해야만 한다.
제조원가명세서의 일반적인 형태는 다음 페이지의 그림과 같다.

제조원가명세서

(단위 : 백만원)

계 정 과 목	당 기	전 기
Ⅰ. 재료비	(10,814)	(10,968)
1. 기초원재료재고액	1,659	1,737
2. 당기원재료매입액	10,813	10,936
3. 타계정대체출고	△88	△46
4. 기말원재료재고액	△1,570	△1,659
Ⅱ. 노무비	(3,621)	(3,532)
1. 급여	288	240
2. 임금	2,908	2,566
3. 퇴직급여	425	726
Ⅲ. 제조경비	(7,708)	(8,021)
1. 전력비	103	100
2. 수도광열비	71	70
3. 운반비	168	158
4. 감가상각비	686	671
5. 수선비	99	106
6. 소모품비	982	1,406
7. 세금과공과	247	247
9. 임차료	758	858
10. 보험료	100	80
11. 복리후생비	417	472
12. 교육훈련비	117	63
13. 외주가공비	3,768	3,649
14. 반품충당부채전입	117	74
15. 잡비	75	67
Ⅳ. 당기총제조비용	22,143	22,521
Ⅴ. 기초재공품재고액	819	899
Ⅵ. 기말재공품재고액	△465	△819
Ⅶ. 타계정대체	△52	28
Ⅷ. 당기제품제조원가	22,445	22,629

영업이익을 계산해 보자

영업이익

영업이익(營業利益, Operating income)은 매출총이익에서 판매비와 관리비를 차감하여 계산한다. 다만, 판매비와 관리비가 매출총이익을 초과하여 영업이익이 마이너스(-)로 계산되면 영업손실(營業損失, Operating loss)로 표시한다.

영업이익 = 매출총이익 - 판매비와 관리비

판매비와 관리비(Selling and administrative expenses) 중 판매비란 상품, 제품을 판매하기 위해 부담한 비용으로 영업부, 특판부, 해외영업부 등 판매를 수행하는 부문의 인건비와 사용한 비용(출장비, 수수료, 접대비, 견본비, 광고선전비, 운반비 등)으로 구성된다. 한편, 관리비란 회사의 일반적인 관리업무를 담당하는 부문 즉 경리부, 기획부, 총무부, 관재부 등의 인건비와 기타 관리비용(청소비, 용역비, 임차료, 전기료, 소모품비, 보험료 등)으로 구성된다.

만약 판매비와 관리비가 뚜렷하게 구분되지 않으면, 합쳐서 처리할 수 있다.

비용의 분류 사례

회계에서는 왜 돈을 사용했는지, 그 용도에 따라 비용을 다양한 계정과목으로 분류한다. 비용 과목의 의미에 대해 사례로 이해해 보자.

A씨는 최근에 정든 직장을 사직하고 프랜차이즈 레스토랑을 개업했다. 그의 일상생활을 들여다보면서 어떤 유형의 비용이 발생하는지 알아본다. A씨가 종업원을 채용하고 그들에게 지급하는 월급이나 상여는 '급여'로 처리한다. 만약 A씨가 종업원에게 식당 음식을 식사로 제공하는 경우, 이때 소비된 식자재 비용도 급여로 처리한다.

그런데 오후 10시에 식당 문을 닫으면서 남은 음식을 종업원에게 식사로 제공한다면, 이때 소비된 식자재 비용은 '복리후생비'로 처리한다. 왜냐하면 이때 제공된 식대는 임직원의 복리와 후생을 위한 것으로 보기 때문이다.

A씨는 손님을 끌기 위해 매주 금요일 점심을 공짜로 제공한다면 이는 '광고선전비'로 처리한다. 회사의 사업 내용이나 제품 등을 불특정 다수에게 널리 알리면서 소비한 금전은 광고 선전 활동에 해당되기 때문이다. 반면에 특정 손님에게만 무상 쿠폰을 발행한 후, 이를

소지한 사람에게만 공짜로 식사를 제공한다면, 이때 소비된 식자재 비용은 '접대비'로 처리한다. 왜냐하면 불특정 다수가 아닌 특정인에 게만 접대, 교제, 선물 등의 목적으로 제공한 용도로 보기 때문이다.

A씨 식당에 근무하는 홀매니저와 주방장은 사소한 문제로 큰 싸움을 벌였다. 이를 보다 못한 A씨는 어느 날 영업이 종료된 후 홀매니저와 주방장을 불러 식사를 하면서 중재에 나섰다. 이때 소비된 식자재 비용은 '회의비'가 가장 무난하다. 왜냐하면 회사 직원들이 업무차 회의하면서 소비한 것이기 때문이다.

어느 날 모 대기업 총무과장인 B 씨가 A씨의 식당에서 점심을 먹었다. 그는 A씨에게 음식이 너무 맛있다며 그날 저녁 50인분의 회식을 예약했다. A씨는 감사의 뜻으로 B 씨의 점심 식사비를 받지 않았다. 이때 공짜로 제공한 식자재 비용은 '견본비'로 처리한다. 왜냐하면 회사가 자사의 물품을 판매 목적으로 무상 제공한 것이기 때문이다.

한편, 그날 저녁 예약 손님인 대기업 임직원들은 A씨의 식당에서 52명이 식사했다. A씨는 예약된 50인분을 초과한 2인분에 대해서는 식사비를 받지 않았다. 이때 공짜로 제공된 2인분에 대한 식자재 비용은 '판매촉진비'로 처리한다. 왜냐하면 고객에게 판매를 촉진하기 위해 덤으로 2그릇을 준 것으로 보기 때문이다. 흔히 마트 매장에서 시행하는 '1+1 행사'에 들어간 비용 역시 판매촉진비에 해당한다.

A씨는 매월 첫째 수요일, 인근에 있는 고아원과 양로원에 무료 점심을 제공한다. 이때 사용되는 식자재 비용은 영업외비용 중 '기부금'으로 처리한다. 왜냐하면 식당 영업과는 전혀 무관하게 무상으로 식사를 제공한 것이기 때문이다.

판매비와 관리비의 과목 해설

회사가 사업에 사용한 비용은 다음에 설명하는 과목으로 세분류된다. 다만, 비용 중 공장에서 생산활동과 관련하여 발생한 금액은 매출원가로, 본사에서 판매 및 관리활동과 관련하여 발생한 금액은 판매비와 관리비로 각각 구분하여 처리한다.

한편, 영업활동과 관련하여 비용이 감소함에 따라 발생하는 퇴직급여충당부채환입, 판매보증충당부채환입 및 대손충당금환입 등은 판매비와관리비의 마이너스(-)의 금액으로 표시한다.

1) 인건비 관련 비용

인건비 관련 비용이란 임직원의 근로 제공에 대한 대가로 지급하는 다음의 항목을 말한다.

① 급여: 판매 및 관리업무에 종사하는 임직원에게 지급되는 보수나 상여 및 제수당(월차수당, 연차수당, 직무수당 등)을 말한다.

② 퇴직급여: 근로 관련 법률에 따라 임직원들이 퇴직하는 경우 지급하기 위해 보고기간말에 적립하는 퇴직급여충당부채(퇴직연금 포함)나 또는 실제 임직원이 퇴직하는 시점에 지급하는 퇴직금을 말한다. 특히 명예퇴직에 따라 지급되는 퇴직위로금도 여기에 포함시켜 처리한다.

③ 상여: 급여 이외에 주는 보너스를 말한다. 상여는 급여와 구분된 과목으로 처리하거나 또는 급여에 합산하여 처리해도 무방하다.

④ 제수당: 정규사원 및 계약 사원에게 근로 관련 법률의 규정에 의해 지급하는 시간외수당, 야근수당, 휴일수당, 직책수당 등은 급여에 합산하여 처리하거나 또는 제수당으로 구분하여 처리할 수 있다.

⑤ 복리후생비: 회사가 종업원의 복리와 후생의 증진을 위해 부담하는 금액으로, 법정복리비와 임의복리비로 구분된다. 법정복리비는 관련 법률에 따라 의무적으로 부담하는 국민연금·건강보험료·고용보험료·산재보험료 등이 있고, 임의복리비는 회사가 임의로 부담하는 식당운영비·건강진단비·야근식대·출퇴근비용 등의 항목이 있다.

2) 업무 관련 비용

업무 관련 비용이란 임직원들이 회사의 업무 활동을 수행하면서 사용하는 다음의 항목을 말한다.

① 여비 교통비: 임직원들이 회사의 업무와 관련하여 국내 및 해외에 출장을 간 경우 사용하는 교통비·숙박비 등을 말한다. 보통 단거리 이동에 따라 발생하는 시내외교통비와 장거리 이동에 따라 발생하는 출장여비가 모두 포함된다.

② 접대비: 회사의 업무와 관련하여 거래처에 제공하는 식대·선물·주대 등의 비용을 말한다.

③ 보관료: 제품·상품 등의 보관을 위해 외부창고업자 등에게 지급한 보관수수료나 창고사용료가 이에 해당된다.

④ 운반비: 상품 등의 운반을 위해 사용된 노임이나 운수업자에게 지급한 비용을 말한다.

⑤ 광고 선전비: 회사의 사업내용이나 제품의 광고선전을 위해 신문·TV·라디오·게시판 등에 게재하면서 발생한 비용을 말한다.

⑥ 무형자산상각비: 무형자산을 상각대상 기간에 따라 매년 균등액을 상각한 금액은 무형자산상각비로 처리한다.

⑦ 연구비: 신기술 및 신제품의 개발 등을 위한 연구비 등의 명목으로 발생하는 비용을 말한다.

⑧ 경상개발비: 연구소에서 제품의 품질관리나 성능검사 등의 경상적인 연구 및 개발활동을 위해 소요된 비용을 말한다.

⑨ 지급수수료: 회사가 전문가로부터 제공받는 인적용역에 대한 대가로 지급하는 금액으로, 예를 들어 소송과 관련하여 변호사로부터 제공받은 법률자문에 대한 대가와, 회계감사나 경영컨설팅 등과 관련하여 회계법인으로부터 제공받은 전문용역에 대한 대가 등이 이에 해당된다.

⑩ 판매수수료: 회사의 제품을 위탁 판매하거나 또는 판매를 알선하는 중개인에게 지급하는 수수료(판매장려금 포함) 등이 이에 해당된다. 특히 소매점이나 외식업 등의 사업을 영위하는 회사가 고객으로부터 거래대금을 신용카드로 결제 받는 경우 부담하는 카드수수료도 이에 해당된다.

⑪ 판매촉진비: 회사의 제품·상품의 판매를 촉진하기 위해 이를 구매하는 소비자에게 제공하는 선물이나 또는 덤으로 추가하여 제공하는 물품 등이 이에 해당된다.

⑫ 견본비: 판매를 목적으로 상품·제품 등을 거래처에 무상으로 제공하는 경우 처리하는 항목이다. 다만 영업활동과 관련 없이 제3자에게 무상으로 금전이나 제품 등을 제공하는 경우(예를 들어 이재민 성금이나 불우이웃돕기 성금 등)에는 영업외비용(기부금)으로 처리한다.

⑬ 대손상각비: 외상매출금·받을 어음 등의 매출채권의 회수가 불확실한 경우 해당 채권을 비용으로 처리하는 항목이다. 다만 미수금이

나 대여금과 같이 매출채권 이외의 채권에 대해 설정하는 대손상각비는 영업외비용으로 처리한다.

3) 부대설비 관련 비용

부대설비 관련 비용이란 회사가 업무활동을 수행하면서 사용하는 건물이나 컴퓨터 및 기타 이와 유사한 설비를 보유함으로써 발생하는 다음의 항목을 말한다.

① 통신비: 회사가 업무용으로 사용하는 전신 · 전화 · 우편요금 등의 비용을 말한다.

② 수도광열비: 수도료 · 전기료 · 가스요금 · 석탄 · 석유 등의 비용을 말한다.

③ 세금과 공과: 세금이란 자동차세 · 인지세 · 등록면허세 · 재산세 등 국가나 지방자치단체에 납부하는 금액을, 공과란 상공회의소 회비 · 조합비 등 공공적 부과금을 각각 의미한다.

④ 소모품비: 사무용 용지, 문방구, 소모공구 · 기구 · 비품, 기타 사무용 소모품 등을 구입하기 위해 소요된 비용을 말한다.

⑤ 임차료: 다른 사람이 소유하고 있는 동산이나 부동산 등의 자산을 일정한 계약에 의거 사용하는 경우에 지급하는 사용료를 말한다.

⑥ 감가상각비: 유형자산의 취득원가를 내용연수에 걸쳐 정액법 또는 정률법 등에 의해 상각하여 비용으로 처리하는 항목이다.

⑦ 수선비: 건물이나 집기비품 등의 수선 또는 유지를 위해 지출된 비용을 말한다.

⑧ 보험료: 기업이 불의의 사고로 인한 손실에 대비하기 위해서 보험

회사에 가입한 건물이나 재고자산에 대한 화재보험 등의 비용이다.

⑨ 차량유지비: 회사가 소유하고 있는 차량을 유지하기 위해 부담하는 유류비 · 차량수선비 · 도로통행료 등의 항목을 말한다.

⑩ 잡비: 기타 상기 항목에 해당되지 않으면서 금액이 크지 않은 경우에 일괄 처리하는 항목이다.

▌판매비와 관리비의 내역

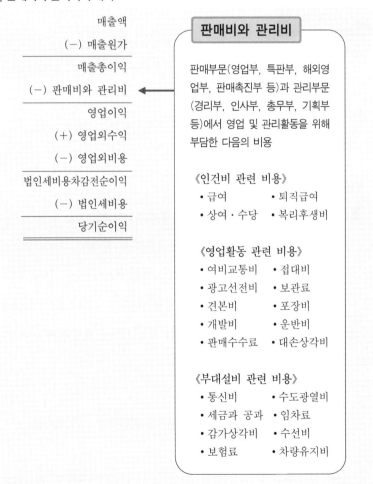

| 매출액 |
| (−) 매출원가 |
| 매출총이익 |
| (−) 판매비와 관리비 |
| 영업이익 |
| (+) 영업외수익 |
| (−) 영업외비용 |
| 법인세비용차감전순이익 |
| (−) 법인세비용 |
| 당기순이익 |

판매비와 관리비

판매부문(영업부, 특판부, 해외영업부, 판매촉진부 등)과 관리부문(경리부, 인사부, 총무부, 기획부 등)에서 영업 및 관리활동을 위해 부담한 다음의 비용

《인건비 관련 비용》
• 급여   • 퇴직급여
• 상여 · 수당 • 복리후생비

《영업활동 관련 비용》
• 여비교통비   • 접대비
• 광고선전비   • 보관료
• 견본비   • 포장비
• 개발비   • 운반비
• 판매수수료   • 대손상각비

《부대설비 관련 비용》
• 통신비   • 수도광열비
• 세금과 공과 • 임차료
• 감가상각비   • 수선비
• 보험료   • 차량유지비

법인세비용차감전순이익을 계산해 보자

법인세비용차감전순이익

법인세비용차감전순이익(法人稅費用差減前純利益, Income before tax expenses)은 영업이익에서 영업외수익을 가산하고 영업외비용을 차감하여 계산한다. 다만, 법인세비용차감전순이익이 마이너스(-)로 계산되는 경우 법인세비용차감전순손실로 표시한다. 그리고 회계기간 중에 중단사업이 있는 경우에는 법인세비용차감전계속사업이익(손실)으로 표시한다.

법인세비용차감전순이익 = 영업이익 + 영업외수익 - 영업외비용

기업의 영업활동은 생산 활동, 판매 활동, 관리 활동으로 구성된다.

그리고 이를 지원하는 측면에서 재무활동과 투자활동(자금의 운용 또는 조달 활동)이 이루어진다.

회사가 영업활동을 수행하다 보면 잉여자금이나 부족 자금이 종종 발생한다. 만약 잉여자금이 발생하면 더 많은 수익을 얻기 위해 은행에 예금하거나 주식 등에 투자한다. 반면에 부족 자금이 발생하면 직접금융(유상증자나 회사채 발행)이나 간접금융(금융기관의 대출)을 통해 값싼 자금을 빌려온다.

영업외수익과 영업외비용은 영업활동이 아닌, 재무활동과 투자활동(잉여자금의 운용이나 부족 자금의 조달)에 따라 발생한 다음의 수익이나 비용을 말한다.

영업외수익과 영업외비용의 분류 사례

앞에 나온 A씨의 사례를 통해 영업외수익과 영업외비용에 대해 설명해본다. A씨의 식당이 날로 번창해 여유자금이 생기자, 그중 일부인 1,000만 원을 은행 정기예금에 가입했다. 이 예금으로부터 100만 원의 이자가 발생하면 이자수익으로 처리한다. 반면에 은행으로부터 운영자금으로 1,000만 원을 대출받은 경우, 이에 대해 부담하는 대출이자 100만 원은 이자비용으로 처리한다.

만약 A씨가 여유자금 1,000만 원을 상장주식에 투자했다면 단기매매증권(또는 단기투자자산)으로 처리한다. 그리고 보고기간말에 해당 주식의 주가가 1,500만 원으로 폭등하면, 그 차액인 500만 원은 단기매매증권평가이익(또는 단기투자자산평가이익)으로 처리한다. 그후 주가가 조정을 보이면서 1,200만 원으로 하락해 손절매하는 경우 그 차액 300만 원은 단기매매증권처분손실(단기투자자산처분손실)로 처리한다.

A씨는 향후 환율이 상승할 것으로 전망하여 달러당 1,200원의 환율일 때 1달러의 외화예금에 가입했다. 유감스럽게도 보고기간말에 환율이 1,100원으로 하락한 경우, 그 차액인 100원은 외화환산손실로 처리한다. 그 후 환율이 급반전하여 1,250원로 올라가면서 외화예금을 해약한 경우, 그 차액 150원은 외환차익으로 처리한다.

A씨는 레스토랑을 리모델링하면서 장부가액 3,000만 원짜리 주방설비를 3,500만 원에 매각했다. 그 차액 500만 원은 유형자산처분이익으로 처리한다. 한편, 장부가액 300만 원의 보조설비(식기와 냄비 등)는 너무 낡아서 전량 폐기했다. 이 경우 장부가액 300만 원은 유형자산손상차손으로 처리한다.

영업외수익과 영업외비용은 재무활동과 투자활동에 따라 발생하는 손익 항목을 말한다. 해당 자산 등의 매각에 따라 처분가액에서 장부가액을 차감한 금액이 플러스(+)이면 ○○이익으로, 마이너스(-)이면 ○○손실로 표시한다.

영업외수익의 과목 해설

영업외수익(營業外收益, Non-operating income)은 투자 활동이나 재무 활동에서 발생하는 다음의 수익을 말한다.

① 이자수익: 금전을 빌려주거나 예금을 해서 얻어지는 이자 및 어음을 할인해 주는 경우에 발생하는 할인료, 국채·공채·사채 등의 유

가증권을 보유함으로써 발생하는 이자수입을 말한다.

②　배당금수익: 다른 회사의 주식이나 지분을 보유함에 따라 그 회사로부터 수령하는 이익이나 잉여금의 분배를 받은 배당금을 말한다.

③　임대료: 회사가 소유하고 있는 부동산이나 동산을 임대해주고 받는 지대 · 집세 · 사용료 등을 말한다.

④　단기투자자산처분이익: 소유하고 있는 단기투자자산 중 당좌자산으로 처리한 주식이나 채권을 처분하는 경우에 발생하는 이익을 말한다. 다만 매도가능증권을 처분하여 발생한 이익은 매도가능증권처분이익으로 처리한다. 그리고 단기투자자산 중 주식의 시가가 변동함에 따라 취득원가를 시가로 평가하면서 발생한 이익은 단기투자자산평가이익으로 처리한다.

⑤　단기투자자산평가이익: 단기투자자산을 시가법으로 평가하는 경우 발생하는 이익으로, 기말 시가와 장부금액을 비교했을 때 그 차액을 말한다.

⑥　외환차익: 외화자산을 회수할 때 원화로서의 회수가액이 그 외화자산의 장부금액보다 크거나, 외화부채를 상환할 때 원화로서의 상환금액이 그 외화부채의 장부금액보다 낮은 경우에 그 차익을 처리하는 계정이다.

⑦　외화환산이익: 보고기간말에 외화채권 · 채무를 가지고 있거나 외국통화를 소유하고 있는 경우에 환율의 변동으로 인해 발생하는 환산이익을 처리하는 계정이다.

⑧　지분법이익: 투자주식 중 경영에 유의적인 영향력을 행사할 수 있는 주식은 지분법을 적용하여 평가한 가액을 재무상태표상 금액으로

하며, 이때 장부금액과 평가액의 차이가 피투자회사의 당기순이익으로 인해 발생한 경우는 지분법이익으로 처리한다.

⑨ 장기투자증권손상차손환입: 투자주식(지분법 적용 대상 주식을 제외한다)의 공정가치가 하락하여 회복할 가능성이 없는 경우에는 해당 투자주식의 장부금액과 공정가치의 차액을 장기투자증권손상차손의 과목으로 하여 당기손실로 처리하되, 차기 이후에 감액한 투자주식의 순자산가액이 회복된 경우에는 감액 전 장부금액을 한도로 하여 회복된 금액을 장기투자증권손상차손환입의 과목으로 하여 당기수익으로 처리한다.

⑩ 투자자산처분이익: 투자자산에 속하는 자산을 처분함으로써 발생하는 이익을 말한다.

⑪ 유형자산처분이익: 유형자산을 장부금액보다 높게 매각함으로써 발생하는 처분이익을 말한다.

⑫ 사채상환이익: 주식회사가 발행한 회사채를 상환하면서 장부금액보다 적은 금액으로 상환함에 따라 발생하는 이익을 말한다.

⑬ 자산수증이익: 개인(대주주 포함)이나 회사가 무상으로 회사에 자산을 증여함으로써 발생하는 이익을 말한다. 예를 들어 본사를 이전하면서 거래처들이 무상으로 집기비품을 증여하는 것을 말한다. 또한 대주주 등이 회사의 구조조정을 위해 사재(私財)를 회사에 무상으로 증여하는 것도 이에 해당된다.

⑭ 채무면제이익: 자산수증이익과 동일하게 개인(대주주 포함)이나 거래처에게 지급해야 할 채무를 면제받음으로써 얻는 이익을 말한다. 예를 들어 회사가 워크아웃(workout)이 되면서 채권은행으로부터

차입금을 탕감받는 것도 이에 해당된다.

⑮ 전기오류수정이익: 회사가 전기 이전에 발생한 오류를 수정함에 따라 발생하는 이익을 말한다.

영업외비용의 과목 해설

영업외비용(營業外費用, Non-operating expense)은 투자활동이나 재무활동에서 발생하는 다음의 비용을 말한다.

① 이자비용: 금융기관으로부터 빌린 차입금에 대한 발생이자와 받을어음을 금융기관에서 할인함에 따라 지급하는 할인료 및 주식회사가 회사채를 발행하여 자금을 빌리면서 지급하는 이자를 말한다.

② 기타의 대손상각비: 주된 상거래 이외의 활동에서 발생한 채권에 대한 대손상각액을 말한다.

③ 단기투자자산처분손실: 소유하고 있는 단기투자자산 중 당좌자산으로 처리한 주식이나 채권을 처분하는 경우에 발생하는 손실을 말한다. 다만 매도가능증권을 처분하여 발생한 손실은 매도가능증권처분손실로 처리한다. 그리고 단기투자자산 중 주식의 시가가 변동함에 따라 취득원가를 시가로 평가하면서 발생한 손실은 단기투자자산평가손실로 처리한다.

④ 단기투자자산평가손실: 보고기간말 현재 회사에서 보유하고 있는 국공채 · 사채 · 주식 등 시장성 있는 일시적 소유의 단기투자자산의 시가가 떨어진 경우에 발생한 평가손실을 처리하는 항목이다.

⑤ 재고자산감모손실: 천재지변이나 도난 등의 비정상적인 이유로 인해

장부금액보다 실제 재고자산의 가액이 적을 때 그 차액을 말한다. 참고로 원가성 있는 재고자산과 재고자산평가손실은 매출원가에 가산한다.

⑥ 외환차손: 외화자산의 회수나 외화부채의 상환시에 발생하는 차손을 말한다.

⑦ 외화환산손실: 외화환산손실은 보고기간말에 있어서 화폐성 외화자산 또는 화폐성 외화부채를 원화로 환산하는 경우에 환율의 변동으로 인해 발생하는 환산손실을 말한다.

⑧ 기부금: 기부금은 기업이 영업활동과는 관련없이 무상으로 지출하는 비용을 말한다.

⑨ 지분법손실: 투자주식 중 중대한 영향력을 행사할 수 있는 주식은 지분법을 적용하여 평가한 가액을 재무상태표상 금액으로 하며, 이때 장부금액과 평가액의 차이가 피투자회사의 당기순손실로 인해 발생한 경우는 지분법손실로 처리한다.

⑩ 장기투자증권손상차손: 투자주식(지분법 적용 대상 주식을 제외한다)의 공정가치가 하락하여 회복할 가능성이 없는 경우에는 해당 투자주식의 장부금액과 공정가치의 차액을 장기투자증권손상차손으로 하여 당기손실로 처리한다.

⑪ 투자자산처분손실: 기업의 자산 중 투자자산에 속하는 자산을 처분함으로써 발생하는 손실을 말한다.

⑫ 유형자산처분손실: 유형자산을 장부금액보다 낮게 매각함으로써 발생하는 처분손실을 말한다.

⑬ 사채상환손실: 주식회사가 발행한 사채를 상환하면서 장부금액보다 많은 금액을 상환함에 따라 발생하는 손실을 말한다.

⑭ 재해손실: 도난·화재·지진·풍수해 등의 원인으로 인해 발생하는 우발적이고 임시적 손실로서, 기업의 영업활동과는 전혀 무관한 손실을 말한다.

⑮ 전기오류수정손실: 회사가 전기 이전에 발생한 오류를 수정함에 따라 발생하는 손실을 말한다.

▌영업외수익과 영업외비용 내역

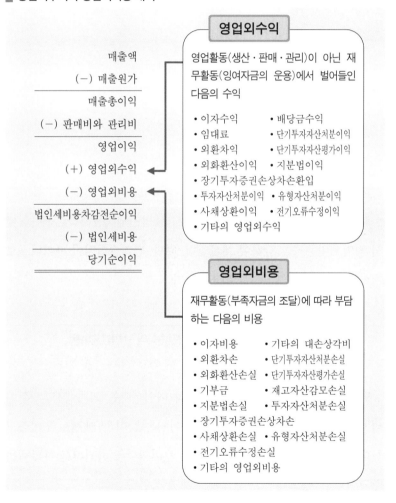

영업외수익

영업활동(생산·판매·관리)이 아닌 재무활동(잉여자금의 운용)에서 벌어들인 다음의 수익

- 이자수익
- 배당금수익
- 임대료
- 단기투자자산처분이익
- 외환차익
- 단기투자자산평가이익
- 외화환산이익
- 지분법이익
- 장기투자증권손상차손환입
- 투자자산처분이익
- 유형자산처분이익
- 사채상환이익
- 전기오류수정이익
- 기타의 영업외수익

매출액
(−) 매출원가
매출총이익
(−) 판매비와 관리비
영업이익
(+) 영업외수익
(−) 영업외비용
법인세비용차감전순이익
(−) 법인세비용
당기순이익

영업외비용

재무활동(부족자금의 조달)에 따라 부담하는 다음의 비용

- 이자비용
- 기타의 대손상각비
- 외환차손
- 단기투자자산처분손실
- 외화환산손실
- 단기투자자산평가손실
- 기부금
- 재고자산감모손실
- 지분법손실
- 투자자산처분손실
- 장기투자증권손상차손
- 사채상환손실
- 유형자산처분손실
- 전기오류수정손실
- 기타의 영업외비용

당기순이익을 계산해 보자

계속사업만 있는 경우

당기순이익(當期純利益, Net income)은 법인세비용차감전순이익에서 법인세비용을 차감하여 계산한다. 다만, 당기순이익이 마이너스로 계산되는 경우 당기순손실로 표시한다.

당기순이익 = 법인세비용차감전순이익 - 법인세비용

당기순이익은 세금을 내고 난 후의 이익이라는 의미에서 '세후이익'이라고 하고, 법인세비용차감전순이익은 줄여서 '세전이익'이라고 한다. 참고로 회계기간 동안 1주당의 순이익이 얼마인지를 나타내는 주당이익의 계산 내역을 주석에 기재해야 한다.

중단사업이 있는 경우

회사가 영위하는 사업은 크게 계속사업과 중단사업으로 구분된다.

만약 회계기간 중에 중단사업이 없이 계속사업만 있는 경우에는 위에서 설명한 방식에 따라 당기순이익을 계산하면 된다. 다만, 회계기간 중에 중단사업이 있는 경우 다음의 과정을 거쳐 당기순이익을 계산한다.

계속사업이익 = 법인세비용차감전계속사업이익 - 계속사업이익법인세비용

당기순이익 = 계속사업이익 - 중단사업손익

중단사업이란 회계기간 중에 회사가 그 사업을 중단하기로 결정함으로써 앞으로 수익과 비용이 발생하지 않는 사업을 말한다. 계속사업과 중단사업을 구분하는 기준은 다음과 같다.

첫째, 회사의 대주주가 제3자에게 주식을 매각하면서 경영권도 함께 넘기는 경우다. 이때 제3자 입장에서는 회사를 인수하는 것이며, 회사의 사업은 계속 영위되므로 중단사업이 아닌 계속사업으로 간주한다.

둘째, 사업의 일부 또는 전부를 일괄매각방식이나 기업분할방식으로 제3자에게 처분하는 경우다. 이때 매각하는 회사 입장에서 남는 사업은 계속사업이고, 제3자에게 매각돼 향후 영위되지 않는 사업은 중단사업이다.

셋째, 회사 자산과 부채를 분할해 처분하거나 사업 자체를 아예 포기하는 경우다. 이때 모든 사업이 중단사업에 해당한다.

중단사업손익이란 회계기간 개시일 부터 사업 중단일 까지, 해당 사업에서 발생한 총수익에서 총비용을 차감한 금액을 말한다. 따라서 중단사업손익이 플러스(+)면 흑자사업을, 마이너스(-)면 적자사업을 구조조정 차원에서 매각한 것으로 판단하면 된다.

법인세비용

법인세비용(法人稅費用, Income tax expense)이란 회사가 벌어들인 소득에 대해 납부할 세금을 총칭한 용어로서, 이에는 법인세, 지방소득세(법인세분), 농어촌특별세 등이 모두 합산되어 처리된다. 다양한 세금 항목을 전부 나열할 수 없기 때문에, 총괄해서 법인세비용으로 표시한 것이다. 개인사업자의 손익계산서에는 '소득세비용'이 이와 유사한 과목이다.

과거 회계기간에 법인세를 적게 납부해 당기에 세무조사 등을 받아 추가로 납부하는 금액을 법인세추납액이라 하는데, 이는 법인세비용에 가산해 처리한다. 반면에 과거 회계기간에 법인세를 많이 납부해 당기에 되돌려 받는 금액을 법인세환급액이라 하며, 이는 법인세비용에서 차감한다.

법인세비용과 중단사업손익의 내역

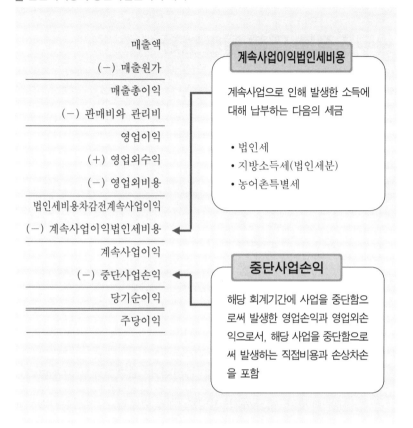

매출액

(−) 매출원가

매출총이익

(−) 판매비와 관리비

영업이익

(+) 영업외수익

(−) 영업외비용

법인세비용차감전계속사업이익

(−) 계속사업이익법인세비용

계속사업이익

(−) 중단사업손익

당기순이익

주당이익

계속사업이익법인세비용

계속사업으로 인해 발생한 소득에 대해 납부하는 다음의 세금

- 법인세
- 지방소득세(법인세분)
- 농어촌특별세

중단사업손익

해당 회계기간에 사업을 중단함으로써 발생한 영업손익과 영업외손익으로서, 해당 사업을 중단함으로써 발생하는 직접비용과 손상차손을 포함

세무조정에 대해 알아보자

세무조정

회계는 그 목적에 따라 재무회계, 관리회계, 세무회계로 구분된다.

우선, 재무회계란 지금까지 설명한 재무제표를 작성하는 방법에 대해, 그리고 관리회계는 경영자의 의사결정에 도움을 주기 위해 필요한 정보를 찾아내 보고서를 작성하는 방법을 연구하는 분야다.

한편, 세무회계란 회사가 벌어들인 소득 중 얼마큼을 세무서에 세금으로 신고·납부할지를 산정하는 분야다. 세무회계는 재무회계에서 작성된 재무제표를 기반으로 출발한다. 즉 재무회계와 세무회계의 차이를 조정하는 것을 세무조정(稅務調整, Tax adjustment)이라고 하며, 세무조정 절차를 요약 정리하면 다음과 같다.

1. 손익계산서상 당기순이익		× × × ×
2. 협의의 세무조정		
2-1. 익금산입	(+)	× × × ×
2-2. 손금불산입	(+)	× × × ×
2-3. 손금산입	(−)	× × × ×
2-4. 익금불산입	(−)	× × × ×
3. 사업년도 소득		× × × ×
4. 소득의 차감항목		
4-1. 이월결손금	(−)	× × × ×
4-2. 소득공제	(−)	× × × ×
4-3. 비과세소득	(−)	× × × ×
5. 과세표준		× × × ×
6. 세율	(×)	× ×
7. 산출세액		× × × ×
8. 세액공제·감면	(−)	× × × ×
9. 납부세액		× × × ×
10. 기납부세액	(−)	× × × ×
11. 납부할 세액		× × × ×

사업년도 소득

　재무회계에서는 회사가 회계기간에 벌어들인 금액을 당기순이익이라고 한다. 반면에 세무회계에서는 사업년도 소득이라고 부른다. 사업년도 소득은 다음의 과정을 거쳐 산정한다. 이와 같이 세법상의 손금과 익금을 조정하는 것을 협의의 세무조정이라고 한다.

사업연도 소득 = 당기순이익 + 익금산입 + 손금불산입 - 익금불산입 - 손금산입

익금과 손금

세무회계에서의 익금(益金)과 재무회계에서의 수익(收益)은 벌어들인 돈이라는 의미에서 유사한 과목을 달리 부르는 용어다.

원래 익금산입이란 익금에 가산해야 하는 항목이다. 가산하는 이유는 재무회계에서는 수익(익금)으로 인정하지 않아 당기순이익에 영향을 미치지 않았지만, 세무회계에서는 익금(수익)에 해당되기에 소득을 늘려서 세금을 더 내야 하기 때문이다. 반대로 익금불산입이란 재무회계에서는 수익(익금)으로 처리해 당기순이익을 증가시켰지만, 세무회계에서는 익금(수익)으로 인정하지 않기 때문에 세금을 부과하지 않는 항목이다.

다음으로, 세무회계에서의 손금(損金)과 재무회계에서의 비용(費用)은 회계기간에 수익을 얻기 위해 부담한 돈이라는 면에서는 유사하다. 손금산입이란 재무회계에서는 비용(손금)으로 인정하지 않지만, 세무회계에서는 손금(비용)으로 보아 세금을 부과하지 않는 항목이다. 반면에 손금불산입이란 재무회계에서는 비용(손금)으로 보지만, 세무회계에서는 손금(비용)으로 인정할 수 없기에 세금을 더 부과하겠다는 것이다.

위에서 설명한 손금과 익금 중에서 임직원들이 상식 차원에서 알아 두어야 할 주요 항목으로 접대비 · 기부금 · 지급이자의 손금불산입이 있다.

1) 기부금 손금불산입

기부금이란 회사가 제3자에게 무상으로 증여한 금액을 말한다.

회사가 지출하는 기부금은 세법상 그 성격에 따라 다음과 같이 분류하여 각각에 대해 손금한도를 정하고 있다. 그 한도를 초과하여 부담한 금액은 손금불산입 처리한다.

기부금 손금산입 및 한도

구 분	내 용	한 도
법정기부금	국가·지방자치단체 기부금, 국방헌금, 이재민 구호금 등	(소득금액 − 이월결손금) × 50%
지정기부금	사회복지·문화·예술·종교·자선 등 용도의 공익성 기부금	(소득금액 − 이월결손금 − 법정기부금 손금산입액) × 10%
비지정기부금	상기 외의 기타 기부금	전액 손금불산입

2) 접대비 손금불산입

접대비란 회사가 거래처 등을 접대하면서 부담한 식대·주대·선물값 등을 말한다. 회사가 지출한 접대비로서 세법상 다음 항목을 합한 금액을 초과하는 금액은 손금불산입한다. 특히 접대비가 건당 1만 원을 초과할 때는 법인카드 등의 정규증빙을 제출한 부분만 손금으로 인정하고 있다.

① 연간 1,200만 원(중소기업은 2,400만 원)
② 해당 사업년도 수입금액을 기준으로 다음의 적용률을 곱해 산출한 금액

수 입 금 액	적 용 률
100억원 이하	0.2%
100억원 초과 500억원 이하	2,000만원 + 100억원 초과금액의 0.1%
500억원 초과	6,000만원 + 500억원 초과금액의 0.03%

* 특수관계자와의 거래에서 발생한 수입금액에 대해서는 위의 계산 결과에 의해 산
  출된 금액의 20%를 접대비한도액으로 한다.

3) 업무와 관련 없는 비용

회사가 지출한 비용 중 다음 금액은 업무와 관련 없는 지출로 보아
손금에 산입하지 않는다. 예를 들어 회사가 업무와 관련 없이 페라리
등의 호화 승용차를 구입한 경우, 그 취득가액과 관리 유지비용(취득
세, 등록세, 유류대, 수리비 등)은 전액 손금불산입 처리한다.

① 법인의 업무와 직접 관련이 없다고 인정되는 지출금액
② 법인의 업무와 직접 관련이 없다고 인정되는 자산을 취득·관
   리함으로써 발생하는 비용

4) 지급이자 손금불산입

회사가 자금을 빌리면서 지출한 지급이자 중 다음 항목은 손금불
산입 처리한다.
① 채권자가 불분명한 사채의 이자
② 지급받은 자가 불분명한 채권·증권의 이자·할인액
③ 건설자금에 충당한 차입금의 이자

④ 업무와 관련 없는 자산 및 가지급금에 대한 지급이자

과세표준

과세표준이란 세금을 부과하는 표준이 되는 금액으로서, 과세표준에 세율을 곱하면 산출세액이 계산된다. 과세표준은 사업년도 소득에서 이월결손금·소득공제·비과세소득을 차감하여 계산한다.

이월결손금이란 당기 이전에 손금이 익금을 초과하여 적자가 난 금액을 말한다. 손익계산서에서 비용이 수익을 초과하여 적자가 난 상황과 거의 유사하다. 그리고 소득공제란 조세정책적인 목적을 달성하기 위해 소득에서 공제시켜주는 항목(유동화전문회사의 소득공제 등)을 말한다. 비과세소득이란 법인세를 아예 부과하지 않는 소득을 말한다.

납부세액

과세표준에 법인세율을 곱하면 산출세액이 계산된다. 과세표준에 따라 법인세율은 다음과 같이 금액이 늘어날수록 높은 세율이 적용된다(누진세율제도). 그리고 산출세액에 조세 정책목적을 위해 세금을 깎아주는 공제·감면세액을 차감하면 납부세액이 계산된다. 이어서 납수세액에 회계기간 중간에 세무서에 미리 납부한 기납부세액을 차감하면 납부할 세액이 계산된다.

참고로 법인세 산출세액의 10%에 해당되는 지방소득세(법인세분)가 부가된다.

■ 과세표준별 법인세율

과세표준	세율	누진공제
2억 원 이하	10%	0
2억 원 초과 200억 원 이하	20%	2,000만 원
200억 원 초과 3,000억 원 이하	22%	4억 2,000만 원
3,000억 원 초과	25%	94억 2,000만 원

이익잉여금처분계산서를 알아보자

당기순이익의 처리

손익계산서에서 최종적인 경영 성과를 보여 주는 것은 당기순이익이고, 이는 기업의 소유주인 주주에게 돌아가는 몫이다. 그러므로 주주들이 가장 중요하게 주목하고, 또 그래야만 하는 지표다.

회사가 벌어들인 당기순이익은 사외 유출과 사내 유보 등 크게 두 가지 방식으로 처리된다.

사외 유출이란 회사의 주주, 임직원, 외부 협력업체에 이익을 배분하는 것을 말한다. 주주에게는 배당금으로, 임직원에게는 성과급, 위로금, 퇴직금 등으로, 외부 협력업체에는 포상금, 협력기금 형태로 지급할 수 있다. 사내 유보란 당기순이익을 회사 내부에 잉여자금으로 적립하는 것을 말한다. 그렇다면 사외 유출과 사내 유보는 어떤 비율로 배분하는 것이 이상적일까?

주주가 과반수 이상 찬성만 한다면 당기순이익 전액을 배당으로 지급할 수도, 아니면 한 푼도 지급하지 않을 수도 있다. 다만 이익 전액을 주주에게 배당금으로 지급한 후, 회사가 자금이 부족해 다시 유상증자를 통해 주주로부터 자금을 조달하는 상황이 발생할 수 있다. 이 경우 주주는 배당금 소득에 대해 세금만 납부하는 불리한 결과를 떠안게 된다.

따라서 회사가 앞으로 신규 사업에 진출하거나 신제품 개발 등 지속적인 성장을 위해 부족 자금이 발생할 가능성이 있다면, 배당금 지급보다는 사내 유보가 미래 수익을 극대화하는 데 좀 더 유리하다. 이때 사내 유보 금액을 당기순이익으로 나눈 비율을 사내유보율이라 하며, 이 비율이 높을수록 사내에 비축한 자금이 많아 진다. 반면, 회사의 성장이 정체되고 추가 투자가 필요 없는 상황이라면 당기순이익을 사외 유출하는 것이 좀 더 합리적이다.

이익잉여금처분계산서

이익잉여금처분계산서는 이익잉여금의 처분 내역을 보여 주는 보고서다. 현재 상법 등 관련 법률에 따라 재무제표의 주석으로 공시해야 한다. 각 항목은 다음과 같이 구성된다.

미처분이익잉여금

이익잉여금을 처분하기 직전의 잉여금을 확정시키는 항목으로 전기이월미처분이익잉여금에 회계정책의 변경으로 인한 누적 효과,

이익잉여금처분계산서

○○주식회사   단위: 백만 원

구분 과목	제8(당)기		제7(전)기	
1. 미처분이익잉여금		14,032		38
전기이월미처분이익잉여금	0		−	
전기오류수정	-2,897		-142	
중간배당액	-11,872		-11,400	
당기순이익	28,801		11,580	
2. 잉여금이입액		0		3,812
3. 잉여금처분액		14,032		3,850
기업합리화적립금	3,000		−	
배당금	2,930		3,850	
연구인력개발준비금	8,000		−	
시설적립금	102		−	
4.차기이월미처분잉여금		0		0

중대한 전기오류수정손익, 중간배당액, 당기순손익을 가감하여 계산한다.

잉여금이입액

전기(前期) 이전에 회사가 적립한 임의적립금은 당기에 이입하여 자유롭게 처분이 가능하다. 다만, 적립한 임의적립금을 사용할 필요성이 없는 경우에는 굳이 이입하지 않아도 무방하다.

잉여금처분액

이익잉여금은 이익준비금, 기타법정적립금, 배당금, 임의적립금 등 여러 가지 항목으로 처분이 가능하다.

1) 이익준비금

이익준비금이란 상법의 규정에 의해 배당 금액의 10%에 해당되는 금액을 의무적으로 적립해야 하는 법정적립금을 말한다. 특히 이익준비금은 자본금의 50%까지 의무적으로 적립해야 한다. 이익준비금은 자본전입이나 결손 보전 목적으로만 사용이 가능하다.

2) 기타 법정적립금

이익준비금 외에 법률의 규정에 의해 사내에 적립하는 금액을 말한다.

3) 배당금

위의 항목들이 이익잉여금을 사내에 적립하는 부분이라면, 배당금은 주주가 납입한 자본에 대한 사용 대가로 지급하는 사외 유출 항목이다.

배당금은 주주총회의 결의에 따라 당기에 처분할 배당액으로 하되, 금전에 의한 배당과 주식에 의한 배당으로 각각 구분하여 기재한다. 그리고 주식의 종류별 주식배당 금액과 액면배당률은 배당금 다음에 표시하고, 배당수익률·배당성향·배당액의 산정 내역은 주석으로 기재한다.

4) 임의적립금

임의적립금이란 그 명칭 여하를 불문하고 강제가 아닌 임의로 사내에 적립하는 금액을 말한다. 임의적립금에는 재무구조개선적립금,

배당평균적립금, 퇴직적립금, 사업확장적립금 등이 있다.

5) 기타의 이익잉여금처분액

이익준비금, 기타법정적립금, 배당금, 임의적립금 외에 회계기준에 따라 이익잉여금에서 상각해야 하는 항목으로는 주식할인발행차금 상각, 자기주식처분손실잔액, 상환주식의 상환액 등이 있다.

차기이월미처분이익잉여금

차기이월미처분이익잉여금은 미처분이익잉여금에 임의적립금 등의 이입액을 더하고, 이익잉여금 처분액을 차감한 금액으로 한다.

결손금처리계산서를 알아보자

결손금처리계산서

결손금처리계산서는 손익계산서에서 이익이 아닌 손실이 발생할 경우, 그 결손금의 처리 사항을 보고하기 위해 작성한다. 상법 등 관련 법률에 따라 재무제표의 주석으로 공시해야 한다. 각 항목은 다음과 같이 구성되어 있다.

미처리결손금

미처리결손금은 전기이월미처리결손금(또는 전기이월미처분이익잉여금)에 회계 정책의 변경으로 인한 누적 효과, 중대한 전기오류수정손익, 중간 배당액, 당기순손익 등을 가감한 금액으로 한다. 특히 회사가 당기순이익을 기록하더라도 전기 이전에 발생한 이월결손금이

결손금처리계산서

○○주식회사　　　　　　　　　　　　　　　　　　　　　　단위: 백만 원

구분 과목	제8(당)기		제7(전)기	
1. 미처리결손금		-8,069		-5,186
전기이월미처분결손금	-5,121		-2,857	
기타조정항목	43		-21	
당기순손실	-2,991		-2,308	
2. 이익잉여금이입액		68		65
3. 자본잉여금이입액		2,826		0
감자차익	1,260			
주식발행초과금	1,565			
4. 차기이월미처리결손금		-5,175		-5,120

많아 미처리결손금이 발생하면 결손금처리계산서를 작성해야 한다. 다만, 회사가 당기순손실을 기록하더라도 전기 이전의 이월잉여금이 많아 미처분이익잉여금이 나타나면 결손금처리계산서가 아닌 이익 잉여금처분계산서를 작성한다.

결손금처리액

결손금이 발생하는 경우 그 결손금은 다음의 순서대로 처리한다.

• 임의적립금 이입액

• 법정적립금 이입액

• 자본잉여금 이입액

차기이월미처리결손금

차기이월미처리결손금은 미처리결손금에서 결손금처리액을 차감한 금액으로 한다.

제3장

재무상태표를 읽어 보자

재무상태표의 기초 용어

이미 손익계산서에서 실습한 바와 동일하게 관심 있는 재무상태표를 옆에 두고 읽어나가기 바란다. 재무상태표의 전반적인 체계, 항목, 용어 등을 정리하면서 출발해 본다.

재무상태표

재무상태표(財務狀態表, Statement of financial position)는 일정 시점의 재무 상태를 나타내는 보고서다. 재무상태표를 작성하는 시점(결산기말, 회계기간말, 보고기간말)을 기준으로, 회사가 어떤 자산을 어느 정도 보유하고 있으며, 이러한 자산을 취득하기 위해 얼마큼의 자금을 어떻게 조달했는지를 보여주는 보고서다.

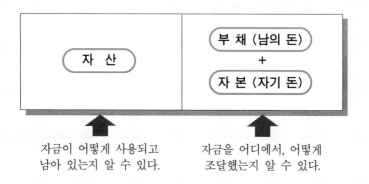

자산

자산(資産, Asset)이란 자금(資)이 만들어져서(産) 쌓여 있는 상태를 말한다. 우리가 일상적으로 말하는 '재산'을 (약간의 차이는 있지만) 회계에서 '자산'이라고 달리 표현하고 있다.

재산이란 개인이 과거 벌어들인(혹은 부모로부터 증여 · 상속받은) 돈 중에서 쓰지 않고 모아둔 것을 말한다. 보통 대화중에 어떤 사람이 엄청난 부자라고 하면 '그 사람 재산이 얼마나 되는데?'라는 질문이 나온다.

만약 그 사람 재산이 수백억 원이라고 답하면, 다음으로 '어떻게 재산을 모았는데?'라는 질문으로 이어진다. 이에 대해 주식 · 부동산 투자로 그만큼의 돈을 벌었다고 하면, 드디어 그 세부 재산 내역에 관심을 갖는다.

개인의 재산에는 금융재산(현금 · 예금 · 증권 · 채권 등)과 실물재산

(자동차·집·땅 등의 동산 및 부동산) 그리고 각종 법적 권리(저작권, 특허권) 등의 금전적 가치가 나가는 것이 모두 포함한다. 이런 항목들을 회계에서는 자산이라고 총칭한다.

자산은 달리 '자금 운용'이라고도 표현한다. 운용이란 돈을 여러 재테크 수단에 나누어서 굴린다는 것이다. 마치 개인이 재산을 전액 현금으로만 갖고 있지 않고, 예금, 주식, 부동산 등에 분산·투자하는 방식과 동일하다.

재산이 많으면 부자 취급을 받는 것처럼, 회사의 총자산 금액이 클수록 규모 있는 기업으로 취급받는다. 국내에서 재벌그룹(법률용어로는 대규모기업집단)이라 불리려면, 최소 2조원이상의 총자산을 보유해야만 한다(공정거래법 제7조).

회계기준에서는 '자산이란 과거의 거래나 사건의 결과로서, 현재 기업에 의해 지배되고, 미래에 경제적 효익을 창출할 것으로 기대되는 자원'이라고 정의한다. 이 글을 시간대별로 풀어 보면, 기업이 과거 사업에서 벌어들인 자금을, 현재 자유롭게 활용 가능한 상태에서, 되도록 미래 수익(비용 절감 포함)을 얻을 수 있는 대상에 투자한 상태라고 이해하면 된다. 간단히 요약하면, 과거에 벌어들인 자금을 미래 수익을 얻기 위해 현재 투자한 대상물이 회계에서 자산을 보는 관점이다.

부채

부채(負債, Liabilities)란 미래 약정한 시점에 원리금을 상환하겠다는 책임(債)을 지고(負) 빌려온 돈을 말한다. 우리가 일상적으로 사용하는 '빚'을 (약간의 차이는 있지만) 회계에서 '부채'라고 달리 표현하고 있다.

원래 빚이란 개인이 과거에 빌려서 사용했기 때문에, 미래 언젠가는 갚아야만 하는 돈이다. 개인은 카드를 사용해 물건을 사거나, 부모·친척·친구 등으로부터 돈을 빌리거나, 금융기관으로부터 대출을 받는 등의 사유로 인해 빚이 발생한다. 이 항목들을 회계에서는 '부채'라고 총칭한다.

부채는 달리 '자금 조달'이라고도 표현한다. 예를 들어 개인이 1억 원짜리 아파트를 4천만 원은 금융기관의 대출로, 나머지 6천만 원은 그동안 벌어놓은 자기 돈으로 샀다고 가정하자. 즉 1억 원짜리 아파트를 사기 위해 총 1억 원의 자금을 조달한 상태다. 이 중에서 미래 갚아야 하는 대출금 4천만 원은 부채로, 자기 돈 6천만 원은 뒤에서 설명하는 자기자본으로 분류한다.

회계기준에서 '부채란 과거의 거래나 사건의 결과로서, 현재 기업이 부담하고 있고, 미래에 자원의 유출 또는 사용이 예상되는 의무'라고 정의한다. 이 글을 시간대별로 풀어 보면, 기업이 과거 사업 활동을 위해 빌려 온 자금을, 현재 갚아야만 하는 의무를 진 상태에서, 미래 약정한 시점에 상환하다 보니 그만큼의 자금이 유출된다는 뜻으로 이해하면 된다. 간단히 요약하면, 과거에 빌려서 사용한 자금을 미래 약정일에 갚아야만 할 대상물이, 회계에서 부채를 보는 관점이다.

자본

자본(資本, Stockholders' equity)이란 돈(資)의 근본(本)이 되는 것

을 말한다. 자본이라는 용어와 가장 근접한 의미로 일상생활에서 자주 사용하는 '밑천'이 있다. 예를 들어 '밑천이 없어서 사업을 시작하기가 힘들다' 또는 '그 사람은 밑천이 약해서 더 이상 버티기가 힘들다' 등이다.

회사가 자산을 취득하기 위해서는 자금이 필요하고, 이를 위해 어디선가 자금을 조달해야 한다. 회사는 빚을 내는 방식(부채) 또는 주주로부터 납입 받는 방식(자본)으로 자금을 조달한다. 회사가 사업을 시작하거나 사업하는 도중에 주주가 회사에 납입한 자금이 '자본'에 해당한다.

회계기준에서는 '자본이란 기업의 자산 총액에서 부채 총액을 차감한 잔여액 또는 순자산으로서, 기업의 자산에 대한 소유주의 잔여청구권'이라고 정의한다. 즉 자본은 자산총액에서 부채총액을 차감한 잔액으로서, 궁극적으로 회사의 주인인 주주들에게 돌아가는 몫에 해당된다. 따라서 자본을 '출자자 자산' '순자산' '자기자본'이라고도 부른다.

자기자본, 순자산, 출자자지분 사례

개인의 아파트 투자 사례를 통해 자기자본의 의미를 알아본다.

개인 A가 은행 대출금 4000만 원과 그동안 모든 6000만 원을 합쳐 1억 원짜리 아파트를 매입했다고 하자. 이 경우 재무상태표는 1억 원의 자산과 4천만 원의 부채, 그 차액인 6천만 원의 자기자본으로 구성된다. 그런데 아파트의 시세가 상승하거나 하락하는 상황에서의 재무상태표는 어떻게 바뀔까?

우선, 때마침 불어 닥친 부동산 투자 열풍으로 인해, 이 아파트의 시세가 2억 원으로 상승했다고 하자. 이 경우 재무상태표에 2억 원의 자산과 4천만 원의 부채가 표시되면서, 그 차액인 자기자본은 1억 6000만 원으로 증가한다. 아파트 가격이 올랐다고 해서 은행의 대출금이 증액되지 않기 때문에 그 차액인 1억 원만큼 자기자본이 늘어나면서 고스란히 개인 A에게 모두 귀속된다.

다음으로, 정부의 강력한 부동산 정책으로 인해, 이 아파트의 시세가 5000만 원으로 하락했다고 하자. 이 경우 재무상태표에 5000만 원의 자산과 4000만 원의 부채가 표시되면서, 그 차액인 자기자본은 1000만 원으로 감소한다. 아파트 가격이 내렸다고 해서 은행의 대출금이 감액되지 않기 때문에 그 차액인 5000만 원만큼 자기자본이 줄어들면서 개인 A가 그 손실을 전액 감수할 수밖에 없다.

이 사례에서 보듯이, 자기자본은 자산총액에서 부채총액을 차감한 후에 계산되는 차액(순자산)이면서 투자의 성패에 따라 나타나는 손익이 개인(회사의 주주나 출자자)에게 최종적으로 귀속되는 몫(출자자 자산)이라는 뜻을 되새길 수 있겠다.

영업 활동을 위해 보유하는 유동자산

자산의 유형

개인이나 기업은 사업을 영위하기 위해 수많은 자산을 보유하게 된다. 최우선으로 사업을 시작하려면 사무실을 빌려야 한다. 왜냐하면 우리나라에서 사업을 시작하려면 세무서로부터 사업자등록증을 발급받아야 세제상의 많은 혜택을 볼 수 있다. 이를 위해 반드시 사무실 소재지가 있어야 하고, 사무실을 빌리면서 임대보증금이 들어간다.

이어서 빌린 사무실을 보기 좋게 꾸미기 위해서는 칸막이를 치거나, 벽이나 천장을 도배하거나 도색하는 등의 디자인 비용이 들어간다. 그리고 사무 업무를 수행하려면 책상, 의자, 컴퓨터, 서류함 등의 집기비품을 사야 한다. 그전에 필요한 인력을 채용하기도 한다.

만약 제조업으로 출발하려면, 제품을 생산하기 위해 공장과 생산 설비 등이 필요하고, 도소매업이라면 상품 보관 창고를 갖추어야 한다. 이때 거액의 투자가 부담스러워, 타인의 공장·창고를 빌려서 사용한다면 추가로 임대보증금과 설치비용이 들어간다.

드디어 사업의 워밍업이 끝나고 본격적으로 영업을 시작했다고 하자. 보통 거래처에 제품·상품을 현금 판매가 아닌 외상으로 팔기 때문에 어느 정도의 외상채권을 깔아 놓아야만 한다. 그리고 영업자금이 부족해서 은행으로부터 대출이라고 받으면 미래 상환할 대출금에 충당하기 위해 예·적금에도 가입하게 된다.

회사가 사업 활동을 수행하면서 취득한 모든 대상물이 자산에 해당된다. 이러한 자산은 우선 유동자산과 비유동자산으로 분류한다.

유동자산

회계에서 자산은 유동자산과 비유동자산으로 분류한다. 유동자산 (流動資産, Current assets)이란 물이 흘러가듯이 빈번하게 움직이는 자산을 말한다.

일상생활에서 유동이라는 용어는 자주 사용되지는 않는다. 다만 신문 기사에나 간혹 나타난다. 예를 들어 '시중에 유동성이 흘러 넘쳐 향후 돈 가치가 떨어지고 물가가 상승할 가능성이 많다'라든지 또는 '그 회사는 유동성 부족으로 조만간 어음대금을 결제하지 못해 부도가 날 것 같다'라는 기사로 접할 수 있다. 여기서 유동성이란 돈(현금)이나 현금으로 즉시 바꿀 수 있는 자산을 의미한다.

자산총계(총자산) = 부채와 자본총계(총자본)
자산총계(총자산) = 유동자산 + 비유동자산
유동자산 = 당좌자산 + 재고자산
비유동자산 = 투자자산 + 유형자산 + 무형자산 + 기타 비유동자산
부채와 자본총계(총자본) = 부채총계 + 자본총계
부채총계 = 유동부채 + 비유동부채
자본총계 = 자본금 + 자본잉여금 + 자본조정 + 기타포괄손익누계액 + 이익잉여금
순운전자본 = 유동자산 – 유동부채

회계에서의 유동은 위 기사에 나오는 의미와 거의 유사하다. 유동자산이란 회사가 필요할 때 즉시 현금화시킬 수 있는 자산을 말한다.

회사가 보유하는 자산 중에서 다음 항목은 유동자산으로 분류한다.

• 사용의 제한이 없는 현금 및 현금성 자산

• 회사의 정상적인 영업주기 이내에 실현될 것으로 예상되거나 판매 목적 또는 소비 목적으로 보유하는 자산

• 단기매매 목적으로 보유하는 자산

• 위에서 예시한 항목 외에 보고기간말로부터 1년 이내에 현금화 또는 실현될 것으로 예상되는 자산

보고기간말로부터 1년 이내에 현금화가 가능한 자산은 유동자산으로 분류된다. 예를 들어 회사의 당기 보고기간말인 2020년 12월 31일을 기준으로 1년 이내인 2021년 12월 31일까지 현금화시킬 목적으로 보유하는 자산이 유동자산이다. 다시 말해, 회사가 보유하고 있는 주식이나 부동산 등을 1년 이내에 처분할 예정이라면 유동자산에 해당된다.

간혹 은행 예금은 유동자산이고, 부동산은 비유동자산이라는 식으로 자산을 특정하여 분류하는 경우가 있는데, 이는 잘못된 판단이다. 이와 같이 자산의 유형별로 분류하는 것이 아니라, 기업이 그 자산을 어떤 목적(의도)을 갖고 보유하느냐에 따라 유동자산과 비유동자산으로 구분되어야 한다.

유동자산은 그 자산의 내용에 따라 당좌자산과 재고자산으로 다시 세분류된다.

비유동자산

비유동자산(非流動資産, Non current assets)이란 유동자산이 아닌 자산이라는 의미다. 그 정확한 의미를 살펴보면, 자산 중에서 유동자산에 속하지 아니하는 자산이 비유동자산이다.

앞에서 설명했듯이, 유동자산은 보고기간말로부터 1년(혹은 정상 영업주기) 이내에 현금화시킬 목적으로 보유하는 자산이다. 이를 반대로 표현하면, 비유동자산은 보고기간말로부터 1년 이후에나 현금화가 가능한 자산이 된다.

유동자산이 주로 현금화에 초점을 맞췄다면, 비유동자산은 장기간에 걸쳐 기업이 자체적으로 활용하거나 또는 수익을 얻을 목적으로 보유한다는 것이 주된 차이점이다. 따라서 비유동자산은 보통 사용, 수익용 자산이라고도 부른다.

비유동자산은 자산의 내용에 따라 투자자산, 유형자산, 무형자산, 기타 비유동자산으로 다시 세분류된다.

정상 영업주기

유동자산과 관련하여 1년이라는 기간에 예외 사항으로 정상 영업주기(營業週期, Operating cycle)라는 용어가 나온다. 그러면 정상 영업주기는 어떻게 이해해야 할까?

유동자산은 회사가 영업활동을 위해 보유하는 자산이다. 따라서 유동자산은 영업활동이 진행되면서 다음과 같이 변모한다.

회사가 원자료를 매입하면서 거래처에 물대의 일부를 미리 지급하면 선급금(미착품)으로 처리한다. 그 후 원자재가 회사 창고에 입고되면 원재료(부재료)로 바뀌고, 생산이 진행되면서 재공품과 제품으로 변한다. 이어서 완성된 제품(상품)을 거래처에 외상으로 판매하면 외상매출금이 발생하고, 외상대금을 수령하면 받을어음으로 변한다. 최종적으로 어음의 만기가 도래하여 은행 계좌에 현금(예금)이 들어오면서 하나의 정상 영업주기가 종결된다.

우리나라 기업들의 정상 영업주기는 약 3개월가량 소요된다. 이와 같이 1년 이내에 정상 영업주기가 종료되기 때문에, 그냥 1년 이내에 현금화가 가능한 자산은 유동자산으로 봐도 무방하다.

일부 예외적인 업종에서는 정상 영업주기가 1년을 넘기는 경우가

영업주기에 따른 유동자산의 변화과정

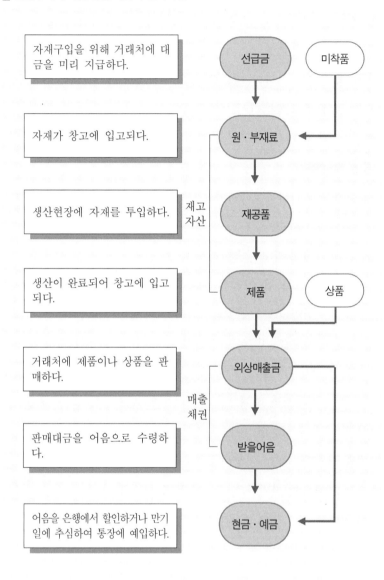

자재구입을 위해 거래처에 대금을 미리 지급하다. → 선급금 / 미착품 → 원·부재료

자재가 창고에 입고되다. → 원·부재료

생산현장에 자재를 투입하다. → 재공품 (재고자산)

생산이 완료되어 창고에 입고되다. → 제품 / 상품

거래처에 제품이나 상품을 판매하다. → 외상매출금 (매출채권)

판매대금을 어음으로 수령하다. → 받을어음

어음을 은행에서 할인하거나 만기일에 추심하여 통장에 예입하다. → 현금·예금

있다. 주류제조업과 같이 장기간에 걸쳐 숙성을 요하는 사업이나(밸런타인 30년산은 무려 30년 동안 숙성시킨 술이다), 선박·항공기 제조업 등과 같이 주문받아 생산을 완료하는데 1년을 넘기는 경우도 있다. 따라서 숙성 중인 주류나 생산 과정에 있는 선박·항공기 등은 1년 기준이 아닌 정상 영업주기에 따라 유동자산으로 분류한다.

현금화가 가장 쉬운 당좌자산

유동자산이란 보고기간말로부터 1년 혹은 정상 영업주기 이내에 현금화가 가능한 자산을 말한다. 그런데 같은 유동자산이라 하더라도 예금 등과 같이 즉시 현금화가 가능한 자산이 있는 반면에 원료·제품 등과 같이 생산·판매 과정을 거쳐야 현금화가 가능한 자산이 있다.

유동자산 중 당좌자산(當座資産, Quick assets)은 생산, 판매 등의 별도의 절차를 거치지 않고, 즉시 현금화가 가능한 자산을 총칭하여 부르는 용어다.

현금

현금(現金, Cash)이란 대금의 결제나 비용의 지출 등 거래에 즉시 사용하기 위해 보유하고 있는 자산을 말한다. 현금에는 한국은행이 발행하여 시중에 유통시킨 동전과 지폐 그리고 통화대용증권이 모두 포함된다. 이러한 통화대용증권으로는 은행이 발행한 자기앞수표, 다른 회사가 발행한 당좌수표, 우체국에서 발행하는 우편환증서 등이 있다.

다른 나라 정부가 발행한 외화(일본의 엔화, 미국의 달러화, 유럽의 유로화 등)도 거래에 직접 사용할 수 있는 수단이기에 현금으로 처리한다. 다만 외화는 보고기간말에 각 통화의 환율을 적용하여 원화로 환산한 금액을 현금으로 계상한다.

현금성자산

회계에서만 사용하는 특이한 항목으로 '현금성자산'이 있다. 과거 현금성자산은 현금은 아니지만 현금에 준하는 항목이라는 의미의 '현금등가물'이라고 불린 적이 있었다.

현금성자산(現金性資産, Cash equivalent)이란 큰 거래비용 없이 현금으로 바꾸기 쉽고, 이자율 변동에 따른 가치변동의 위험이 중요하지 않은 금융 상품으로서, 취득 당시 만기일 또는 상환일이 3개월 이내에 도래하는 것을 말한다. 일단 현금성자산에 해당되려면 가입하는 시점에 만기가 3개월 이내인 초단기 금융상품이어야 한다. 그리고 시시각각으로 가격이 크게 변동하는 주식은 제외된다.

현금성자산의 요건을 충족시키는 금융자산으로는 취득시 만기가 3개월 이내에 도래하는 국공채나 초우량기업(신용등급이 AAA)의 회사채 및 융통어음(CP) 등의 유가증권과, 취득 시 만기가 3개월 이내에 도래하는 양도성예금증서(CD, Certificate of Deposit), MMDA(Money Market Deposit Account), 환매조건부채권매도(RP: Repurchase), 증권사나 투신운용사의 MMF(Money Market Fund), 종합금융회사의 어음관리계좌(CMA, Cash Management Account) 등의 금융상품이 있다.

단기투자자산

단기투자자산(短期投資資産, Short-term investment assets)은 기업이 여유자금을 단기간 운용할 목적으로 보유하는 자산을 말한다. 이

▌예금의 분류

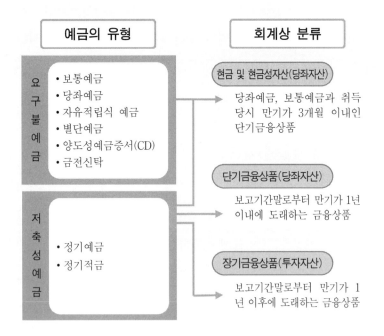

에는 단기금융상품, 유가증권(단기매매증권 및 유동자산으로 분류되는 매도가능증권과 만기보유증권), 단기대여금 등으로 세분류된다.

단기투자자산은 재무상태표에 일괄 표시하거나, 혹은 세부 과목으로 구분하여 표시할 수 있다.

단기투자자산 = 단기금융상품 + 단기매매증권 + 단기매도가능증권 +

단기만기보유증권 + 단기대여금

1) 단기금융상품

단기금융상품(短期金融商品, Financial instrument)이란 금융기관이 취급하는 정기예금, 정기적금 중에서 만기가 보고기간말로부터 1년 이내에 도래하는 금융상품을 말한다.

현금성자산이 취득 당시에 만기가 3개월 이내에 도래하는 금융상품이라면, 취득 당시 만기가 3개월 이후이면서 보고기간말로부터 1년 이내에 도래하는 예적금 등은 단기금융상품으로 분류한다.

2) 단기매매증권

유가증권(有價證券, Securities)이란 재산적 가치를 나타내는 문서나 증서를 말한다. 우리나라의 법률에 따르면 다양한 종류의 유가증권이 있지만(예를 들어 창고증권·화물상환증·선화증권 등), 주식과 채권이 가장 많은 비중을 차지하고 있다.

주식(또는 지분증권(持分證券, Equity securities))이란 회사나 조합 등의 순자산에 대한 지분을 나타내는 유가증권으로서, 특정 회사가 발행한 보통주·우선주·수익증권 등이 이에 해당된다. 한편, 채권 (또는 채무증권(債務證券, Debt securities))은 발행한 사람에 대해 금전을 청구할 수 있는 권리를 표시하는 유가증권으로서, 국가나 지방자치단체가 발행한 국공채, 금융기관이 발행한 금융채, 주식회사가 발행한 회사채 등이 이에 해당된다.

회계에서 유가증권은 보유하는 목적에 따라 단기매매증권, 매도가능증권, 만기보유증권, 지분법적용투자주식 중 하나로 분류한다.

당좌자산 중 단기매매증권(短期賣買證券, Trading securities)이란 유가증권 중 단기간 내에 매매차익을 얻을 목적으로 취득한 주식이나 채권으로, 시장에서 매수와 매도가 적극적이고 빈번하게 이루어지는 것을 말한다. 주로 코스피시장과 코스닥시장에 상장된 주식이나 채권 등이 이에 해당된다.

3) 단기만기보유증권

만기보유증권(滿期保有證券, Held-to-maturity securities)이란 상환일과 상환금액이 확정된 채권(원금과 이자의 상환금액과 상환시기가 약정에 의해 확정된 채권)으로서, 회사가 만기까지 보유할 적극적인 의도와 능력이 있는 경우에 처리하는 과목이다. 다만 이자가 시장금리 등에 의해 변동되는 변동금리부채권은 이자의 상환금액은 확정되어 있지 않지만, 원금과 만기가 확정되어 있기 때문에 만기보유증권에 해당된다.

만기보유증권 중에서 보고기간말로부터 1년 이내에 만기가 도래하는 부분은 단기간에 현금화가 가능하기에 당좌자산의 단기만기보유증권으로 분류한다. 그러나 보고기간말로부터 1년 이후에 만기가 도래하는 부분은 유동자산이 아닌, 비유동자산(투자자산)의 만기보유 증권으로 처리한다.

4) 단기매도가능증권

매도가능증권(賣渡可能證券, Available-for-sale securities)이란 언제라도 매도가 가능한 증권으로서, 위에서 설명한 단기매매증권이나 만기보유증권에 해당되지 않은 유가증권을 말한다.

기업이 보고기간말로부터 1년 이내에 매각 등에 의해 처분할 것이 확실한 부분은 유동자산(당좌자산)의 단기매도가능증권으로 분류한다. 그러나 보고기간말로부터 1년 이후에 매각할 부분은 유동자산에 해당되지 않으므로, 비유동자산(투자자산)의 매도가능증권으로 처리한다.

4) 단기대여금

단기대여금(短期貸與金, Short-term loans)이란 보고기간말로부터 1년 이내에 상환받기로 약정하고 빌려준 금전채권을 말한다. 예를 들어 회사가 임직원에게 월급 중 일부를 가불해 주거나, 또는 임직원에게 주택 구입 자금이나 전세 자금으로 빌려주면서 발생한다. 만약 그 금액이 커서 중요한 경우에는 주주·임원·종업원대여금이라는 과목으로 처리한다. 이러한 대여금은 그 임직원에게 월급을 지급할 때마다 분할하여 상환 받는다.

계열사를 거느리고 있는 모회사가 자회사, 계열회사, 협력업체 등

에 자금을 빌려 준 경우에는 관계회사단기대여금이라는 별도의 과목
으로 구분하여 처리하기도 한다.

■ 유기증권의 분류

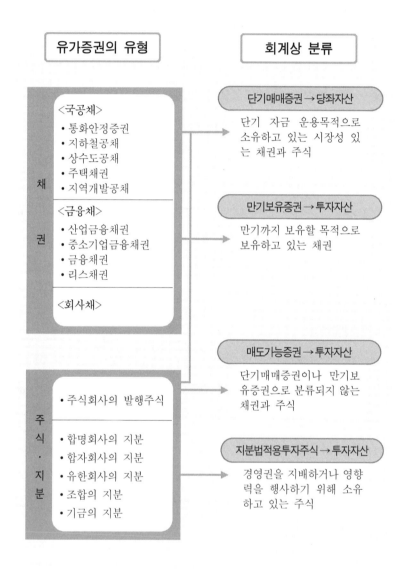

매출채권(외상매출금과 받을 어음)

매출채권(賣出債權, Trade receivable)이란 거래처에 제품·상품 등을 외상으로 판매하면서 발생한 채권을 말한다.

본래 슈퍼마켓이나 편의점 등의 소규모 상점을 제외하고는 현금으로 거래하지 않는다. 대부분 외상으로 판매한 후에 약정한 시점에 예금이체나 어음 등으로 결제 받는 것이 일반적인 상거래 관습이다.

회사가 제품·상품 등을 거래처에 외상으로 판매하면서 발생한 채권은 외상매출금(外上賣出金, Accounts receivable-trade)으로 그리고 약정한 시점에 외상매출금을 어음으로 수령하면 받을어음(Notes receivable-trade)으로 처리한다.

회사의 주된 상거래와 관련하여 발생한 외상매출금과 받을 어음을 통합하여 당좌자산(매출채권)으로 표시한다.

대손충당금

기업이 거래처에 외상으로 판매하면 매출채권이, 그리고 임직원 등에게 돈을 빌려주면 단기대여금이라는 채권이 발생한다. 그런데 간혹 거래처 등의 도산으로 인해 채권의 일부만을 회수하거나 혹은 전액을 회수하지 못하는 불상사가 일어날 수 있다. 채권 중에서 회수하지 못할 것으로 보아 적립하는 금액이 대손충당금(貸損充當金, Allowance for bad debts)이다. 그리고 재무상태표에 대손충당금이 나타나면, 손익계산서에 그에 상응하는 금액만큼의 대손상각비가 발생한다.

회사는 부실채권에 대해 2가지 방법에 따라 대손충당금을 적립할 수 있다. 첫째, 보고기간말 현재 거래처별 채권 잔액을 검토하여 회수 가능성을 살펴보고, 회수되지 못할 것으로 판단되는 부분에 대해 대손충당금을 적립하는 방법이다. 예를 들어 보고기간말 현재 총 채권 잔액 100억 원 중에서 실제 도산하여 회수가 불가능한 A거래처의 채권 잔액 2억 원만큼을 대손충당금으로 적립하는 방법이다.

둘째, 과거의 매출채권 대비 대손액을 기준으로 대손율을 계산한 후 보고기간말 현재 채권 잔액에 곱해 대손충당금을 적립하는 방법이다. 예를 들어 과거의 대손율이 3%이고 보고기간말 현재 총 채권 잔액이 100억 원이라면, 이 두 수치를 곱해 계산한 3억 원을 대손충당금으로 적립한다.

재무상태표에 대손충당금은 해당되는 채권에서 차감하는 방법(간접법)으로 표시한다. 특히 매출채권에 대해 설정하는 대손충당금에 대응하여 발생한 대손상각비는 '판매비와관리비'로, 매출채권 이외에 기타채권(단기대여금, 미수금 등)과 관련하여 발생한 대손상각비는 '영업외비용'으로 각각 구분하여 처리한다.

미수금과 미수수익

앞에서 설명했듯이, 회사가 거래처에 상품·제품 등을 외상으로 판매하면 매출채권이 발생한다. 그러면 상품·제품이외의 자산을 외상으로 팔면 어떻게 처리해야 할까?

미수금(未收金, Accounts receivable-others)이란 재고자산 이외의 자산, 예를 들어 주식·채권 등의 유가증권이나 사옥·공장 등의 유형자산을 외상으로 매각하면서 발생한 채권을 말한다. 회사가 공장을 이전하기 위해 기존 공장을 매각하면서, 대금의 일부 또는 전부를 미래에 받기로 계약을 체결하면서 미수금이 발생한다.

미수수익(未受收益, Accrued income receivable)이란 수익으로 이미 발생했지만 보고기간말 현재 아직 수령하지 않은 채권을 말한다. 관련된 사례를 알아본다.

회사가 은행에 1년 만기 정기예금에 가입했다고 하자. 이때 은행은 예금이자를 매월 지급하지 않고, 만기가 되는 시점에 일괄 계산하여 원금과 이자를 같이 지급한다. 따라서 보고기간말 현재 은행에 예치한 예금 중 기간의 경과에 따라 이자는 발생했으나, 만기가 도래하지 않아 지급받지 못한 이자 부분만큼 미수수익으로 처리한다.

일반적으로 미수수익에는 예금 미수이자 이외에, 미수임대료 또는 미수로열티 등이 모두 포함된다. 즉 회사 소유의 사옥이나 공장을 거래처에 빌려주고 받는 임대료 중 기간은 경과했으나 보고기간말 현재 받지 못한 미수임대료는 미수수익에 해당된다.

선급금과 선급비용

선급금(先給金, Advance payments)이란 거래처로부터 상품 · 원재료 등의 재고자산을 매입하기에 앞서, 대금의 일부 혹은 전부를 계약금이나 착수금 등으로 미리 지급하면서 발생한 채권을 말한다. 선급금은 채권이지만 나중에 돈으로 돌려받는 것이 아니라, 애초 약정한 재고자산으로 회수한다는 특징이 있다.

선급비용(先給費用, Prepaid expenses)이란 계속적으로 서비스의 제공을 받기로 계약을 체결하고 대금을 미리 지급했으나, 보고기간말 현재 기간이 경과되지 않은 금액을 말한다. 선급비용의 예를 들어 본다.

회사가 업무용 차량을 구입하면 관련 법률에 따라 보험회사에 종합보험과 책임보험에 가입해야 한다. 이때 회사는 계약시점에 1년치에 해당하는 보험료 전액을 미리 납부해야 한다. 따라서 미리 지급한 보험료 중 보고기간말 현재 미경과된 금액은 선급비용으로 처리한다.

예를 들어 4월 1일에 회사가 자동차 보험에 가입하면서 12개월분의 보험료 120만 원을 미리 지급했다고 하자. 회사가 12월말 결산법인의 경우 9개월분인 90만 원은 당기 비용(보험료)으로 처리하고, 미경과한 3개월분인 30만 원은 차기 비용으로 처리해야 하기에, 그 금액만큼 선급비용으로 처리한다. 실무적으로 선급비용에는 이자비용·차량유지비·보험료·임차료·지급수수료·리스료 등을 미리 지급할 때 주로 발생한다.

▌선급비용의 처리

지금까지 설명한 당좌자산 과목들을 요약 정리하면 다음 그림과 같다.

당좌자산의 내역

재무상태표

당기 20△△년 12월 31일 현재
전기 20▽▽년 12월 31일 현재

(단위 : 백만원)

계정과목	당기	전기	계정과목	당기	전기
자 산			부 채		
Ⅰ. 유동자산	(54,815)	(49,455)	Ⅰ. 유동부채	(31,225)	(30,167)
(1) 당좌자산					
1. 현금및현금성자산					
2. 단기금융상품					
3. 매출채권					
4. 선급금					
5. 선급비용					
6. 기타당좌자산					
(2) 재고자산					
1. 상품					
2. 제품					
3. 재공품					
4. 원재료					
5. 미착품					
6. 기타재고자산					
Ⅱ. 비유동자산					
(1) 투자자산					
1. 장기금융상품					
2. 만기보유증권					
3. 매도가능증권					
4. 지분법적용투자주식					
5. 장기대여금					
(2) 유형자산					
1. 토지					
2. 건물					
(감가상각누계액)					
3. 기계장치					
(감가상각누계액)					
4. 기타유형자산					
(감가상각누계액)					
(손상차손누계액)					
5. 건설중인자산					
(3) 무형자산					
1. 영업권					
2. 개발비					
3. 기타무형자산					
(4) 기타비유동자산					
1. 보증금					
2. 장기미수금					
자산 총계					

당좌자산은 즉시 현금화가 가능한 다음의 자산을 말한다.

1. **현금** : 한국은행이 발행하여 통용되는 지폐와 동전, 그리고 타인 발행수표 등의 통화대용증권과, 당좌예금 보통예금으로 한다.

2. **현금성자산** : 큰 거래비용 없이 현금으로의 전환이 용이하고 이자율 변동에 따른 가치변동의 위험이 경미한 금융상품으로서, 취득 당시 만기(또는 상환일)가 3개월 이내에 도래하는 것으로 한다.

3. **단기금융상품** : 금융기관이 취급하는 정기예금이나 정기적금 등의 정형화된 금융상품으로, 단기적인 자금운용 목적으로 소유하거나 만기가 보고기간말로부터 1년 이내에 도래하는 것으로 한다.

4. **단기매매증권** : 주로 단기간 이내에 매매차익을 목적으로 취득하고, 활성시장에서 매수와 매도가 적극적이고 빈번하게 이루어지는 유가증권(채권과 주식 등)으로 한다.

5. **단기투자자산** : 단기금융상품, 단기매매증권, 단기만기보유증권, 단기매도가능증권, 그리고 단기대여금을 총칭하여 처리하는 항목으로 한다.

6. **매출채권** : 일반적인 영업거래에서 발생한 외상매출금과 받을어음

7. **단기대여금** : 거래처 등에 빌려준 자금으로서, 회수기한이 보고기간말로부터 1년 이내에 도래하는 금전채권으로 한다.

8. **미수금** : 일반적인 영업거래 이외에서 발생한 미수채권으로 한다.

9. **미수수익** : 당기에 수익으로 실현되었으나 수령하지 못한 금액

10. **선급금** : 재고자산의 매입을 위해 거래처 등에 미리 지급한 금액

11. **선급비용** : 보험료나 이자 등과 관련하여 미리 지급한 비용으로, 기간이 경과하지 않아 당기에 비용으로 처리하지 않는 금액

12. **이연법인세자산** : 회계이익과 과세소득간의 세무조정사항 중 차감할 일시적 차이와 세무상 이월결손금에 대한 법인세효과 및 이월세액공제액으로, 보고기간말로부터 1년 이내에 소멸되는 금액

13. **기타의 당좌자산** : 위에서 설명한 항목에 속하지 않는 항목을 의미한다.

판매를 위해 보유하는 재고자산

재고자산

재고자산(在庫資産, Inventories)이란 창고(倉庫)에 있는(在) 실물자산을 말한다. 그러면 창고에는 어떤 물건들이 쌓여 있을까?

각 업종별로 재고자산은 상이한 유형을 나타낸다.

우선, 도소매업은 물품을 매입하여 별도의 가공과정을 거치지 않고 단순히 판매하는 업종이다. 이런 물품을 회계에서는 상품이라고 부른다. 따라서 도소매업의 창고와 매장에는 판매 예정인 재고자산 중 상품만이 잔뜩 쌓여 있다.

다음으로, 제조업은 도소매업과 달리 가공과정을 거친 물품을 판매하는 업종이다. 원재료를 매입하여 가공한 후 판매한다는 뜻이다. 따라서 제조업의 창고와 생산 현장에는 원재료, 재공품, 제품 등의 재고자산이 쌓여 있다. 원재료는 제품 생산을 위해 투입될 예정인 원자재나 각종 부품을, 재공품은 현장에서 가공이 진행 중인 물품을, 그리고 제품은 생산이 완료되어 거래처에 출하 예정인 물품을 말한다. 이와 같이 제조업의 창고나 생산 현장에 쌓여 있는 물품들이 모두 재고자산에 해당된다. 재고자산이란 처음에는 창고에 쌓여 있는 물품이라는 좁은 개념에서 출발하여, 생산 현장이나 매장에 진열된 물품을 총칭하는 개념으로 확대된 것이다.

그러면 건설업이나 부동산매매업의 재고자산은 어떤 물품으로 구성될까? 이들 업종은 부동산(토지나 건축물 등)을 매입하여 주택이나 상가를 건설하여 분양하거나 매매하는 사업을 영위하므로, 판매를 위해 보유하는 부동산이 재고자산으로 처리된다.

회계기준에서 '재고자산이란 정상적인 영업과정에서 판매를 위해 보유하거나, 생산과정에 있는 자산 및 생산 또는 서비스 제공 과정에 투입될 원재료나 소모품의 형태로 존재하는 자산'이라고 정의한다.

재고자산은 언제라도 현금화가 가능한 당좌자산과는 달리, 생산 및 판매 과정을 거쳐야만 현금화할 수 있다. 다시 말해 원재료는 제품으로 생산되어야 하고, 제품은 판매되어야만 현금으로 전환된다. 따라서 유동자산을 당좌자산과 재고자산으로 구분하는 이유는 재고자산이 당좌자산에 비해 현금화 가능성(유동성)이 떨어지기 때문이다.

상품과 제품

상품(商品, Merchandise)이란 회사가 거래처로부터 매입하여 소비자에게 되파는 물품을 말한다. 반면에 제품(製品, Finished goods)이란 원재료에 생산·가공을 거쳐 변형된 물품을 말한다. 여기서 변형이란 물품의 형질이나 성질이 완전히 바뀌는 상태로서, 예를 들어 정유공장에서 원유(원재료)를 투입하여 휘발유·등유·경유·납사(제품) 등으로 변환시키는 것을 말한다. 또한 철판이나 각종 부품 등을 조립하여 생산된 자동차나 전자제품도 새로운 성능을 갖는 물품이기에 제품으로 처리한다. 반면에 물품을 구입하여 단순히 절단·포장·가공하는 것은 변형에 해당되지 않는 것으로 보아 상품으로 처리한다.

반제품과 재공품

반제품(半製品, Semi-finished goods)이란 생산·가공과정을 전부 종료하지 않은 미완성상태에서 판매할 목적으로 보유하는 물품을 말한다. 자동차회사가 생산한 엔진이나 시트 등의 부품은 원래 완성차를 조립하는데 사용된다. 다만 일부 부품들은 사후수리(A/S) 등의 목적으로 거래처에 판매되기도 하는데, 이것이 반제품에 해당한다.

반면에 재공품(在工品, Work-in process)은 완제품의 생산을 위해 공정이나 라인에 걸쳐 있는 미완성된 상태의 물품을 말한다. 보통 반제품은 미완성된 물품이지만 그 상태로 판매하기 위해 보유하는 물품인데 반해, 재공품은 추가적인 생산·가공과정을 거쳐 제품으로 변형된 후에야 판매하는 물품이라는 점에서 차이가 난다.

원재료와 부재료

원재료(原材料, Raw materials)란 제품을 생산하기 위해 보유하는 원료나 부품 등을 말한다. 예를 들어 자동차회사가 완성차를 만들기 위해 매입한 철판, 부품, 엔진 등이 원재료를 구성한다. 또한 가구회사가 완제품인 각종 가구나 비품 등을 생산하는 데 투입할 목적으로 매입한 목재, 합판, 철판 등도 원재료에 해당된다.

부재료(副材料, Other materials)는 제품의 핵심 부분을 구성하지는 않지만, 부가적으로 사용되는 원료나 부품 등을 말한다. 예를 들어 전자제품 제조회사가 고객에게 완제품을 운송하면서 파손 등을 방지하기 위해 사용하는 커튼박스, 스티로폼 등의 포장자재가 부재료를 구성한다. 또한 피혁 제조회사가 원재료인 소가죽이나 돼지가죽을 가공하는 과정에 투입하는 염산·질산 등의 각종 화공약품도 부재료로 처리한다.

저장품과 소모품

저장품(貯藏品, Supplies)이란 원부재료와는 달리 제품의 핵심을 구성하는 요소가 아닌 물품으로, 그냥 저장 상태에 있는 물품을 말한다. 예를 들어 회사가 공장 설비를 가동하는데 들어가는 벙카씨유 등의 각종 유류품과, 생산설비를 유지 보수하는 데 사용되는 소모공구·기구·비품 및 수선용 부분품 등이 저장품에 해당된다.

한편, 소모품은 사무용품이나 복사지 등의 문방구류로서, 사용하면서 소멸되는 물품을 말한다. 보통 소모품이 소액인 경우에는 구입 즉시 재고자산이 아닌 비용(소모품비)으로 처리하기도 한다.

미착품

미착품(未着品, Materials in transit)이란 회사가 거래처에 주문했지만, 보고기간말 현재 운송 중에 있어, 아직 실물을 확보하지 못한 물품을 말한다. 보통 국내 거래처에 물품을 주문하면 며칠 이내에 입고된다. 그리고 국내 거래처로부터 물품을 매입하면서 물대의 일부나 전부를 지급하면 당좌자산(선급금)으로 처리한다.

반면에 외국 거래처로부터 수입하는 물품은 국내에 들어오기까지 운송하는 데 상당한 기간이 소요된다. 그리고 회사에 물품이 입고되지 않는 상태에서 여러 부대원가(신용장수수료 · 선박운임 · 보험료 · 관세 등)가 발생한다. 특히 수입하는 물품 대금의 일부 혹은 전부를 은행에 미리 예치해야만 하는 경우도 있다.

이와 같이 외국 거래처로부터 물품을 주문한 후, 회사 창고에 실물이 입고되기 전까지 부담한 물대와 부대원가는 임시 계정인 재고자산(미착품)으로 처리한 후, 실물을 입수하는 시점에 그 용도에 따라 본 계정(원재료, 상품 등)으로 전환하여 처리한다.

재고자산이 변화하는 과정

지금까지 설명한 재고자산 중 원재료가 제품으로 변형되는 과정을 살펴보면 다음과 같다.

건설회사의 재고자산

건설회사는 부동산의 형태를 변형시키는 사업을 영위한다. 따라서 건설회사의 재고자산은 제조업이나 도소매업과는 상이한 항목으로 구성된다.

건설회사의 사업은 그 방식에 따라 도급공사와 자체공사로 구분

▌재고자산이 변화하는 과정

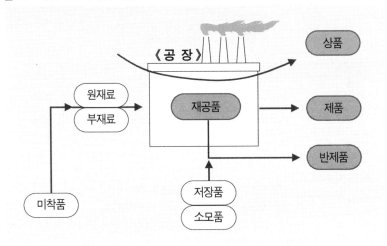

　　재고자산은 주문을 했으나 회사에 도착하지 않은 미착품과 회사
　　창고에 입고되어 사용이 가능한 원재료 및 부재료, 그리고 공정에
　　투입되어 생산이 완료되지 않은 재공품과 생산완료되어 출고를
　　대기하고 있는 제품으로 구분된다. 그리고 상품은 가공생산을 거
　　치지 않고 판매하는 것을 의미하고, 저장품과 소모품은 제품생산
　　에 직접 투입되지 않고 공장 전체를 가동시키는 데 사용되는 유류
　　와 소모성 공구 등을 말한다.

된다.

　건설회사의 도급공사란 시공주(施工主)로부터 공사를 위탁받아 수
행하는 방식으로, 예를 들어 정부로부터 도로·항만·공항 등의 사
회간접자본을 발주 받아 공사하거나 또는 민간업체로부터 상가나 아
파트 등을 위탁받아 건설하는 방식이다.

　건설회사의 도급공사에 따라 보유하는 재고자산의 유형에는 시멘
트나 철근 등과 같이 공사 현장에서 직접 사용되는 물품은 원재료에

■ 재고자산의 내역

재무상태표

당기 20△△년 12월 31일 현재
전기 20▽▽년 12월 31일 현재

(단위 : 백만원)

계정과목	당기	전기	계정과목	당기	전기
자 산			**부 채**		
Ⅰ. 유동자산	(54,815)	(49,455)	Ⅰ. 유동부채	(31,225)	(30,167)
(1) 당좌자산	(48,135)	(43,201)	1. 매입채무	4,507	4,153
1. 현금및현금성자산	5,345	4,788	2. 단기차입금	17,351	17,658
2. 단기금융상품	10,572	7,500	3. 미지급금	1,065	826
3. 매출채권	29,955	27,742	4. 미지급비용	2,483	1,856
4. 선급금	45	44	5. 유동성장기부채	5,303	5,307
5. 선급비용	473	547	6. 기타유동부채	516	367
6. 기타당좌자산	1,745	2,580	Ⅱ. 비유동부채	(15,881)	(15,357)
(2) 재고자산					
1. 상품					
2. 제품					
3. 재공품					
4. 원재료					
5. 미착품					
6. 기타재고자산					
Ⅱ. 비유동자산					
(1) 투자자산					
1. 장기금융상품					
2. 만기보유증권					
3. 매도가능증권					
4. 지분법적용투자주식					
5. 장기대여금					
(2) 유형자산					
1. 토지					
2. 건물					
(감가상각누계액)	△				
3. 기계장치					
(감가상각누계액)					
4. 기타유형자산					
(감가상각누계액)					
(손상차손누계액)					
5. 건설중인자산					
(3) 무형자산					
1. 영업권					
2. 개발비					
3. 기타무형자산	14	–			
(4) 기타비유동자산	(6,661)	(6,216)	자 본 총 계	24,882	21,679
1. 보증금	1,223	1,067			
2. 장기미수금	5,438	5,149			
자산 총계	71,988	67,203	부채와 자본 총계	71,988	67,203

재고자산이란 생산 및 판매과정을 거쳐 현금화가 가능한 다음의 자산을 말한다.

1. 상품 : 별도의 생산이나 가공과정 없이 판매를 목적으로 구입한 물품을 말한다.
2. 제품 : 구입한 원료 등을 생산 가공하여 물성(物性)이 변화된 물품으로, 생산품과 부산물을 모두 포함한다.
3. 반제품 : 자가 제조한 중간제품과 부분품 등을 말한다.
4. 재공품 : 제품이나 반제품의 제조를 위해 생산과정 중에 있는 미완성 물품으로 한다.
5. 원재료 : 제품의 생산을 위해 구입한 원료·재료·부분품 등으로 한다.
6. 저장품 : 제조과정에 간접적으로 사용되는 소모품·소모성 공구기구·수선용부분품 등으로 한다.
7. 미착품 : 해외에서 구입하는 원료나 상품으로, 보고기간말 현재 운송 중에 있는 물품에 대해 부담한 물대와 부대원가(수수료·운임·보험료·관세 등)의 합계금액을 말한다.
8. 기타의 재고자산 : 위에서 설명한 항목에 속하지 않는 항목을 의미한다.

해당된다. 그리고 보고기간말 현재 공사가 진행 중인 상태를 미성공사(제조업의 재공품에 해당)라 한다. 한편으로 보고기간말에 공사가 완공된 상태라면 완성공사(제조업의 제품에 해당)로 처리한다. 특히 도급공사의 일부 또는 전부가 완성되었지만, 그 진행 상태에 맞춰 수령하지 못한 금액은 공사미수금(제조업의 매출채권에 해당)으로 처리한다.

건설회사의 자체공사란 회사가 자신의 책임 하에 토지를 매입하여 건물이나 아파트를 지어 분양 판매하는 방식을 말한다. 이 경우 시멘트나 철근 등은 원재료로, 그리고 분양을 목적으로 구입해 보유하고 있는 토지는 용지(用地)로 처리한다. 그리고 보고기간말에 공사가 아직 완공되지 않는 상태를 미완성주택 또는 미완성건물(제조업의 재공품에 해당)이라 하고, 보고기간말 현재 공사가 완공되었으나 미분양된 상태를 완성 주택 또는 완성 건물(제조업의 제품에 해당)로 분류한다. 한편 분양은 되었으나 대금을 받지 못했다면 매출채권으로 처리한다.

건설회사의 재고자산 중 완성주택이나 완성건물이 많은 비중을 차지한다면, 공사가 완공되었지만 판매되지 않는 미분양아파트나 미분양상가가 많다는 뜻으로 이해하면 된다.

건설회사의 재고자산을 요약 정리하면 다음과 같다.

① 상품: 판매를 목적으로 매입한 토지·건물 기타 이와 유사한 부동산이 모두 포함된다. 다만 건설회사가 사옥이나 창고로 직접 사용하기 위해 구입한 부동산(토지, 건물 등)은 유형자산으로 처리한다.

② 완성주택(완성공사): 건설공사가 완성된 주택이나 공사로서 판매되

지 않았거나 또는 시공주에게 인도하지 않은 공사를 말한다.

③ 미완성주택(미완성공사): 건설공사가 완성되지 않은 주택이나 공사를 말한다.

④ 용지: 주택이나 상가 등을 건설하여 분양할 목적으로 취득한 토지를 말한다.

⑤ 원재료: 건설공사에 투입되는 시멘트나 철근 등의 공사용 원자재를 말한다.

⑥ 가설재(假設材): 건설공사의 편의를 위해 일시적으로 설치했다가 공사가 완성된 이후에 철거하는 구조물과 물품 등을 말한다. 예를 들어 현장 사무소나, 건축물의 외벽에 안전을 위해 설치한 안전지지대 등이 이에 해당된다.

재테크를 위해 보유하는 투자자산

투자자산

비유동자산 중 투자자산(投資資産, Investments)이란 돈(資)을 던져서(投) 얻게 된 자산으로, 보고기간말로부터 1년 이상 장기간에 걸쳐 운용하는 자산을 말한다. 회사가 사업을 하다가 여유자금이 생기면, 그 자금의 성격에 따라 다양한 수단으로 운용할 수 있다. 예를 들어 자금의 여유가 일시적이라면 은행에 예금하는데, 이는 투자 수익보다는 자금 보관이라는 성격이 강하다. 그러나 자금의 여유가 장기간에 걸쳐 진행된다면, 고수익을 얻는 수단에 투자하게 된다.

투자자산에는 고수익을 얻기 위해 취득한 자산(재테크 목적)이거나, 또는 사업다각화 차원에서 다른 기업을 통제·지배할 목적(경영권의 지배)으로 보유하는 주식이나 채권 등이 있다.

투자부동산

건설회사가 아파트나 상가를 지어 분양할 목적으로 취득한 부동산은 재고자산(용지)로 처리한다. 반면에 제조회사가 공장을 건설할 목적으로 취득한 부동산은 유형자산(토지)으로 처리한다. 그러면 회사가 지가 상승이나 임대수익을 얻기 위해 취득한 부동산은 어떻게 처리해야 할까?

투자부동산(投資不動産, Investment in real estate)이란 회사가 영업활동이 아닌 투자활동에 따라 취득한 부동산을 말한다. 그리고 부동산의 지가 상승을 목적으로 취득하면 당연히 투자에 해당된다. 지가 상승 이외에 타인에게 부동산의 일부 또는 전부를 빌려주면서 임대료를 받는 것도 투자에 해당된다. 회사가 업무에 사용하지 않거나 또는 못하는 상태의 비업무용 부동산도 투자자산(투자부동산)으로 처리한다. 회사가 투자부동산을 매입하면서 부담하는 제반수수료·취득세·등록세 등의 부대비용은 그 전액을 취득원가에 가산하여 처리한다.

장기금융상품

장기금융상품(長期金融商品, Long-term financial instruments)은 정기예금과 정기적금 중 보고기간말로부터 1년 이후에 만기가 도래하는 금융상품을 의미한다. 기업이 단기간 예치하는 예적금은 언제라도 현금화시킬 목적으로 취득한 것으로 보아, 유동자산(단기금융상품)으로 처리한다. 반면에 기업이 장기간 예치하는 예적금은 투자 수익을 얻기 위한 것으로 보아, 투자자산(장기금융상품)으로 분류한다.

그러면 당초 만기가 1년 이상인 예적금에 가입했는데, 시간이 흘러 만기가 보고기간말로부터 1년 이내에 도래할 경우에는 어떻게 처리해야 할까? 우선 최초 가입 시점에는 투자자산(장기금융상품)으로 처리하다가, 보고기간말로부터 1년 이내에 만기가 도래할 예정이라면 당좌자산(단기금융상품)으로 전환하여 처리하면 된다.

장기대여금

장기대여금(長期貸與金, Long-term loans)이란 보고기간말로부터 1년 이상에 걸쳐 상환받기로 예정하고 빌려준 금전채권을 말한다.

기업이 애초에 1년 이상에 걸쳐 자금을 대여했는데, 시간이 흘러 만기가 보고기간말로부터 1년 이내에 도래할 예정이라면 어떻게 처리해야 할까? 일단 빌려 준 시점에 투자자산(장기대여금)으로 처리하다가, 보고기간말로부터 1년 이내에 상환일이 다가온다면 당좌자산(단기대여금)으로 전환해서 처리하면 된다.

장기투자증권

장기투자증권(長期投資證券, Long-term investment securities)은 기업이 여유자금을 장기간 운용할 목적으로 보유하는 유가증권을 말한다. 이는 매도가능증권과 만기보유증권 등으로 세분류된다.

장기투자증권은 재무상태표에 통합해 표시하거나, 혹은 각각의 세부 과목으로 구분하여 표시할 수 있다.

장기투자증권 = 만기보유증권 + 매도가능증권

1) 만기보유증권

만기보유증권(滿期保有證券, Held-to-maturity securities)이란 상환일과 상환금액이 확정된 채권(원금과 이자의 상환금액과 상환시기가 약정에 의해 확정된 채권)으로서, 회사가 만기까지 보유할 적극적인 의도와 능력이 있는 경우에 처리하는 과목이다.

만기보유증권(滿期保有證券) 중에서 보고기간말로부터 1년 이후에 만기가 도래하는 채권 금액은 투자자산으로, 1년 이내에 만기가 도래하는 부분은 당좌자산(단기만기보유증권 혹은 단기투자자산)으로 분류한다.

2) 매도가능증권

매도가능증권(賣渡可能證券)은 언제라도 매도가 가능한 유가증권으로서, 단기매매증권이나 만기보유증권으로 분류되지 않는 것을 뜻한다.

매도가능증권은 투자자산으로 분류한다. 다만 보고기간말로부터 1년 이내에 처분 의사가 확실한 부분은 당좌자산(단기매도가능증권)으로 처리한다.

지분법적용투자주식

회사는 내부에 사업부를 만들어 신사업을 시작하거나, 법적으로 완전히 독립된 자회사를 설립하여 신사업에 진출할 수도 있다. 원래 건설회사가 전혀 이업종인 바이오사업에 진출하는 경우 내부 사업부 방식보다는, 법적으로 독립된 자회사를 설립하여 사업을 추진하는 것이 경영 관리 측면에서 더 유리하다.

지분법적용투자주식(持分法適用投資株式)이란 지분법을 적용할 정도의 지분율까지 투자한 주식을 말한다. 이와 관련하여 주식, 지분법, 지분율 등 3가지를 먼저 이해해야 한다.

첫째, 주식이란 투자자가 회사(주식회사, 합명회사, 합자회사, 유한회사 등)나 조합 등에 자금을 납입하고, 그 대가로 수령한 지분증권을 말한다. 주식을 소유한 주주(출자자, 조합원)는 주주총회에서 의결권을 행사하는 방식으로 회사 경영에 참여할 수 있다.

둘째, 지분법(持分法, Equity method)이란 투자회사(지배기업, 모회사)가 보유한 피투자회사(종속기업, 자회사)의 주식을 최초로 매수하는 시점에는 취득원가로 계상하지만, 그 이후 피투자회사의 순자산가액이 변동될 때마다 그 변동금액에 투자회사의 지분율을 곱한 금액만큼을 취득원가에 가산하거나 차감하여 평가하는 방법을 말한다.

예를 들어 투자회사의 피투자회사에 대한 지분율이 80%이고, 피투자회사가 특정 회계기간에 10억 원의 당기순이익을 기록했다고 하자. 이 경우 투자회사의 지분법적용투자주식의 장부가액은 피투자회사의 당기순이익에 지분율을 곱한 금액인 8억 원만큼 가산하여 처리한다. 반면에 피투자회사가 당기순손실을 기록하면, 해당 금액만큼 감액시켜 처리한다.

셋째, 투자회사가 피투자회사의 주식을 얼마큼 소유해야 지분법을 적용할 수 있을까? 원래 지분법을 적용하려면, 투자회사가 피투자회사의 경영에 유의적인 영향력(쉽게 말해 지배할 수 있을 정도의 권리)을 행사할 수 있어야 한다.

우선 피투자회사(종속기업)가 발행한 의결권 있는 주식의 50% 이상의 주식을 투자회사(지배기업)가 소유한다면, 확실하게 지배권을 행사한다고 간주한다. 이 경우 지배기업과 종속기업을 하나의 경제적 실체로 보고 연결재무제표를 작성해야 한다.

다음으로, 완전한 지배·종속 관계에 해당되지는 않지만, 투자회사가 직간접으로 피투자회사가 발행한 의결권 있는 주식의 20% 이상을 보유한다면, (명백한 반증이 없는 한) 경영상의 유의적인 영향력을 행사할 수 있다고 보아, 지분법적용투자주식으로 처리한다.

마지막으로 투자회사가 피투자회사에 대해 20% 미만의 주식을 보유하더라도, 다음 중 하나에 해당하는 경우에는 경영상의 유의적인 영향력을 행사할 수 있다고 보아, 지분법적용투자주식으로 처리한다.

- 투자회사가 피투자회사의 이사회 또는 이에 준하는 의사결정기구에서 의결권을 행사할 수 있는 경우
- 투자회사가 피투자회사의 재무정책과 영업정책에 관한 의사결정과정에 참여할 수 있는 경우
- 투자회사가 피투자회사의 재무정책과 영업정책에 관한 의사결정과정에 참여할 수 있는 임원 선임에 상당한 영향력을 행사할 수 있는 경우
- 피투자회사의 유의적인 거래(매입거래·매출거래 또는 자금거래 등)가 주로 투자회사와 이루어지는 경우
- 피투자회사에게 필수적인 기술정보를 투자회사가 해당 피투자회사에게 제공하는 경우

투자자산의 내역

재무상태표

당기 20△△년 12월 31일 현재
전기 20▽▽년 12월 31일 현재

(단위 : 백만원)

계정과목	당기	전기	계정과목	당기	전기
자 산			부 채		
Ⅰ. 유동자산	(54,815)	(49,455)	Ⅰ. 유동부채	(31,225)	(30,167)
(1) 당좌자산	(48,135)	(43,201)	1. 매입채무	4,507	4,153
1. 현금및현금성자산	5,345	4,788	2. 단기차입금	17,351	17,658
2. 단기금융상품	10,572	7,500	3. 미지급금	1,065	826
3. 매출채권	29,955	27,742	4. 미지급비용	2,483	1,856
4. 선급금	45	44	5. 유동성장기부채	5,303	5,307
5. 선급비용	473	547	6. 기타유동부채	516	367
6. 기타당좌자산	1,745	2,580	Ⅱ. 비유동부채	(15,881)	(15,357)
(2) 재고자산	(6,680)	(6,254)	1. 사채	7,280	7,536
1. 상품	503	753	2.장기차입금	682	999
2. 제품	4,009	3,013	3. 퇴직급여충당부채	9,675	7,691
3. 재공품	465	819	퇴직보험예치금	△ 2,000	△ 1,000
4. 원재료	1,570	1,659	4. 반품충당부채	244	131
5. 미착품	120	6			
6. 기타재고자산					
Ⅱ. 비유동자산					
(1) 투자자산					
1. 장기금융상품					
2. 만기보유증권					
3. 매도가능증권					
4. 지분법적용투자주식					
5. 장기대여금					
(2) 유형자산					
1. 토지					
2. 건물					
(감가상각누계액)					
3. 기계장치					
(감가상각누계액)					
4. 기타유형자산					
(감가상각누계액)					
(손상차손누계액)					
5. 건설중인자산					
(3) 무형자산					
1. 영업권					
2. 개발비					
3. 기타무형자산					
(4) 기타비유동자산					
1. 보증금					
2. 장기미수금					
자산 총계					

투자자산이란 장기간에 걸쳐 투자할 목적으로 보유하는 다음의 자산을 말한다.

1. 장기금융상품 : 보고기간말로부터 1년 이후에 만기가 도래하는 유동자산에 속하지 않는 금융상품으로, 사용이 제한된 경우 해당 내용을 주석에 기재한다.

2. 장기투자증권 : 보고기간말로부터 1년 이후에 만기가 도래하는 만기보유증권과, 단기간 내에 처분할 목적으로 보유하지 않는 매도가능증권을 총칭하여 처리하는 항목을 말한다.

3. 장기대여금 : 보고기간말로부터 1년 이후에 만기가 도래하는 유동자산에 속하지 않는 금전대여채권을 말한다.

4. 투자부동산 : 투자의 목적 또는 비업무용으로 소유하는 부동산으로 하고, 해당 내역을 주석으로 기재한다.

5. 지분법적용투자주식 : 피투자회사가 발행한 의결권 있는 지분의 20% 이상을 소유하여, 투자회사가 피투자회사의 경영상의 유의적인 영향력을 행사함으로서 지분법을 적용하여 평가하는 지분증권(투자주식)을 말한다.

6. 기타의 투자자산 : 위에서 설명한 항목에 속하지 않는 항목을 의미한다.

장기간 사용되는 유형자산

유형자산

유형자산(有形資産, Property, plant and equipment)이란 장기간에 걸쳐 사용하는 형태가 있는 실물 자산으로서, 설비자산(設備資産)이라고도 한다.

회계에서는 '유형자산이란 재화의 생산, 용역의 제공, 타인에 대한 임대 또는 자체적으로 사용할 목적으로 보유하는 물리적 형체가 있는 자산으로서, 1년을 초과하여 사용할 것이 예상되는 자산'이라 정의한다.

회사는 제품을 생산·판매하기 위해서 공장과 설비 등을 갖추어야한다. 이에 더해 제품의 보관, 진열, 판매 등을 위해서는 물류 창고나 판매 점포도 구비해야 한다. 또한 임직원들이 사무 업무를 원활하게 수행하기 위해서는 사옥 등의 사무공간을 확보해야 한다. 이처럼 공장, 창고, 점포, 사옥 등이 모두 유형자산에 해당된다. 다만 유형자산은 공장이나 사옥 등과 같이 용도가 아닌, 토지 · 건물 · 기계장치 · 차량운반구 등과 같이 상세 과목으로 풀어서 표시한다.

유형자산은 보고기간말로부터 1년 이상 장기간에 걸쳐 사용하는 자산만이 해당된다. 따라서 단기간 사용하는 실물자산은 유형자산이 아닌 비용(예를 들어 공기구비품비)으로 처리한다. 예를 들어 회사가 추석이나 크리스마스를 맞이하여 사무실에 일시적으로 설치하였다가 철거하는 장식물(천막, 트리, 산타 모형 등)은 비용에 해당된다.

토지

토지(土地, Land)란 공장이나 사무실의 기반을 이루는 땅을 말한다.

토지에는 대지 · 임야 · 전답 · 잡종지 등 지적공부(地籍公簿)에 토지로 분류되는 것들이 모두 포함된다. 다만 회사가 지가 상승에 따른 차익을 얻을 목적으로 소유하는 토지나 건물, 그리고 비업무용 부동산은 투자자산(투자부동산)으로 처리한다.

설비자산

설비자산(設備資産, Plants)이란 기업이 사업 활동에 이용하기 위해 보유하는 건물, 구축물, 기계장치 등의 각종 설비를 총괄하여 표시하는 과목이다. 이는 재무상태표에 통합해 표시하거나, 혹은 각각의 세부 과목으로 구분하여 표시할 수 있다.

설비자산 = 건물 + 구축물 + 기계정치

1) 건물

건물(建物, Buildings)이란 4각의 기둥을 중심으로 전후좌우가 밀폐된 공간을 말한다. 반면에 개방된 상태라면 구축물(構築物, Structures)로 분류한다. 건물에는 공장의 사무실이나 생산 현장의 건축물, 원자재 및 제품 보관 창고, 경비실 등이 있다. 특히 건물에 부속되어 있는 냉난방설비 · 조명설비 · 통풍 및 기타의 부속설비 등도 모두 건물에 해당된다.

2) 구축물

구축물에는 인입 도로, 야외 휴게실, 담장, 축구장 · 야구장 등의 운동시설, 주차장 등이 해당된다. 또한 선박이 쉽게 접안하도록 하는 선거(船渠), 교량, 암벽, 저수지, 갱도, 굴뚝, 기타의 토목설비와 공작물들도 구축물에 포함된다.

3) 기계장치

기계장치(機械裝置, Machinery)란 공장에서 제품을 생산하기 위해 사용되는 기계와 장치 및 부속설비 등을 말한다. 예를 들어 철판을 절단하는 프레스기, 석유화학공장의 가열설비와 파이프라인, 조립전자회사의 제품운송을 위해 설치한 컨베이어 벨트 등이 기계장치에 해당된다.

건설중인자산

회사는 타인이 소유하는 부동산을 매입하거나, 또는 자체 실정에 맞게 사옥이나 공장을 건설하여 취득할 수 있다. 회사가 사옥이나 공장을 새로 지어서 취득하는 과정을 살펴보자.

먼저 사옥이나 공장의 지반을 이루는 토지를 매입해야 한다. 이어서 설계회사에 그 토지에 적합한 건축물의 설계 작업을 의뢰해야 한다. 그리고 건설 회사를 선정하여 토목공사와 건축공사를 맡긴다.

회사가 사옥이나 공장을 건설하는 경우 공사대금은 여러 번에 나누어져 지급된다. 예를 들어 설계회사의 설계비와 건설회사의 공사대금 등은 계약금, 중도금, 잔금 등으로 분할 지급된다. 그리고 건설공사를 지원하거나 감독하기 위해 채용한 임직원들의 인건비와 기타 경비, 그리고 회사가 직접 설치해야만 하는데 들어가는 재료비나 외주비 등도 발생한다.

회사가 부담하는 건설대금의 용도는 지급하는 시점에 유형자산 중 건물인지 구축물인지 기계장치인지 식별이 불가능하다. 다만 건설공사가 최종적으로 완성되는 시점에야 그 용도가 확정된다.

따라서 건설공사가 완성되기 전까지 부담한 모든 대금을 건설중인자산(Construction in-progress)으로 일괄하여 처리한 후, 공사가 완료되는 시점에 정산하여 각 유형자산(토지, 건물, 구축물, 기계장치 등)으로 재분류할 수밖에 없다.

어떤 회사의 재무상태표에 유형자산 중 건설중인자산과 금액이 표시되면, 그 회사가 사옥, 공장, 창고, 점포, 연구소 등을 건설하는 과정에 있고, 이를 위해 그 금액만큼 투자했다고 이해하면 된다.

기타의 유형자산

1) 차량운반구

차량운반구(車輛運搬具, Vehicles and transportation equipment)란 운반 수단으로 보유하는 자동차, 자전거, 손수레 등의 운송설비를 말한다. 또한 건설회사가 지반을 다지는 데 사용하는 트럭, 불도저 등도 차량운반구에 해당된다. 항공회사가 보유하는 비행기나, 해운회사에서 보유하고 있는 선박 등도 원래 차량운반구에 해당되나, 그 금액이 크고 중요한 경우에는 '항공기'나 '선박'이라는 과목을 만들어 구분하여 처리한다.

2) 공구기구비품

공구(工具, Tools)는 절삭공구 · 스패너 · 해머 등 생산 작업을 효율적으로 지원하기 위해 사용되는 도구를 말한다. 기구(器具, Furniture)는 전압계 · 전력계 · 온도계 · 전지 · 소화기 등 생산 작업을 간접적으로 지원하는 도구를 말한다. 비품(備品, Fixtures)은 계산기 · 책상 · 의자 · 사무용품 등을 말한다. 원래 공구와 기구는 생산 활동에 사용되는 것을, 비품은 판매와 사무활동에 사용되는 것으로 구분할 수 있다.

다음 페이지의 그림은 어떤 공장의 단면도를 그려 본 것이다. 이 그림에 나오는 각 실물자산마다 위에서 설명한 유형자산 과목을 서로 연결시켜 본다. 유형자산의 의미가 확연히 머릿속에 떠오를 것이다.

■ 유형자산의 유형

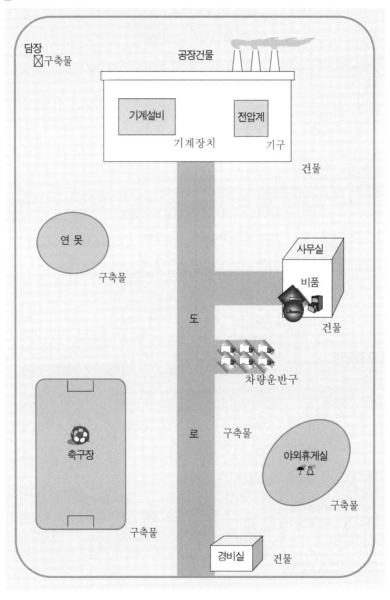

■ 유형자산의 내역

재무상태표

닝기 20△△년 12월 31일 현재
전기 20▽▽년 12월 31일 현재

(단위 : 백만원)

계정과목	당기	전기	계정과목	당기	전기
자 산			부 채		
Ⅰ. 유동자산	(54,815)	(49,455)	Ⅰ. 유동부채	(31,225)	(30,167)
(1) 당좌자산	(48,135)	(43,201)	1. 매입채무	4,507	4,153
1. 현금및현금성자산	5,345	4,788	2. 단기차입금	17,351	17,658
2. 단기금융상품	10,572	7,500	3. 미지급금	1,065	826
3. 매출채권	29,955	27,742	4. 미지급비용	2,483	1,856
4. 선급금	45	44	5. 유동성장기부채	5,303	5,307
5. 선급비용	473	547	6. 기타유동부채	516	367
6. 기타당좌자산	1,745	2,580	Ⅱ. 비유동부채	(15,881)	(15,357)
(2) 재고자산	(6,680)	(6,254)	1. 사채	7,280	7,536
1. 상품	503	753	2.장기차입금	682	999
2. 제품	4,009	3,013	3. 퇴직급여충당부채	9,675	7,691
3. 재공품	465	819	퇴직보험예치금	△ 2,000	△ 1,000
4. 원재료	1,570	1,659	4. 반품충당부채	244	131
5. 미착품	120	6			
6. 기타재고자산	13	4	부 채 총 계	47,106	45,524
Ⅱ. 비유동자산	(17,173)	(17,748)			
(1) 투자자산	(1,483)	(2,119)	자 본		
1. 장기금융상품	593	1,559	Ⅰ. 자본금	(7,350)	(7,000)
2. 만기보유증권	182	287	1. 보통주자본금	6,350	6,000
3. 매도가능증권	105	273	2. 우선주자본금	1,000	1,000
4. 지분법적용투자주식					
5. 장기대여금					
(2) 유형자산					
1. 토지					
2. 건물					
(감가상각누계액)					
3. 기계장치					
(감가상각누계액)					
4. 기타유형자산					
(감가상각누계액)					
(손상차손누계액)					
5. 건설중인자산					
(3) 무형자산					
1. 영업권					
2. 개발비					
3. 기타무형자산					
(4) 기타비유동자산					
1. 보증금					
2. 장기미수금					
자산 총계					

유형자산이란 장기간에 걸쳐 경영활동에 사용할 목적으로 보유하는 형태가 있는 다음의 자산을 말한다.

1. 토지 : 대지·임야·전답·잡종지 등의 부동산으로 한다.
2. 건물 : 건축물과 냉난방·전기·통신 및 기타의 부속설비로 한다.
3. 구축물 : 교량·궤도·갱도·정원설비 및 기타의 토목설비 또는 공작물 등으로 한다.
4. 기계장치 : 기계설비·운송설비(컨베어·호이스트·기중기 등)와 기타의 부속설비로 한다.
5. 건설 중인 자산 : 유형자산의 건설을 위한 재료비·노무비·경비로 하되, 건설을 위해 지출한 도급금액을 포함한다.
6. 기타의 유형자산 : 위에 설명한 항목 이외에 차량운반구·선박·항공기·비품·공구·기구 등 기타의 유형자산 등으로 한다.

138

유형자산과 감가상각비

감가상각비와 감가상각누계액

유형자산은 장기간에 걸쳐 사용하는 설비자산을 말한다. 만약 유형자산을 취득하는 시점에 취득원가 전액을 비용으로 처리하면 어떤 결과가 나타날까?

먼저 유형자산을 취득하는 기간에 막대한 비용이 계상되어 큰 손실을 입게 된다. 또한 유형자산은 장기간에 걸쳐 제품이나 서비스를 산출하기에 수익은 분산되어 계상된다. 반면에 유형자산을 취득한 시점에 거액의 비용이 발생되지만, 그 이후부터 설비와 관련된 비용이 거의 발생되지 않아 과다한 이익이 계상된다. 이에 따라 해당 유형자산을 활용하는 기간 동안에 수익, 비용, 이익이 모두 왜곡되는 결과가 나타난다.

유형자산은 다른 자산과는 달리 회계기간마다 소멸되는 경제적 가치를 정확하게 측정하여 비용으로 처리할 필요가 있다. 이와 관련하여 회계전문가들이 고안해 낸 방법이 바로 감가상각이다.

유형자산은 '사용가능연수(이를 내용연수라고 함)'을 추정한 후 별도의 계산방식을 적용하여 회계기간별 비용을 계산해 내는데, 그 비용을 감가상각비(減價償却費, Depreciation)라고 한다. 그리고 유형자산의 취득시점부터 보고시점까지 누적된 감가상각비를 감가상각누계액(減價償却累計額, Accumulated depreciation)이라고 부르며, 해당 유형자산의 취득원가에서 차감하는 형식(간접법)으로 재무상태표에 표시한다.

원칙적으로 유형자산의 취득원가에서 잔존가치를 차감한 금액에 대해서 감가상각을 실시한다. 따라서 유형자산의 감가상각을 실시하려면, 다음에 설명하는 감가상각 대상자산 여부, 취득원가, 잔존가치, 내용연수, 감가상각방법 등을 먼저 결정해야 한다.

감가상각 대상자산

원래 유형자산은 사용하면 할수록 그 가치가 감소한다. 또한 시간이 경과하거나 기술의 발전에 따라 유형자산은 노후화(이를 진부화라고 함)됨으로써 그 가치가 줄어들기도 한다.

반면에 유형자산 중에 시간이 지날수록 그 가치가 줄어들기는커녕 도리어 늘어나는 항목이 있다. 바로 토지가 그렇다. 경제 내에서 시간이 흘러갈수록 화폐 발행액이 늘어나 반비례하여 돈 가치가 하락하면서 실물자산인 토지 가격은 상승하는 경향을 보인다.

토지이외에 유형자산 중 건설중인자산은 최종적으로 완공되기 전까지는 사용할 수 없고, 이에 따라 수익도 창출할 수 없다. 따라서 이 역시 감가상각 대상자산에서 제외할 수밖에 없다.

유형자산 중에서 토지와 건설중인자산을 제외한 나머지 항목만이 감가상각 대상자산에 해당된다.

취득원가

유형자산의 취득원가는 회사가 유형자산을 취득(매입, 건설, 증여 등)하는데 직간접으로 소요된 금액을 모두 합산하여 계상한다.

먼저 유형자산을 제3자로부터 매입한 경우에는 그 사람에게 대가로 지급한 전체 금액이 취득원가에 해당된다. 다만 유형자산의 매입대금을 빨리 지급하면서 일부 금액을 할인받는 경우, 그 할인금액만큼 취득원가에서 차감하여 처리하다.

한편, 회사가 유형자산을 건설하여 취득한 경우에는 공사대금을 포함하여 완공될 때까지 부담한 모든 금액이 취득원가를 구성한다. 그리고 제3자로부터 증여나 상속받아 취득할 때에는 그 유형자산의 시가(이를 공정가치라 함)를 취득원가로 간주한다.

유형자산의 취득원가에는 대가로 부담한 가액이외에, 회사가 그 유형자산을 사용할 수 있도록 준비하는데 직접 관련되는 다음의 부대원가를 모두 가산하여 계상한다.

- 설치 장소 준비를 위한 지출
- 외부 운송 및 취급비

- 설치비, 설계와 관련하여 전문가에게 지급하는 수수료
- 유형자산의 취득과 관련하여 국공채(국민주택채권 등)를 불가피하게 매입하는 경우 해당 채권의 매입가액과 현재가치와의 차액
- 자본화 대상인 차입원가
- 취득세 등 유형자산의 취득과 직접 관련된 제세공과금
- 해당 유형자산의 경제적 사용이 종료된 후에 원상회복을 위해 해당 자산을 제거 · 해체하거나 또는 부지를 복원하는 데 소요될 것으로 추정되는 지출의 현재가치(이를 복구원가라고 함)
- 유형자산이 정상적으로 작동되는지 여부를 시험하는 과정에서 발생하는 원가(이를 시운전비라고 함)

토지의 취득원가에는 매입가액. 취득세와 등록세, 부동산 중개수수료, 등기대행비용 등을 모두 합산하여 산정한다. 이와 동일하게 차량의 취득원가에는 차량가액, 취득세, 등록대행비용 등이 모두 합산된다.

자본적 지출과 수익적 지출

회사가 유형자산을 취득하여 사용하다 보면 불가피하게 추가 지출이 발생하기도 한다. 회계에서 추가 지출은 자본적 지출과 수익적 지출로 구분하여 처리한다.

유형자산을 취득(완성)한 이후에 발생하는 지출이 가장 최근에 평가된 설비의 성능 수준을 초과하여 미래 효익을 증가시키는 경우라면 자본적 지출(資本的 支出, Capital expenditure)로 보아, 해당 유형

자산의 취득원가에 가산한 후에 감가상각을 실시하는 방식으로 처리한다. 예를 들어 새로운 생산 공정의 채택이나 기계부품의 성능 개선을 통해 생산능력이 늘어나고, 내용연수가 연장되거나, 상당한 원가 절감이나 품질 향상을 가져오는 지출 등은 모두 자본적 지출에 해당된다.

반면에 유형자산의 수선이나 현상 유지를 위한 지출은 수익적 지출(收益的 支出, Revenue expenditure)로 보아, 발생한 기간의 비용(수선비)으로 처리한다. 예를 들어 건물의 청결 상태를 유지하기 위해 부담하는 용역비용(청소비용이나 경비원 인건비)이나 도색비용, 공장설비에 대한 유지 보수나 수리를 위해 부담하는 비용(설비안전관리비, 경상검사비) 등이 수익적 지출에 해당된다.

잔존가치

유형자산의 잔존가치(殘存價値, Residual value)란 내용연수가 경과한 이후 그 유형자산을 처분할 때 추정되는 처분가액에서 부대원가를 차감한 가액을 말한다. 회계기준에 따르면, 회사는 유형자산을 취득하는 시점에 그 자산의 성격이나 업종 등을 고려하여 객관적이고 합리적인 방법에 따라 잔존가치를 추정하도록 규정하고 있다. 다만 법인세법에서는 잔존가치가 없는 것으로 간주하고 있다.

유형자산 중 건물이나 구축물은 내용연수가 종료된 시점에 잔존가치가 없거나 도리어 철거비용이 더 많이 들어간다. 따라서 잔존가치가 중요하지 않은 경우에는 잔존가치를 제로(0)로 하여 취득원가 전액에 대해 감가상각을 실시하면 된다.

유형자산의 내용연수(耐用年數, Useful life)란 회사가 그 유형자산을 사용 가능하다고 추정하는 기간을 말한다. 특히 유형자산의 내용연수는 손익에 큰 영향을 미친다. 예를 들어 회사가 100억 원의 유형자산을 보유한 경우, 만약 내용연수가 5년이라면 각 회계기간마다 20억 원의 감가상각비가 계상되는데 반해, 내용연수를 20년으로 늘리면 감가상각비는 5억 원으로 크게 줄어든다. 매년 15억 원의 차액이 발생한다.

원래 유형자산은 사용할수록 그 효능이 줄어든다. 보통 자동차의 내용연수는 5년으로 보는데, 잘만 관리하면 10년 이상도 사용할 수 있다. 하지만 시간이 지나갈수록 자동차가 낡아지면서 잦은 고장으로 불편을 감수해야 한다. 따라서 회사는 유형자산으로부터 기대되는 효용 등을 감안하여 적절한 내용연수를 추정하여 결정해야 한다.

유형자산은 회사의 자산관리방침에 따라 내용연수 이전이더라도, 일정한 기간이 경과하거나 그 효익이 소멸되면 처분할 수 있다. 예를 들어 자동차의 내용연수가 5년이라 하더라도, 회사가 2년 마다 자동차를 교체한다는 방침을 정할 수 있다. 이 경우 회사가 규정한 유형자산의 내용연수인 2년은 일반적 상황에서의 경제적 내용연수인 5년보다 짧을 수 있다.

회사가 과거 유사한 유형자산을 사용한 경험이 있다면, 그 경험에 비추어 새로 취득하는 유형자산의 적절한 내용연수를 추정할 수 있다. 특히 유형자산은 구입 후 사용하지 않더라도 기술적인 진부화나 마모 등으로 인해, 그 유형자산으로부터 당초 기대했던 효익이 감소할 수도 있다.

회사는 위에서 열거한 여러 정황과 다음 요인들을 감안하여, 각 유형자산의 추정 내용연수를 결정해야 한다.

- 자산의 예상생산능력이나 물리적 생산량을 토대로 한 자산의 예상 사용수준
- 생산라인의 교체년도, 수선 또는 보수 계획과 운휴 중 유지보수 등 관리수준을 고려한 자산의 물리적 마모와 손상
- 생산방법의 변화, 개선 또는 해당 자산으로부터 생산되는 제품 및 용역에 대한 시장수요의 변화로 인한 기술적 진부화
- 리스계약의 만료일 등 자산의 사용에 대한 법적 또는 계약상의 제한

유형자산의 내용연수는 기간이 아닌, 그 설비로부터 획득 가능한 생산량이나 그와 유사한 단위를 기준으로 정할 수 있다(이를 생산량비례법이라 함). 예를 들어 특정 유형자산을 사용해 추정되는 생산량이 100개이고, 특정 회계기간에 실제 20개를 생산했다면, 취득가액의 20%만큼을 감가상각하는 방식이다.

법인세법의 내용연수

회계기준에서는 회사가 가능한 합리적인 방법을 사용하여 유형자산의 내용연수를 추정하라고만 규정하고 있다. 이와 같이 유형자산의 내용연수를 회사 마음대로 결정하게 되면, 감가상각비가 자의적

으로 계상되어 이익과 세금을 조작할 가능성이 있다.

법인세법에서는 다음과 같이 유형자산에 대한 내용연수를 일률적으로 규정하고 있다. 예를 들어 자동차의 기준 내용연수는 5년이고, 이 기간에 20%를 가감하여 4~6년 사이에서 결정할 수 있다.

▌법인세법상 유형자산의 내용년수

5년 (4~6년)	차량 및 운반구(운수업, 기계장비 및 소비용품 임대업에 사용되는 차량 및 운반구를 제외), 공구·기구 및 비품
12년 (9~15년)	선박 및 항공기(어업, 운수업, 기계장비 및 소비용품 임대업에 사용되는 선박 및 항공기를 제외)
20년 (15~25년)	연와조, 블럭조, 콘크리트조, 토조, 토벽조, 목조, 목골몰탈조, 기타조의 모든 건물(부속설비 포함)과 구축물
40년 (30~50년)	철골·철근콘크리트조, 철근콘크리트조, 석조, 연와석조, 철골조의 모든 건물(부속설비 포함)과 구축물

회사가 유형자산의 내용연수를 법인세에서 정한 내용연수와 달리 정하면, 세무상으로 문제가 발생한다. 즉, 재무제표에 계상되는 감가상각비와 법인세법상의 감가상각비가 회계기간마다 달라지면서 세무조정이라는 절차를 거쳐 그 차이를 조정해야만 한다. 따라서 국내 중소기업들은 편의상 법인세법의 내용연수를 적용하여 감가상각하는 경우가 일반적이다.

회사가 법인세법의 내용연수를 적용할 때에는, 그 방식이 객관적이고 합리적이라는 추정 근거를 제시해야만 한다. 다시 말해, 유형자산의 내용연수를 법인세법에 따랐다는 것만으로 객관적이고 합리적이라는 근거가 될 수 없다는 뜻이다.

감가상각방법

유형자산의 감가상각방법으로는 정액법, 정률법, 생산량 비례법 등이 있다. 사례를 들어 각각의 감가상각방법에 대해 알아본다.

1) 정액법

정액법(定額法, Straight-line method)이란 유형자산의 취득원가에서 잔존가치를 차감한 금액을 내용연수로 나누어 감가상각비를 계산하는 방법이다. 따라서 회계기간마다 동일한 금액의 감가상각비가 계상된다.

감가상각비 = (취득원가 - 잔존가치) ÷ 내용연수

2) 정률법(체감잔액법)

정률법(定率法, Declining-balance method)이란 취득원가에서 직전 회계연도까지의 누적된 감가상각비(이를 감가상각누계액이라 함)를 차감한 금액에 감가상각률을 곱해 감가상각비를 계산하는 방법이다. 유형자산의 내용연수 동안 감가상각률을 일정하게 유지한다는 뜻에서 정률법이라는 이름이 붙었다. 따라서 유형자산의 취득 초기에 감가상각비가 많이 계상되고 점차 줄어드는 경향을 보인다.

감가상각비 = (취득원가 - 감가상각누계액) × 감가상각률

3) 생산량비례법

생산량비례법(生産量比例法, Units of production method)이란 내용 연수 동안 회계기간별로 실제 생산한 수량을, 유형자산의 내용연수 동안 생산 가능한 총수량으로 나눈 비율만큼 감가상각비를 계산하는 방법으로, 현재 광업권에만 적용되는 특수한 감가상각방법이다.

감가상각비 = 취득원가 × (당기생산량 ÷ 총생산예정량)

유형자산을 정률법에 따라 감가상각하려면 감가상각률을 알아내야 한다. 참고로 법인세법에서는 정액법과 정률법으로 구분하여 내용연수별 감가상각률을 다음과 같이 정하고 있다. 예를 들어 유형자산의 내용연수가 5년이고 정률법을 적용하는 경우 감가상각률은 0.451로 나타난다.

▌내용년수별 감가상각들

내용년수	정액법	정률법	내용년수	정액법	정률법
			11년	0.090	0.239
2년	0.500	0.777	12년	0.083	0.221
3년	0.333	0.632	13년	0.076	0.206
4년	0.250	0.528	14년	0.071	0.193
5년	0.200	0.451	15년	0.066	0.182
6년	0.166	0.394	16년	0.062	0.171
7년	0.142	0.349	17년	0.058	0.162
8년	0.125	0.313	18년	0.055	0.154
9년	0.111	0.284	19년	0.052	0.146
10년	0.100	0.259	20년	0.050	0.140

감가상각방법을 적용한 사례

회사가 1억 원짜리 기계장치를 구입했는데, 이 유형자산의 내용연수는 5년이고 잔존가치는 제로(0)원이라고 하자(이때의 감가상각률은 0.451임). 이 경우 정액법과 정률법에 따른 회계기간별 감가상각비는 다음과 같이 계산된다.

참고로 유형자산의 잔존가치는 제로(0)이지만, 정률법에서는 계산의 편의상 5%의 잔존가치가 있다고 보고 상각한다. 그러다가 마지막 연도에 5%의 잔존 가치를 전액 감가상각비로 처리한다.

1) 정률법을 사용하는 경우

연도	취득원가	감가상각비	감가상각누계액	장부금액
1차년도	100,000,000	45,100,000[주]	45,100,000	54,900,000
2차년도	100,000,000	24,759,900	69,859,900	30,140,100
3차년도	100,000,000	13,593,185	83,453,085	16,546,915
4차년도	100,000,000	7,462,659	90,915,744	9,084,256
5차년도	100,000,000	9,084,256	100,000,000	0

[주] 감가상각비 = (취득원가 − 감가상각누계액) × 감가상각률

1차년도 감가상각비 = 100,000,000 × 0.451 = 45,100,000

2차년도 감가상각비 = (100,000,000 − 45,100,000) × 0.451 = 24,759,900

3차년도 감가상각비 = (100,000,000 − 69,859,900) × 0.451 = 13,593,185

4차년도 감가상각비 = (100,000,000 − 83,453,085) × 0.451 = 7,462,659

5차년도 감가상각비 = 100,000,000 − 90,915,744 = 9,084,256

2) 정액법을 사용하는 경우

연도	취득원가	감가상각비	감가상각누계액	장부금액
1차년도	100,000,000	20,000,000 ^(주)	20,000,000	80,000,000
2차년도	100,000,000	20,000,000	40,000,000	60,000,000
3차년도	100,000,000	20,000,000	60,000,000	40,000,000
4차년도	100,000,000	20,000,000	80,000,000	20,000,000
5차년도	100,000,000	20,000,000	100,000,000	0

(주) 감가상각비 = 취득원가 ÷ 내용년수 = 100,000,000 ÷ 5 = 20,000,000

앞 사례에 나오는 유형자산을 정액법과 정률법에 따라 내용연수 5년 동안의 감가상각비를 비교하면 다음과 같다.

▌감가상각방법에 따른 차액 계산

연도	정률법	정액법	차액
1차년도	45,100,000	20,000,000	25,100,000
2차년도	24,759,900	20,000,000	4,759,900
3차년도	13,593,185	20,000,000	△ 6,406,815
4차년도	7,462,659	20,000,000	△ 12,537,341
5차년도	9,084,256	20,000,000	△ 10,915,744
합 계	100,000,000	100,000,000	0

우선 정액법을 적용하면 내용연수 동안에 걸쳐 동일한 금액이 감가상각비로 계산된다. 반면에 정률법은 유형자산을 취득한 초기에 감가상각비가 많이 계산되다가, 기간이 경과할수록 점차 줄어들고 있다.

회사가 어떤 감가상각방법을 채택하느냐에 따라 회계기간별 감가상각비가 차이가 나고, 그 차액만큼 손익이 달라진다. 따라서 회사는 감가상각방법을 신중하게 결정할 필요가 있다.

감가상각방법을 정할 때의 유의점

회계기준에서는 유형자산의 감가상각방법으로 정액법, 체감잔액법(예를 들어 정률법), 연수합계법, 생산량 비례법 등 다양하게 제시하고 있다.

회사는 유형자산으로부터 예상되는 미래 효익이 소멸되는 형태를 반영하여 합리적인 감가상각방법을 선택해야 한다. 일단 감가상각방법을 결정하면 해당 유형자산의 미래 효익의 소멸 형태가 변하지 않는 한, 그 이후 회계기간에 계속하여 동일한 방법을 적용해야 한다.

회사가 새로이 취득한 유형자산에 대해서는, 기존에 보유한 동일한 유형의 유형자산에 대한 감가상각방법과 일치시켜야 한다. 예를 들어 회사가 기계장치에 대해 정액법을 적용하고 있다면, 신규로 취득하는 모든 기계장치에 대해서는 동일한 방법인 정액법을 적용해야 한다.

회사가 기존 사업과 전혀 다른 신규 사업에 착수하거나, 또는 다른 사업부문을 인수하는 등의 사유로 인해, 기존의 감가상각방법으로는 그 신규 사업의 특성을 반영할 수 없는 경우에는 기존의 감가상각방법과는 다른 방법을 사용할 수 있다. 예를 들어 백화점을 영위하는 회사가 건설업에 진출하는 경우, 새로운 사업부문인 건설업의 감가상각방법은 백화점의 감가상각방법과 다른 방법을 적용할 수 있다.

회계기준과는 달리 법인세법에서는 감가상각방법으로 정액법과 정률법만 규정하고 있다. 따라서 유형자산의 내용연수에서 이미 설명한 바와 같이, 회사의 감가상각방법을 법인세의 규정과 다르게 정하면, 세무조정이라는 절차를 거쳐야 한다. 따라서 국내 중소기업들은 편의상 법인세법의 감가상각방법을 적용하는 경우가 대부분이다.

유형자산의 감가상각비는 그 자산의 용도에 따라 제조원가와 판매비와 관리비로 구분하여 처리해야 한다. 예를 들어 공장에서 생산 활동에 사용되는 유형자산에 대한 감가상각비는 제조원가로, 반면에 본사에서 판매·관리 활동에 사용되는 유형자산에 대한 감가상각비는 판매비와 관리비로 구분하여 처리한다.

간혹 유형자산의 내용연수가 종료되기 이전에 사용을 중단하는 경우가 있다. 이와 같이 일시적으로 운휴하는 유형자산은 감가상각을 계상하지 않아도 될까? 일시 사용이 중단된 유형자산이라 하더라도 감가상각비는 계속 계상해야 한다. 다만 이에 따라 계상된 감가상각비는 영업외비용(운휴자산감가상각비)로 처리한다.

유형자산의 손상차손

유형자산의 진부화 또는 시장가치의 급격한 하락 등으로 인해 유형자산의 미래 효익이 장부금액에 비해 현저하게 미달하는 경우가 있다. 이때에는 유형자산의 장부금액과 시장가치(또는 회수 가능액)와의 차액을 영업외비용(유형자산손상차손)으로 처리한다. 예를 들어 신형 자동차를 5천만 원에 매입했는데, 단 며칠 만에 대형 사고로 인해 폐차할 수밖에 없는 경우에는 그 전액을 비용으로 처리해야 한다.

다음의 경우에는 유형자산의 손상차손을 인식할 필요가 있다.

- 유형자산 시장가치의 현저한 하락
- 유형자산의 사용강도나 사용방법에 현저한 변화가 있거나, 심각

한 물리적 변형이 초래한 경우

- 법률이나 기업환경의 변화 혹은 규제 등의 영향으로 인해 해당 유형자산의 효용이 현저하게 감소한 경우
- 해당 유형자산으로부터 영업손실이나 순현금의 유출이 발생하고, 미래에도 지속될 것이라고 판단한 경우

손상된 유형자산의 시장가치(또는 회수가능액)가 다시 회복되는 경우에는, 그 자산이 감액되기 이전 장부금액의 감가상각 후 잔액을 한도로 하여, 그 초과액을 영업외수익(유형자산손상차손환입)으로 처리한다.

유형자산의 재평가

원래 유형자산은 재무제표에 취득원가로 표시한다. 다만 취득 이후에는 원가모형이나 재평가모형 중 하나를 선택하여 평가할 수 있다.

유형자산의 원가모형이란 취득원가에서 감가상각누계액과 손상차손누계액을 차감한 금액을 장부금액으로 처리하는 방법이다. 지금까지 설명한 방법이 바로 원가모형이다.

1) 유형자산의 재평가 모형

유형자산의 재평가모형이란 매 보고기간말마다 유형자산의 공정가치를 평가하여 장부금액을 조정하는 방법이다. 즉 매 보고기간말의 측정된 공정가치에서 그 이후의 감가상각누계액과 손상차손누계액을 차감한 재평가금액을 장부금액으로 처리한다. 따라서 유형자산

의 재평가 모형을 적용하려면 매 보고기간말에 유형자산의 공정가치를 신뢰성 있게 측정할 수 있어야만 한다.

2) 유형자산의 공정가치

회사의 유형자산 중 토지와 건물의 공정가치는 시장가치에 기초하여 다양한 증거를 수집하여 객관적인 평가에 의해 결정된다(간혹 전문적 자격이 있는 감정평가인에 의해 이루어질 수 있음). 반면에 설비장치와 기계장치의 공정가치는 감정에 의한 시장가치를 말한다.

3) 유형자산의 분류별 재평가

회사는 유형자산 분류 전체를 대상으로 재평가해야 한다. 회사가 재무제표에 토지와 건물을 구분하여 표시하는 경우에는 토지와 건물에 대해 각각 재평가할 수 있지만, 이를 합쳐 하나의 계정과목으로 표시하는 경우에는 토지와 건물 모두 재평가해야 한다.

특히 동일한 과목 내의 유형자산은 동시에 재평가해야 한다. 예를 들어 회사가 토지A와 토지B를 보유하는 경우, 토지A에 대해서만 재평가하는 것은 인정되지 않는다. 다만 재평가가 단기간에 걸쳐 계속 갱신된다면 순차적으로 재평가할 수 있다. 이는 회사가 유형자산별로 선택적으로 재평가를 하거나, 서로 다르게 평가된 금액이 재무제표에 혼재되어 표시되는 것을 방지하기 위해서이다.

4) 유형자산의 재평가 회계처리

유형자산의 재평가 시점의 총장부금액에서 감가상각누계액을 제

거한 순장부금액이 재평가금액이 되도록 수정한다. 그리고 감가상각
누계액을 제거하면서 조정하는 차액은 다음과 같이 회계처리한다.

유형자산의 장부금액이 재평가로 인해 증가된 경우에 그 증가액은
기타포괄손익(재평가잉여금)으로 처리한다. 다만 동일한 유형자산에
대해 이전에 당기손익으로 인식한 재평가감소액이 있다면, 그 금액
을 한도로 재평가 증가액만큼 당기손익으로 처리한다.

한편, 유형자산의 장부금액이 재평가로 인해 감소된 경우에 그 감
소액은 당기손익으로 처리한다. 다만 그 유형자산의 재평가로 인해
인식한 기타포괄손익의 잔액이 있다면 그 금액을 한도로 재평가 감
소액을 기타포괄손익에서 차감한다.

08

형태가 없는 무형자산

무형자산

무형자산(無形資産, Intangible assets)이란 구체적인 형태가 없는 자산을 말한다. 예로 회사가 보유하는 기술력 · 관리 능력 · 브랜드력 등이 무형자산에 해당된다.

회계기준에서 '무형자산이란 재화의 생산이나 용역의 제공, 타인에 대한 임대 또는 관리에 사용할 목적으로 회사가 보유하는 형태가 없는 자산'이라고 정의한다. 앞 절에서 설명한 유형자산과는 '형태가 없는 자산'이라는 점에서 차이가 있다.

원래 무형자산은 물리적인 형태가 없기 때문에, 객관적으로 자산을 식별하여 그 가치를 측정하기가 극히 곤란하다. 따라서 되도록 무형자산을 취득하는데 소요된 지출은 자산이 아닌 비용으로 처리하는 것이 원칙이다. 그러나 다음의 엄격한 요건을 모두 구비한 경우에는 무형자산으로 처리할 수 있다. 다시 말해 다음 요건 중 하나라도 충족하지 못한 경우에는 전액을 비용으로 처리한다.

- 물리적 형태가 없지만 식별 가능하고,
- 기업이 통제하고 있으며,
- 비화폐성 자산으로서,
- 자산으로부터 발생하는 미래 경제적 효익이 유입될 가능성이 높고,
- 자산의 원가를 신뢰성 있게 측정할 수 있다.

위의 요건을 모두 구비하여 무형자산으로 처리할 수 있는 것으로, 다음의 항목이 있다.

영업권

영업권(營業權, Goodwill)이란 회사가 제3자가 영위하는 사업을 인수·합병(Merger & Acquisition)하면서 순자산가액(자기자본)을 초과하여 지급한 대가를 말한다.

영업권은 인수하는 제3자의 영업 비밀 등을 이용하여, 회사가 미래 벌어들일 것으로 예상되는 수익에 대해 지급한 대가다. 따라서 인수하는 시점에서 미래 수익은 불확실한 추정치이기 때문에 영업권은 실체가 없는 무형자산에 해당된다. 이와 유사한 거래로서 상가나 식당 등의 사업을 인수하면서 원래의 임차보증금보다 더 많이 지급하는 소위 '권리금'도 영업권에 해당된다.

간혹 회사가 제3자의 사업을 순자산가액에 미달하는 대가를 지급하면서 인수하기도 한다. 이때 그 차액은 '부의 영업권'으로 처리한다. 회사가 그 사업으로부터 미래 발생할 손실 중 일부를 부담하면서 인수한 것으로 간주하기 때문이다.

산업재산권

산업재산권(産業財産權, Intellectual proprietary rights)이란 일정 기간 독점적·배타적으로 이용할 수 있는 법적인 권리인 특허권·실용신안권·디자인권·상표권 등을 모두 포괄하는 과목이다.

특허권이란 자신이 발명한 것을 특허청에 등록하여 타인이 사용할 수 없게 하는 권리를 말한다. 실용신안권이란 특정 고안이 실용신안법에 등록되어 일정 기간 독점적·배타적으로 이용할 수 있는 권리를 말한다. 디자인권이란 물품의 형태·규모·색상 및 그 결합 등에 대해 신규의 장식적 고안이나 발명을 한 경우, 그 디자인에 관계되는 물품을 영업에 의해 조작·사용·판매 또는 배포하는 독점적인 권리를 말한다. 상표권이란 특정 상표가 상표법에 의해 등록되어 일정 기간 독점적·배타적으로 이용할 수 있는 권리를 말한다.

회사가 상기 권리를 관련 기관에 출원하여 최종 등록될 때까지 들어간 모든 금액(전문가 수수료, 출원료, 기타 비용 등)은 무형자산(산업재산권)으로 처리한다. 특히 회사가 제3자로부터 상기 권리를 대가를 지급하고 취득하는 경우, 그 거래에 들어간 매입가액에 부대원가를 더한 금액이 산업재산권으로 처리된다.

라이선스와 프랜차이즈

회사가 제3자로부터 기술을 도입하면서 그 대가로 로열티를 지급하는 경우가 있다. 이러한 로열티는 계약금(Lump-sum Royalty)과 매출액이나 생산량에 비례해서 지급하는 부분(Running Royalty)으로 구성된다.

로열티 중에서 Lump-sum Royalty 부분은 무형자산(라이선스)로 처리한 후, 계약 기간이나 사용량 등에 비례하여 비용으로 처리한다. 반면에 Running Royalty 부분은 각 회계기간별 매출에 대응하여 그 기간의 비용으로 처리한다.

그리고 프랜차이즈에 가맹점으로 가입하여 프랜차이즈 본사에 지불하는 보증금 등은 무형자산(프랜차이즈)로 표시한다.

광업권과 어업권, 차지권

광업권(鑛業權, Mining rights)이란 광업법에 의해 등록된 일정한 광구에서 등록을 하여, 광물과 같은 광상(鑛床) 중에 부존하는 광물을 채굴하여 취득할 수 있는 권리를 말한다. 어업권(漁業權, Fishing rights)은 수산업법에 의해 등록된 일정한 수면에서 어업을 경영할 권리(입어권 포함)를 말한다. 차지권(借地權, Land use rights)은 임차료 또는 지대를 지급하고 타인이 소유하는 토지를 사용ㆍ수익할 수 있는 권리(지상권 포함)를 말한다.

개발비

무형자산 중 개발비(開發費, Development costs)란 회사가 신제품 또는 신기술을 개발하면서 부담한 지출(소프트웨어 개발과 관련된 비용 포함)을 비용이 아닌 무형자산으로 처리하는 항목을 말한다. 개발비에 대해서는 다음 절에서 자세히 설명한다.

무형자산의 상각

유형자산은 감가상각을 통해 내용연수 동안 비용(감가상각비)으로 처리한다. 이와 유사하게 무형자산도 내용연수에 걸쳐 비용(무형자산 상각비)으로 처리한다. 다만 유형자산과는 달리 정률법이 아닌 오직 정액법(개발비는 생산량 비례법 적용 가능)만이 인정된다.

특기할 사항으로, 무형자산의 상각기간은 20년을 초과할 수 없다. 다만 독점적·배타적인 권리를 부여하고 있는 관계 법령이나 계약의 약정 등에 의해 20년 이상 사용할 경우에는 예외로 한다.

원칙적으로 무형자산의 추정 내용연수는 다음의 요인을 종합적으로 고려하여 결정한다.

- 예상되는 자산의 사용방법과 자산의 효율적 관리 여부
- 해당 자산의 제품수명주기 및 유사한 자산의 추정 내용연수에 대한 정보
- 기술적·공학적·상업적 또는 기타 유형의 진부화
- 자산으로부터 산출되는 제품이나 용역의 시장수요 변화
- 기존 또는 잠재적인 경쟁자의 예상 전략
- 예상되는 미래 경제적 효익의 획득에 필요한 자산 유지비용의 수준과 그 수준의 비용을 부담할 수 있는 능력과 의도

- 자산의 통제 가능 기간 및 자산 사용에 대한 법적 또는 유사한 제한
- 해당 자산의 내용연수가 다른 자산의 내용연수에 의해 결정되는지 여부

참고로 법인세법에서 인정하는 무형자산의 유형과 내용연수를 살펴보면 다음과 같다.

▌법인세법상 무형자산의 내용년수표

5년	영업권, 디자인권, 실용신안권, 상표권
10년	특허권, 어업권, 해저광물자원개발법에 의한 채취권(생산량비례법 선택 적용), 유료도로관리권, 수리권, 전기가스공급시설이용권, 공업용수도시설이용권, 수도시설이용권, 열공급시설이용권
20년	광업권(생산량비례법 선택 적용), 전신·전화전용시설이용권, 전용측선이용권, 하수종말처리장시설관리권, 수도시설관리권
50년	댐사용권

무형자산의 내역

(단위 : 백만원)

계정과목	당기	전기	계정과목	당기	전기
자 산			부 채		
Ⅰ. 유동자산	(54,815)	(49,455)	Ⅰ. 유동부채	(31,225)	(30,167)
(1) 당좌자산	(48,135)	(43,201)	1. 매입채무	4,507	4,153
1. 현금및현금성자산	5,345	4,788	2. 단기차입금	17,351	17,658
2. 단기금융상품	10,572	7,500	3. 미지급금	1,065	826
3. 매출채권	29,955	27,742	4. 미지급비용	2,483	1,856
4. 선급금	45	44	5. 유동성장기부채	5,303	5,307
5. 선급비용	473	547	6. 기타유동부채	516	367
6. 기타당좌자산					
(2) 재고자산					
1. 상품					
2. 제품					
3. 재공품					
4. 원재료					
5. 미착품					
6. 기타재고자산					
Ⅱ. 비유동자산					
(1) 투자자산					
1. 장기금융상품					
2. 만기보유증권					
3. 매도가능증권					
4. 지분법적용투자주식					
5. 장기대여금					
(2) 유형자산					
1. 토지					
2. 건물					
(감가상각누계액)					
3. 기계장치					
(감가상각누계액)					
4. 기타유형자산					
(감가상각누계액)					
(손상차손누계액)					
5. 건설중인자산					
(3) 무형자산					
1. 영업권					
2. 개발비					
3. 기타무형자산					
(4) 기타비유동자산					
1. 보증금					
2. 장기미수금					
자산 총계					

무형자산이란 장기간에 걸쳐 경영활동에 사용할 목적으로 보유하는 형태가 없는 다음의 자산을 말한다.

1. 영업권 : 사업결합이나 전세권 취득 등에 따라 유상으로 취득한 것으로 한다.

2. 산업재산권 : 일정 기간 독점적 배타적으로 이용할 수 있는 권리로서, 특허권·실용신안권·의장권·상표권 등으로 한다.

3. 광업권 : 일정한 광구에서 등록을 한 광물과 동 광상 중에서 부존하는 다른 광물을 채굴하여 취득할 수 있는 권리로 한다.

4. 어업권 : 일정 수면에서 독점적 배타적으로 어업을 경영할 수 있는 권리로 한다.

5. 차지권 : 임차료 또는 지대를 지급하고 타인이 소유하는 토지를 사용·수익할 수 있는 권리로 한다.

6. 개발비 : 신제품이나 신기술의 개발과 관련하여 발생한 비용(소프트웨어 개발과 관련된 비용 포함)으로서, 개별적으로 식별 가능하고 미래 경제적 효익을 확실하게 기대할 수 있는 비용으로 한다.

7. 소프트웨어 : 외부로부터 유상으로 대가를 지급하고 취득한 컴퓨터 소프트웨어로 한다.

8. 기타의 무형자산 : 위에서 설명한 항목이외의 무형자산으로, 독점적·배타적으로 이용할 수 있는 권리(주파수이용권이나 공항이용권 등), 리이선스와 프랜차이즈, 임차권리금 등이 포함된다.

신제품 · 신기술을 위해 사용된 개발비

개발비의 회계원칙

요즈음 국내 기업들은 가열되는 국제 경쟁 속에서 지속적으로 성장 발전하기 위해 신제품이나 신소재의 연구 · 개발에 박차를 가하고 있다.

원래 연구 · 개발 활동에는 거액이 투자되지만, 그 효과는 즉시 나타나지 않는다. 그 결과물인 신제품이나 신소재가 생산되어 판매되어야 수익이 발생한다. 따라서 수익 · 비용을 정확하게 대응시키기 위해 연구 · 개발 활동에 투자된 자금을 무형자산(개발비)으로 처리한 후, 수익이 발생하는 기간에 걸쳐 비용으로 처리할 필요가 있다. 다만 연구 · 개발 활동에 따라 얻게 되는 신제품이나 신소재가 항상 성공하는 것은 아니다. 그만큼 투자 위험이 크다는 뜻이다. 따라서 미래 수익을 얻을 가능성이 낮은 개발비는 되도록 비용으로 처리해야 한다.

회계기준에서는 다음과 같이 연구단계, 개발단계, 경상개발단계로 나누어 구체적인 회계 처리 방법을 예시하고 있다.

연구단계

연구란 새로운 과학적·기술적 지식이나 이해를 얻기 위한 독창적이고 계획적인 조사활동을 말한다. 예를 들어 제약 연구소에서 향후 어떤 유형의 암 치료제를 어떤 방식으로 연구할 것인지를 사전에 계획하는 활동이 '연구'에 해당된다.

다음의 활동은 연구단계에 해당된다.

* 새로운 지식을 얻고자 하는 활동
* 연구 결과 또는 기타 지식을 탐색하거나 평가, 최종 선택 및 응용하는 활동
* 재료·장치·제품·공정·시스템·용역 등에 대한 여러 가지 대체 방안을 탐색하는 활동
* 새롭거나 개선된 재료·장치·제품·공정·시스템·용역 등에 대한 여러 가지 대체 방안을 제안·설계·평가 및 최종 선택하는 활동

연구 단계에서 발생한 금액은 미래 효익을 얻을 가능성이 불확실하기 때문에 발생한 전액을 그 기간의 비용(연구비, 조사비 등)으로 처리해야 한다.

개발단계

개발이란 새로운 또는 현저히 개량된 재료 · 장치 · 제품 · 공정 · 시스템 · 용역 등의 신제품을 생산하기 위해 연구 결과나 기타 지식을 계획적으로 적용하는 활동으로서, 상업적인 생산을 시작하기 이전의 활동을 말한다. 예를 들어 제약 연구소에서 어느 정도 확정된 계획(폐암 치료제 개발)에 따라 어떤 원료들을 얼마큼 어떻게 배합하여 어떤 과정을 거쳐 개발할 것인지를 구체적으로 실행하는 활동이 '개발'에 해당된다.

다음의 활동은 개발단계에 해당된다.

- 생산 전 또는 사용 전의 시작품과 모형을 설계 · 제작 · 시험하는 활동
- 새로운 기술과 관련된 공구 · 금형 · 주형 등을 설계하는 활동
- 상업적 생산 목적이 아닌 소규모의 시험공장을 설계 · 건설 · 가동하는 활동
- 신제품 또는 신기술 등으로 최종 선정된 연구방안을 설계 · 제작 · 시험하는 활동

개발 단계에서 발생한 금액은 회계기준에서 정한 일정한 요건을 구비하는 경우에 한해, 무형자산(개발비)으로 처리할 수 있다. 다만 회사가 무형자산이 아닌 당기 비용(개발비)으로 처리해도 무방하다.

경상개발단계

다음의 활동은 연구 및 개발 단계에 속하지 않기 때문에 이러한 활동에서 발생한 금액은 전액 그 기간의 비용(경상연구개발비)으로 처리한다.

- 상업적 생산의 초기단계에서의 시험 생산 및 기술적 보완
- 일상적 제품 검사를 포함한 상업생산 중의 품질관리
- 상업생산 중의 고장에 대한 수리
- 기존 제품의 품질 개선을 위한 일상적 노력
- 계속적 영업활동의 일환으로 특정 요구사항이나 고객의 요구에 따라 기존 생산능력을 유연성 있게 변경하는 것
- 기존 제품에 대한 계절적 또는 정기적 설계 변경
- 공구 · 주형 · 금형에 대한 일상적 설계
- 특정 연구 개발 활동에만 사용하는 설비나 장치 이외의 설비나 장치의 제작 · 재배치 · 시동과 관련된 설계 등의 활동

무형자산의 개발비 요건

회사가 개발 단계에 부담한 지출이 다음의 요건을 모두 충족할 경우에는 무형자산(개발비)으로 처리할 수 있다. 다시 말해, 다음 요건 중 하나라도 충족하지 못할 때에는 전액 비용으로 처리해야 한다.

- 무형자산을 사용 또는 판매하기 위해 그 자산을 완성시킬 수 있는 기술적 실현가능성을 제시할 수 있는 경우

- 무형자산을 완성하여 사용하거나 판매하려는 기업의 의도가 있는 경우
- 완성된 무형자산을 사용하거나 판매할 수 있는 기업의 능력을 제시할 수 있는 경우
- 무형자산이 어떻게 미래 경제적 효익을 창출할 수 있는지 보여줄 수 있는 경우
- 무형자산의 개발을 완료하고, 그것을 판매 또는 사용하는데 필요한 기술적·금전적 자원을 충분히 확보할 수 있다는 사실을 입증할 수 있는 경우
- 개발단계에서 발생한 무형자산 관련 지출을 신뢰성 있게 구분하여 측정할 수 있는 경우

기업용 소프트웨어(ERP나 CRM 등)나 게임용 소프트웨어를 개발하는 회사가 새로운 프로그램을 개발하는 데 투자한 자금도 상기 기준에 따라 처리한다. 예를 들어 외부에 판매할 목적으로 소프트웨어를 만드는데 투자된 개발비는 상기 요건을 모두 충족하는 경우에 한해, 무형자산(개발비)로 처리할 수 있다.

회사가 내부적으로 사용할 목적으로 소프트웨어를 개발하는데 소요된 자금은 극히 제한적인 경우(유용성을 입증해야 함)에만 무형자산(개발비)으로 처리할 수 있다. 다만 외부에서 구입한 소프트웨어는 무형자산(소프트웨어)으로 처리 가능하다.

개발활동 관련 비용

무형자산(개발비)의 취득원가는 개발 활동과 관련하여 발생한 다음의 금액을 모두 합해 계상한다.

- 무형자산의 창출에 직접 종사한 인원에 대한 급여·상여·퇴직급여 등의 인건비(예를 들어 연구소의 연구원 인건비)
- 무형자산의 창출에 사용된 재료비와 용역비 등
- 무형자산의 창출에 직접 사용된 유형자산의 감가상각비와 무형자산(특허권이나 라이선스 등)의 상각비
- 법적 권리를 등록하기 위한 수수료 등 무형자산을 창출하는데 직접적으로 관련이 있는 지출
- 무형자산의 창출에 필요하며, 합리적이고 일관된 방법으로 배분할 수 있는 간접비(예를 들어 건물 등 유형자산의 감가상각비·보험료·임차료, 연구소장 또는 연구지원실 관리직원의 인건비 등)
- 자본화 대상 차입원가(연구과제에 소요된 자금을 금융기관으로부터 차입하는 경우 연구과제가 종결되기 이전까지 부담한 이자비용)

개발비의 상각

무형자산의 개발비는 합리적인 방법(정액법이나 생산량 비례법 중 택일)에 의해 신제품의 판매가 가능한 시점으로부터 내용연수(최장 20년 이내)에 걸쳐 상각한다. 개발비 상각액이 제조활동과 관련되면 제조원가로, 그 이외의 경우에는 판매비와관리비로 처리한다.

개발비를 상각하는 과정에 대체품의 발생 등으로 인해 개발비의

회수 가능액이 장부금액에 미달하는 경우에는, 장부금액에서 직접 차감하여 회수 가능액으로 조정하고 그 차액은 영업외비용(개발비손상차손)으로 처리한다.

장기간 회수되는 기타 비유동자산

기타 비유동자산

자산은 보고기간말로부터 1년(혹은 정상영업주기) 이내에 현금화가 가능한 유동자산과, 그 이후에 현금화되는 비유동자산으로 구분된다. 그리고 비유동자산은 투자자산, 유형자산, 무형자산, 기타 비유동자산으로 세분류된다.

기타 비유동자산(其他非流動資産, Other non current assets)이란 비유동자산 중 투자자산, 유형자산, 무형자산에 속하지 않는 기타 항목을 말한다.

장기성채권

장기성채권이란 보고기간말로부터 1년 이후에 회수하는 채권을 말한다. 장기성채권에는 재고자산을 외상으로 판매하면서 1년 이상 장기간에 걸쳐 회수하기로 약정한 장기성 매출채권, 그리고 재고자산을 매입하면서 미리 지급한 대금 중 보고기간말로부터 1년 이후에 입고하기로 약정한 장기선급금, 그리고 서비스 제공을 받기로 약정하고 미리 지급한 장기선급비용, 그리고 재고자산 이외의 자산을 매각하면서 장기간에 걸쳐 회수하기로 약정한 장기미수금 등이 모두 포함된다.

보증금

보증금(保證金, Guarantee deposit)이란 회사가 일정한 거래에 대한 보증을 위해 거래처에 예치한 금전을 말한다. 일예로 보증금은 예치한 목적이나 용도에 따라 전세권, 전신전화가입권, 임차보증금, 영업보증금, 입찰보증금, 하자보증금 등이 있다.

보증금으로 예치한 금액이 건별로 큰 경우에는 별도의 과목으로 구분하여 표시한다. 다만 그 금액이 크지 않아 중요하지 않은 경우에는 총괄하여 보증금으로 처리해도 무방하다.

이연법인세자산

회사는 회계기준에 따라 재무제표를 작성하면서 그 회계기간에 부담할 '법인세비용'을 계산한다. 반면에 법인세법에 따라 그 회계기간에 세무서에 '납부할 법인세'를 계산한다.

회계기준과 법인세법의 회계 처리가 모두 동일하다면, 법인세비용과 납부할 법인세는 정확하게 일치한다. 그러나 이 2개의 회계 처리

방식이 각기 다르게 규정되어 있기 때문에 그 차이를 조정할 필요가 있다.

세무조정으로 인해 납부할 법인세가 법인세비용을 초과하는 경우, 그 초과액은 이연법인세자산(移延法人稅資産, Deferred income tax assets)으로 처리한다. 이연법인세자산이란 미래 세무서로부터 받아낼 일종의 채권에 해당된다. 다시 말해, 회사의 재무상태표에 이연법인세자산이 표시되었다는 것은, 보고기간말에 세무조정에 따라 법인세를 더 많이 납부했기 때문에, 향후 세무서로부터 환급받을 채권이 존재한다는 것이다.

이연법인세자산 중 보고기간말로부터 1년 이내에 법인세와 상계 처리되는 금액은 유동자산으로, 그 이후에 상계 처리되는 금액은 기타 비유동자산으로 구분하여 표시한다.

기타비유동자산의 내역

재무상태표

당기 20△△년 12월 31일 현재
전기 20▽▽년 12월 31일 현재

(단위 : 백만원)

계정과목	당기	전기	계정과목	당기	전기
자 산			부 채		
Ⅰ. 유동자산	(54,815)	(49,455)	Ⅰ. 유동부채	(31,225)	(30,167)
(1) 당좌자산	(48,135)	(43,201)	1. 매입채무	4,507	4,153
1. 현금및현금성자산	5,345	4,788	2. 단기차입금	17,351	17,658
2. 단기금융상품	10,572	7,500	3. 미지급금	1,065	826
3. 매출채권	29,955	27,742	4. 미지급비용	2,483	1,856
4. 선급금	45	44	5. 유동성장기부채	5,303	5,307
5. 선급비용	473	547	6. 기타유동부채	516	367
6. 기타당좌자산	1,745	2,580	Ⅱ. 비유동부채	(15,881)	(15,357)
(2) 재고자산	(6,680)	(6,254)	1. 사채	7,280	7,536
1. 상품	503	753	2.장기차입금	682	999
2. 제품	4,009	3,013	3. 퇴직급여충당부채	9,675	7,691
3. 재공품	465	819	퇴직보험예치금	△ 2,000	△ 1,000
4. 원재료	1,570	1,659	4. 반품충당부채	244	131
5. 미착품	120	6	부 채 총 계	47,106	45,524
6. 기타재고자산	13	4			
Ⅱ. 비유동자산	(17,173)	(17,748)	자 본		
(1) 투자자산	(1,483)	(2,119)	Ⅰ. 자본금	(7,350)	(7,000)
1. 장기금융상품	593	1,559	1. 보통주자본금	6,350	6,000
2. 만기보유증권	182	287	2. 우선주자본금	1,000	1,000
3. 매도가능증권	105	273	Ⅱ. 자본잉여금	(900)	(900)
4. 지분법적용투자주식	403	–	1. 주식발행초과금	700	700
5. 장기대여금	200	–	2. 기타자본잉여금	200	200
(2) 유형자산	(8,745)	(9,201)	Ⅲ. 자본조정	(△ 1,135)	(△ 1,555)
1. 토지	2,936	1,936	1. 자기주식	△ 937	△ 1,235
2. 건물	4,785	3,062			
(감가상각누계액)					
3. 기계장치					
(감가상각누계액)					
4. 기타유형자산					
(감가상각누계액)					
(손상차손누계액)					
5. 건설중인자산					
(3) 무형자산					
1. 영업권					
2. 개발비					
3. 기타무형자산					
(4) 기타비유동자산					
1. 보증금					
2. 장기미수금					
자산 총계					

> 기타비유동자산은 1년 이후에 현금화가 되는 자산으로, 투자자산·유형자산·무형자산에 속하지 않는 다음의 자산을 말한다.
> 1. 장기성 매출채권 : 유동자산에 속하지 않는 일반적 영업거래에서 발생하여 1년 이상 장기간에 걸쳐 회수되는 외상매출금 및 받을어음으로 한다.
> 2. 보증금 : 경상적인 영업 목적으로 위해 외부 거래처에 예치한 전세금·임차보증금 및 영업보증금 등으로 한다.
> 3. 이연법인세자산 : 회계이익과 과세소득간의 세무조정사항 중 차감할 일시적 차이와 세무상 이월결손금에 대한 법인세 효과 및 이월세액공제액으로, 보고기간말로부터 1년 이후에 소멸되는 금액으로 한다.

단기간에 상환하는 유동부채

유동부채

유동자산이 보고기간말로부터 1년(혹은 정상영업주기) 이내에 현금화가 가능한 자산이라면, 유동부채(流動負債, Current liabilities)는 보고기간말로부터 1년(혹은 정상영업주기) 이내에 만기가 도래하여 상환해야 하는 부채를 말한다.

유동자산이 현금화시킬 목적으로 보유하는 단기성 자산이라면, 유동부채는 영업활동에 따라 빠른 기간 내에 갚아야만 할 단기성 부채에 해당된다. 따라서 유동자산과 유동부채는 영업 거래의 상대방 입장에서 상호 대비되어 파악할 수 있다.

회사를 기준으로 판매거래처와는 유동자산이, 구매거래처와는 유동부채가 발생한다. 예를 들어 회사가 재고자산을 외상으로 판매하면 유동자산의 매출채권이, 반대로 회사가 재고자산을 외상으로 매입하면 유동부채의 매입채무가 발생한다. 따라서 유동자산과 유동부채는 다음 그림과 같이 서로 밀접한 관계를 갖는다.

다음의 부채는 유동부채로 분류한다.

- 회사의 정상적인 영업주기 이내에 상환 등을 통해 소멸할 것이 예상되는 매입채무와 미지급비용 등의 부채
- 보고기간말로부터 1년 이내에 상환되어야 하는 단기차입금 등의 부채
- 보고기간 후 1년 이상 결제를 연기할 수 있는 무조건의 권리를 가지고 있지 않은 부채

매입채무(외상매입금과 지급어음)

매입채무(買入債務, Trade payable)란 거래처로부터 원재료·상품 등의 재고자산을 외상으로 매입하면서 발생한 채무를 말한다.

원래 회사의 매입거래는 수시로 빈번하게 이루어진다. 이 때문에 매입거래가 이루어질 때마다 건별로 대금을 결제하지 않고, 일정 기간(보통 한 달 동안)에 이루어진 거래대금을 집계하여 결제한다. 일단 외상으로 매입한 후에 약정한 시점에 외상대금을 어음으로 결제하는 것이 일반적인 상거래의 관습이다.

회사가 거래처로부터 원재료·상품 등을 외상으로 매입하면서 발생한 채무는 외상매입금(外上買入金, Accounts payable-trade)으로 그리고 거래처와 약정한 시점에 외상매입금을 어음으로 결제하면 지급

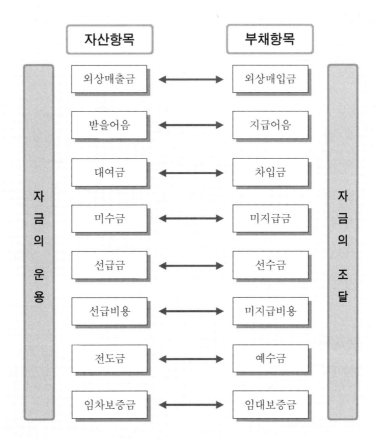

어음(Notes payable-trade)으로 처리한다. 이러한 외상매입금과 지급
어음을 통합하여 유동부채의 매입채무로 처리한다.

유동부채에 나타나는 지급어음은 회계기간 중에 발행한 어음 중
보고기간말 이후에 만기가 도래하는 금액만이 계상된다. 왜냐하면
회계기간 중에 발행한 어음 중 보고기간말 이전에 만기가 도래하는
어음은 이미 회사의 당좌예금 계좌에서 인출되어 해당 거래처 예금

계좌로 이체되었기 때문이다.

정부는 기업의 어음 발행을 억제하기 위해 구매자금대출제도와 구매카드제도를 도입했다. 구매자금대출제도란 물건을 구매한 업체가 은행으로부터 자금을 빌려서 매입대금을 결제하는 방식을 말한다. 이 경우 구매처 입장에서는 지급어음이 아닌 단기차입금으로 처리한다.

반면에 구매카드제도는 일종의 물품 구매용 카드로서, 일반인이 신용카드를 사용하여 물품을 구매하듯이, 회사가 구매 대금을 구매카드로 결제하는 방식이다. 이때 카드전표를 받은 거래처는 은행으로부터 납품대금에서 수수료를 공제한 금액을 조기에 회수하고, 구매처는 일정 기간이 경과한 후에 구매대금을 결제하는 방식이다. 이 경우 구매처 입장에서는 지급어음이 아닌 미지급금(또는 외상매입금)으로 처리한다.

단기차입금

단기차입금(短期借入金, Short-term borrowings)이란 보고기간말로부터 1년 이내에 원리금을 상환하기로 약정하고 금융기관으로부터 빌려온 자금을 말한다. 보통 차입거래는 금융기관과의 거래에서 많이 발생하나, 금융기관 이외의 거래처로부터 자금을 빌려오면서 금액이 큰 경우에는 구분하여 표시해야 한다.

예를 들어 회사가 주주, 임원, 종업원으로부터 차입한 경우에는 주주 · 임원 · 종업원단기차입금으로 처리한다. 그리고 자회사나 계열회사로부터 자금을 차입한 경우에는 관계회사단기차입금으로 처리한다. 다만 금융기관으로부터 자금을 차입한 경우에는 금융기관단기차입금이라고 하지 않고, 줄여서 단기차입금으로 표시한다.

미지급금과 미지급비용, 당기법인세부채

회사가 거래처에 원재료 · 상품 등의 재고자산을 외상으로 매입하면 매입채무가 발생한다. 반면에 회사가 재고자산 이외 자산을 외상으로 매입하면서 발생한 채무는 미지급금 또는 미지급비용으로 처리한다.

미지급금(未支給金, Account payable)은 재고자산 이외의 자산을 외상으로 매입할 때 발생한다. 예를 들어 회사가 업무용 자동차나 기계 장치 · 공구 · 기구 등의 설비자산을 외상으로 매입하면 미지급금으로 처리한다.

미지급비용(未支給費用, Accrued expenses)은 이미 제공받은 재화나 용역에 대한 대가를 지급하지 않은 금액을 말한다. 예를 들어 보고기간말에 이미 사용은 종료되어 채무는 확정되었으나 지급하지 않은 인건비 · 전력비 · 상하수도료 · 이자비용 등은 미지급비용으로 처리한다.

회사는 보고기간말로부터 3개월 이내에 법인세와 지방소득세(법인세분) 및 농어촌특별세 등을 세무서에 자진 신고 · 납부해야 한다. 따라서 결산에 따라 납부할 세금은 확정되었지만 세무서에 아직 납부하지 않은 금액은 미지급금에 해당되나, 이를 별도로 구분하여 당기법인세부채(當期法人稅負債, Income taxes payable)로 표시한다.

선수금과 예수금, 선수수익

회사가 일시적으로 다른 사람이나 거래처로부터 자금을 받아 보관하는 경우가 있다. 이러한 거래 유형에 따라 선수금, 예수금, 선수수익 등이 나타난다. 우선 선수금(先受金, Advance receipts)은 거래처로부터 제품·상품을 주문받고 이에 대한 계약의 이행을 위해 계약금이나 중도금 등으로 받은 금액을 말한다.

예수금(預受金, Withholdings)은 일시적으로 자금을 보관했다가 지급하는 금액을 말한다. 예를 들어 회사는 임직원들에게 급여를 지급하면서 소득세, 지방소득세(소득세분), 건강보험료, 국민연금 등을 공제하여 보관했다가, 다음달 10일까지 세무서·구청·건강보험관리공단 등에 납부해야 하는데, 이러한 금액을 예수금이라 한다. 또한 일시적으로 자금을 수령했으나 그 용도가 보고기간말까지 확정되지 않은 금액도 예수금으로 처리한다.

선수수익(先受收益, Unearned income)은 임대료·이자수익 등 계약에 따라 계속적으로 용역을 제공하는 경우, 아직 제공하지 않은 용역에 대해서 미리 앞당겨서 수령한 대가를 말한다. 예를 들어 회사소유의 부동산을 빌려주면서 1년 동안의 임대료를 미리 받았으나, 보고기간말에 미경과한 금액만큼 선수수익으로 처리한다.

유동성장기부채

원래 보고기간말로부터 1년 이내에 상환하는 부채는 유동부채로, 1년 이후에 걸쳐 상환하는 부채는 비유동부채로 처리한다. 그런데 자금을 빌리는 시점에는 장기간에 걸쳐 상환하기로 약정하여 비유동부채로 처리했지만, 시간이 흘려 보고기간말로부터 1년 이내에 갚아야 하는 경우가 있다.

예를 들어 20×1년 3월에 1억 원을 차입하면서 3년 후인 20×4년 3월에 상환하기로 약정한 경우 20×1년과 20×2년에는 비유동부채로 처리했지만, 20×3년에는 보고기간말로부터 1년 이내인 20×4년 3월에 상환해야 하기 때문에 비유동부채를 유동부채로 전환해야만 한다.

유동성장기부채(流動性長期負債, Current portion of long-term debts)란 당초 차입하는 시점에는 비유동부채로 처리했는데. 시간이 흘러 상환기일이 보고기간말로부터 1년 이내에 도래하는 부분을 유동부채로 전환할 때 처리하는 항목이다.

▍장기차입금의 유동성 대체

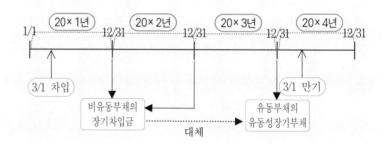

■ 유동부채의 내역

재무상태표

당기 20△△년 12월 31일 현재
전기 20▽▽년 12월 31일 현재

(단위 : 백만원)

계정과목	당기	전기	계정과목	당기	전기
자　산			**부　채**		
Ⅰ. 유동자산	(54,815)	(49,455)	Ⅰ. 유동부채	(31,225)	(30,167)
(1) 당좌자산	(48,135)	(43,201)	1. 매입채무	4,507	4,153
1. 현금및현금성자산	5,345	4,788	2. 단기차입금	17,351	17,658
2. 단기금융상품	10,572	7,500	3. 미지급금	1,065	826
3. 매출채권	29,955	27,742	4. 미지급비용	2,483	1,856
4. 선급금	45	44	5. 유동성장기부채	5,303	5,307
5. 선급비용	473	547	6. 기타유동부채	516	367
6. 기타당좌자산	1,745	2,580	Ⅱ. 비유동부채	(15,881)	(15,357)
(2) 재고자산					
1. 상품					
2. 제품					
3. 재공품					
4. 원재료					
5. 미착품					
6. 기타자					
Ⅱ. 비유동자					
(1) 투자자산					
1. 장기금					
2. 만기보					
3. 매도가					
4. 지분법적					
5. 장기대					
(2) 유형자산					
1. 토지					
2. 건물					
(감가상					
3. 기계장					
(감가상					
4. 기타유					
(감가상					
(손상차					
5. 건설중					
(3) 무형자산					
1. 영업권					
2. 개발비					
3. 기타무					
(4) 기타비유					
1. 보증금					
2. 장기미					

자산 총

유동부채란 보고기간말로부터 1년 이내 또는 정상적인 영업주기 이내에 상환하는 다음의 부채를 말한다.

1. 매입채무 : 일반적인 영업거래에서 발생한 외상매입금과 지급어음을 말한다.

2. 단기차입금 : 금융기관 등으로부터 빌려온 당좌차월과 보고기간말로부터 1년 이내에 상환될 차입금으로 한다.

3. 미지급금 : 일반적인 영업거래 이외에서 발생한 미지급채무로 한다.

4. 선수금 : 수주품이나 수주공사 등 일반적 영업거래에서 발생한 제반 수령액으로 한다.

5. 예수금 : 일반적인 영업거래 이외에서 발생한 제반 수령액으로 한다.

6. 미지급비용 : 회계기간 중에 발생한 비용(급여나 이자비용 등)으로서, 보고기간말 현재 지급되지 않은 항목으로 한다.

7. 당기법인세부채 : 세무서 등에 납부할 법인세 등의 미지급액으로 한다.

8. 유동성장기부채 : 비유동부채 중 보고기간말로부터 1년 이내에 상환될 금액으로 한다.

9. 선수수익 : 수령한 수익 중 차기 회계기간 이후에 속하는 금액으로 한다.

10. 단기부채성충당부채 : 보고기간말로부터 1년 이내에 사용되는 충당부채로서, 해당 사용 목적을 표시하는 항목으로 구분하여 기재한다.

11. 이연법인세부채 : 회계이익과 과세소득간의 세무조정사항 중 가산할 일시적 차이에 대한 법인세효과로서, 보고기간말로부터 1년 이내에 소멸되는 금액으로 한다.

12. 기타의 유동부채 : 위에서 설명한 항목에 속하지 않는 항목을 의미한다.

장기간에 상환하는 비유동부채

비유동부채

비유동부채(非流動負債, Non current liabilities)란 보고기간말로부터 1년 이후 장기간에 걸쳐 만기가 도래하는 부채를 말한다.

회사의 영업활동과 관련하여 발생하는 유동자산(매출채권, 재고자산 등)을 취득하기 위해 필요한 자금은 대부분 유동부채로 조달한다. 반면에 비유동부채는 장기간 사용할 수 있는 자금 조달 수단이다. 이 때문에 비유동자산(설비 투자나 자회사 매입 등)을 취득하거나, 또는 신제품 개발 등에 활용되는 자금은 주로 비유동부채로 조달한다.

사채와 사채발행비

사채(社債, Bonds)는 회사가 자금을 빌리면서 채권자에게 교부하는 정형화된 차용증서를 말한다. 법적으로 차용증서는 제3자에게 양도가 불가능하지만, 사채는 자유롭게 양도가 가능하다는 장점이 있다. 일반적인 차용증서에 기재되는 내용과 동일하게 사채에는 차입금액·이자율·만기·상환방법·차입회사 등이 기록된다.

사채는 발행일로부터 만기일까지의 기간이 약 3년짜리가 가장 많이 발행된다. 따라서 사채는 비유동부채로 분류된다. 다만 기간이 경과하여 사채 상환일이 보고기간말로부터 1년 이내에 도래하면 유동부채(유동성장기부채 혹은 유동성사채)로 분류가 전환된다.

사채의 특별한 유형으로 주식으로 전환이 가능한 전환사채(轉換社債, CB: Convertible Bond)와, 회사의 신주를 인수할 수 있는 권리가 내제되어 있는 신주인수권부사채(新株引受權附社債, BW: Bond with Warrant)가 있다. 이러한 사채가액이 커서 중요한 경우에는 일반 사채와는 각각 구분하여 표시해야 한다.

사채발행비(社債發行費, Bond issue costs)는 회사가 사채를 발행하면서 부담하는 부대원가(발행수수료, 보증료, 광고비, 인쇄비 등)를 말한다. 사채발행비는 사채에서 차감하는 방식(간접법)으로 표시하고, 사채발행일로부터 최종 상환일 이내의 기간에 유효이자율법을 적용하여 상각한다.

장기차입금

장기차입금(長期借入金, Long-term borrowings)은 보고기간말로부터 1년 이후에 상환하는 차입금을 말한다.

회사가 건물이나 기계장치와 같은 유형자산을 취득하는 경우, 금융기관으로부터 장기간에 걸쳐 상환하는 설비자금을 대출받게 된다. 이처럼 장기간에 걸쳐 상환하는 대출금은 장기차입금으로 처리된다.

관계회사장기차입금은 관계회사로부터 장기간에 걸쳐 사용하기 위해 차입한 금액을 말하며, 장기차입금 중 관계회사에 대한 부분을 구분하여 표시하는 과목이다. 그리고 주주나 임원 또는 종업원에 대해 장기간에 걸쳐 자금을 빌리는 경우에는 주주·임원·종업원장기차입금으로 분류한다.

충당부채

원칙적으로 부채는 크게 확정부채와 충당부채로 구분된다.

확정부채란 미래 지급해야 할 금액과 시기가 확정된 부채를 말한다. 반면에 충당부채(充當負債, Liabilities provisions)란 현재 지급할 의무는 존재하지만, 그 금액과 시기가 확정되지 않는 부채를 뜻한다. 예를 들어 회사가 향후 5년간 무상 수리서비스를 제공하는 조건으로 자동차를 판매한 경우, 반드시 '사후수리충당부채'를 적립해야만 한다. 왜냐하면 자동차를 판매하는 기간에 매출액이 발생하지만, 그에 대응하는 사후수리비는 미래 자동차가 고장이 나서 수리할 때에 발생하기 때문이다. 따라서 충당부채를 적립하려면 미래 발생할 금액과 시기를 추정해야 한다.

충당부채는 그 발생 원인에 따라 퇴직급여충당부채, 제품보증충당부채, 반품충당부채, 하자보수충당부채 등이 있다.

우리나라의 근로 관련 법률에서는 종업원이 1년 이상 근무하다가 퇴직하는 경우, 퇴직 직전 월 평균급여에 근속연수를 곱한 금액을 퇴직금으로 지급하도록 규정하고 있다. 따라서 매 보고기간말에 재직하는 (1년 이상 근무한 전체) 종업원을 대상으로 퇴직급여충당부채를 추정하여 적립해야 했다. 현재 퇴직연금제도가 도입되면서, 전체 종업원들이 미래 퇴직할 시점을 예상하고 그때 지급할 퇴직금을 추정하여 '순확정급여부채'라는 과목으로 적립할 수 있다.

제품보증충당부채는 판매한 제품의 품질 · 성과 등에 대한 보증 계약을 지키기 위해, 차후에 발생할 추가 비용을 적립하기 위한 충당부채다.

반품충당부채는 의약품이나 생식품 등을 판매하는 회사에서 거래처에 출하 후 (불량이나 유통기간 경과 등의 사유로 인해) 반품될 것으로 추정되는 금액만큼 적립하는 충당부채다.

공사보증충당부채란 건설공사가 완성된 후에, 미래 예상되는 하자 및 보수 공사에 대해 지출할 재원으로 적립하는 충당부채다.

회사가 적립한 충당부채 중 보고기간말로부터 1년 이내에 사용될 것으로 추정되는 금액은 유동부채로, 그 이후에 사용될 것으로 전망되는 금액은 비유동부채로 구분하여 처리한다.

이연법인세부채

회사는 회계기준에 따라 재무제표를 작성하면서, 그 회계기간에 부담할 '법인세비용'을 계산한다. 반면에 법인세법에 따라 그 회계기간에 세무서에 '납부할 법인세'를 계산한다.

회계기준과 법인세법의 회계 처리가 모두 동일하다면 법인세비용과 납부할 법인세는 정확하게 일치한다. 그러나 이 2개의 회계 처리 방식이 각기 달리 규정되어 있기 때문에 그 차이를 조정할 필요가 있다.

세무조정으로 인해 납부할 법인세가 법인세비용에 미달하는 경우, 그 미달액은 이연법인세부채(移延法人稅負債, Deferred income tax liabilities)로 처리한다. 이연법인세부채란 미래 세무서로에 납부해야 할 일종의 채무에 해당한다. 다시 말해, 회사의 재무상태표에 이연법인세부채가 표시되었다는 것은, 보고기간말에 세무조정에 따라 법인세를 적게 납부했기 때문에, 향후 세무서에 추가로 납부할 채무가 존재한다는 것이다.

이연법인세부채 중 보고기간말로부터 1년 이내에 상계 처리되는 금액은 유동부채로, 그 이후에 상계 처리되는 금액은 비유동부채로 각각 구분하여 표시한다.

■ 비유동부채의 내역

재무상태표

당기 20△△년 12월 31일 현재
전기 20▽▽년 12월 31일 현재

(단위 : 백만원)

계정과목	당기	전기	계정과목	당기	전기
자 산			부 채		
I. 유동자산	(54,815)	(49,455)	I. 유동부채	(31,225)	(30,167)
(1) 당좌자산	(48,135)	(43,201)	1. 매입채무	4,507	4,153
1. 현금및현금성자산	5,345	4,788	2. 단기차입금	17,351	17,658
2. 단기금융상품	10,572	7,500	3. 미지급금	1,065	826
3. 매출채권	29,955	27,742	4. 미지급비용	2,483	1,856
4. 선급금	45	44	5. 유동성장기부채	5,303	5,307
5. 선급비용	473	547	6. 기타유동부채	516	367
6. 기타당좌자산	1,745	2,580	II. 비유동부채	(15,881)	(15,357)
(2) 재고자산	(6,680)	(6,254)	1. 사채	7,280	7,536
1. 상품	503	753	2. 장기차입금	682	999
2. 제품	4,009	3,013	3. 퇴직급여충당부채	9,675	7,691
3. 재공품	465	819	퇴직보험예치금	△ 2,000	△ 1,000
4. 원재료	1,570	1,659	4. 반품충당부채	244	131
5. 미착품	120	6			
6. 기타재고자산	13	4	부 채 총 계	47,106	45,524
II. 비유동자산	(17,173)	(17,748)	자 본		
(1) 투자자산	(1,483)	(2,119)			
1. 장기금융상품					
2. 만기보유증권					
3. 매도가능증권					
4. 지분법적용투자주식					
5. 장기대여금					
(2) 유형자산					
1. 토지					
2. 건물					
(감가상각누계액)	△				
3. 기계장치					
(감가상각누계액)					
4. 기타유형자산					
(감가상각누계액)					
(손상차손누계액)					
5. 건설중인자산					
(3) 무형자산					
1. 영업권					
2. 개발비					
3. 기타무형자산					
(4) 기타비유동자산					
1. 보증금					
2. 장기미수금					
자산 총계					

비유동부채란 보고기간말로부터 1년 이후에 상환하는 다음의 부채를 말한다.

1. 사채 : 보고기간말로부처 1년 이후에 상환되는 사채의 가액으로 하되, 사채의 종류별로 구분하고 해당 내용을 주석으로 기재한다.

2. 장기차입금 : 보고기간말로부터 1년 이후에 상환되는 금융기관 등으로부터 조달한 자금으로서, 차입처별 차입액·차입도·이자율·상환방법 등을 주석으로 기재한다.

3. 장기부채성충당부채 : 보고기간말로부터 1년 이후에 사용되는 충당부채로서, 해당 사용 목적을 표시하는 항목으로 구분하여 기재한다.

4. 이연법인세부채 : 회계이익과 과세소득간의 세무조정사항 중 가산할 일시적 차이에 대한 법인세효과로서, 보고기간말로부터 1년 이후에 소멸되는 금액으로 한다.

5. 기타의 비유동부채 : 위에서 설명한 항목에 속하지 않는 항목을 의미한다.

상환 의무가 없는 주주들의 뭉인 자본

자본

자본(資本, Stockholders′ equity)이란 주주들이 회사에 출자금으로 납입한 자금으로, '소유자지분' 또는 '주주지분'이라고 한다.

회계에서 자본이란 총자산에서 총부채를 차감한 잔액(순자산)을 말하며, 회사의 주인인 주주가 회사에 반환을 청구할 수 있는 '소유자몫'에 해당된다.

자본(자기자본 또는 순자산)은 다음과 같이 자본금, 자본잉여금, 자본조정, 기타포괄손익누계액, 이익잉여금(또는 결손금) 등으로 구분된다.

자본의 분류

자본금

자본금이란 주주들이 기업에 투자한 원금으로 다음의 자본금을 말한다.
- 보통주 자본금
- 우선주 자본금

자본잉여금

자본잉여금이란 자본거래에서 발생한 잉여금을 말한다.
- 주식발행초과금
- 기타자본잉여금(감자차익, 자기주식처분이익) 등

자본조정

자본조정이란 자본에 대한 가감항목을 말한다.
- 자기주식
- 주식할인발행차금(신주발행비 포함)
- 주식선택권
- 감자차손 및 자기주식처분손실 등

기타포괄손익누계액

기타포괄손익누계액이란 당기순손익의 계산에는 포함되지 않으나 순자산의 변동을 발생시키는 항목을 말한다.
- 매도가능증권평가손익
- 해외사업환산손익
- 현금흐름위험회피 파생상품평가손익 등

이익잉여금

이익잉여금이란 영업활동에 따라 발생한 이익 중 주주에게 배당하지 않고 내부에 유보한 잉여금을 말한다.
- 법정적립금(이익준비금 등)
- 임의적립금(사업확장적립금, 재무구조개선적립금 등)
- 미처분이익잉여금(또는 미처리결손금)

자본금

자본금(資本金, Capital stock)이란 주주가 회사에 출자한 자금에 대한 증빙으로, 회사가 발행하여 주주에게 교부한 주식의 액면가 총액을 말한다. 현재 상법의 규정에 따라 회사의 등기부등본에 자본금이 기재된다.

자본금 = 주식발행총수 × 주식액면금액

회사의 주주는 법률에서 정하고 있는 각종 권리를 행사할 수 있다. 예를 들어 주주총회에서 주요 안건에 대해 결의할 수 있는 의결권, 회사가 벌어들인 이익에 대해 배당을 받을 수 있는 배당청구권 및 배당수령권, 회사가 청산하는 경우에 남아 있는 재산에 대해 배분받을 수 있는 잔여재산분배청구권, 회사가 새로이 주식을 발행하는 경우 그 신주를 수령할 수 있는 신주인수권 등이 주주의 권리다.

자본금은 보통주자본금(Common stock)과 우선주자본금(Preferred stock)으로 구분된다. 보통주란 위에서 설명한 주주의 권리를 모두 지닌 주식을 말하며, 보통주자본금이란 보통주의 총발행주식수에 액면가를 곱한 금액으로 표시한다.

반면에 우선주란 보통주에 비해 배당에서 우월적 권리가 있는 주식을 말한다. 예를 들어 보통주의 배당률이 5%라면 우선주는 그 이상의 배당을 받을 수 있는 권리가 있는 주식이다. 회사는 우선주를 발행할 때 사전에 배당률(예를 들어 10%)을 확정시킨다. 우선주자본금이란 우선주의 총발행주식수에 액면가를 곱한 금액으로 표시한다.

자본잉여금

자본잉여금(資本剩餘金, Capital surplus)이란 주주와의 자본거래(증자나 감자 등)에서 발생하여, 자본을 증가시키는 금액을 말한다.

자본잉여금에는 다음과 같이 주식발행초과금, 감자차익, 합병차익, 기타자본잉여금 등이 있다.

1) 주식발행초과금

주식발행초과금(株式發行超過金, Paid-in capital in excess of par value)이란 회사가 신규로 주식을 발행하면서, 주식의 발행금액이 액면금액을 초과하는 상황에서의 그 초과액을 말한다. 예를 들어 액면금액 5,000원짜리 주식을 20,000원에 시가 발행하는 경우, 액면금액 5,000원은 자본금으로 그 초과액 15,000원은 주식발행초과금으로 처리한다.

2) 감자차익

감자란 회사가 이미 발행한 주식을 소각하여 자본금을 감소시키는 것을 말한다. 그 감자액이 주금의 반환에 소요된 금액과 결손보전에 충당한 금액을 초과한 경우, 그 초과액은 감자차익(減資差益, Gain on capital reduction)에 해당된다. 예를 들어 액면금액 5,000원짜리 주식을 주주로부터 1주당 2,000원에 매입하여 소각하는 경우, 그 차액인 3,000원은 감가차익으로 처리한다.

3) 합병차익

합병차익(合併差益, Gain on merger)이란 회사가 타사를 합병할 때에 발생하는 잉여금을 의미한다. 회사가 타사를 흡수 합병한다든가 또는 합동(合同)에 의해서 회사를 신설할 경우에, 구회사로부터 수취한 순자산액이 합병 또는 합동 시에 발행한 주식의 액면금액 또는 교부한 현금 등을 초과하는 경우 그 초과액은 합병차익으로 처리한다.

4) 기타자본잉여금

기타자본잉여금(其他資本剩餘金, Other capital surplus)에는 위에서 설명한 자본잉여금 이외의 기타 항목이 모두 포함된다.

기타자본잉여금 중 주요 항목으로 자기주식처분이익(自己株式處分利益, Gain on disposition of treasury stock)이 있다. 회사가 자기주식(자사주)을 매입한 가액이상으로 매각하면서 발생하는 이익을 말한다.

자본조정

자본조정(資本調整, Equity adjustment)이란 자본거래에 따라 발생하여, 일시적으로 자본에 가산하거나 차감하는 항목을 말한다. 따라서 그 자본거래가 종료되는 시점에 자본조정은 자연히 소멸된다.

1) 자기주식

자기주식(自己株式, Treasury stock)이란 회사가 발행한 주식을 주주로부터 매입(증여나 상속 포함)하면서 취득한 주식을 말한다. 회사는 원칙적으로 자기주식을 취득할 수 없으나, 일부 예외적인 상황(주

식소각이나 권리실행 등)에서는 자기주식의 취득이 가능하다

자기주식은 자본에서 차감하는 방식으로 재무상태표에 표시한다.

회사가 취득한 자기주식은 지체 없이 소각하거나 상당한 기간 내에 처분해야 한다. 이때 자기주식을 취득원가 이하로 매각하면서 발생한 손실은 '자기주식처분손실'로 처리한다. 반면에 취득원가 이상으로 처분하면서 발생한 이익은 기타자본잉여금의 '자기주식처분이익'으로 처리한다.

2) 주식할인발행차금

회사가 유상증자에 따라 신주를 발행할 때, 발행금액이 액면금액을 초과하는 경우의 초과액은 주식발행초과금으로 처리한다. 반면에 발행금액이 액면금액을 미달하는 경우의 미달액은 주식할인발행차금(株式割引發行差金, Discount stock issuance)으로 처리한다. 예를 들어 액면금액 5,000원짜리 주식을 3,000원에 할인 발행하면, 액면금액 5,000원은 자본금으로, 그 미달액인 2,000원은 주식할인발행차금으로 처리한다.

신주발행비란 회사가 유·무상증자에 따라 새로운 주식을 발행하면서 부담한 부대원가(주권인쇄비, 사무 관련 비용 등)를 말한다. 우선 신주발행비는 주식발행초과금에서 상계한다. 다만 액면발행이나 액면미달 발행할 때의 신주발행비는 주식할인발행차금에 포함시켜 처리한다.

주식할인발행차금은 주식발행 후 3년 이내의 기간에 매기 균등액을 이익잉여금처분항목으로 상각하여 처리한다. 다만 처분할 이익잉

여금이 부족하거나 결손이 발생하면 차기 이후 기간에 이월하여 상각할 수 있다.

3) 주식선택권

주식선택권(株式選擇權, Stock option)이란 회사가 임직원(기타 외부인 포함)에게 미래 특정 기간에 회사의 주식을 고정가격(혹은 미리 정한 일정 가격)으로 매수할 수 있도록 부여한 권리를 말한다. 예를 들어 회사가 신기술개발임원에게 계약 체결 후 3년 이내에 주당 5,000원에 100주를 매입할 수 있는 권리를 부여하는 방식이다. 이 경우 시장에서의 주가가 20,000원에 거래되면 그 임원은 주당 15,000원의 이익을 얻게 된다.

회사의 주가가 당초 지정된 가격을 초과하는 경우, 보유자에게 초과금액을 보상받을 수 있는 권리를 부여하는 계약을 주식차액보상권이라 한다. 회사가 초과금액(15,000원)을 현금으로 지불하는 방식을 현금결제형 주식기준 보상거래라 하고, 회사의 주식을 발행하여 교부하는 방식을 주식결제형 주식기준 보상거래라 한다.

현금결제형 주식기준 보상거래에 따라 발생하는 보상원가(15,000원)는 약정한 기간에 안분하여 비용(급여 등)으로 처리하고, 그 동일한 금액을 비유동부채(장기미지급비용)로 처리한다. 반면에 주식결제형 주식기준 보상거래에 따라 발생하는 보상원가에 상응하는 금액은 자본조정(주식선택권)으로 처리한다.

만약 약정한 기간 동안에 그 임직원의 사망·퇴직·해고 등으로 계약의무를 이행하지 못해 주식선택권이 소멸하는 경우에는 이미 계상한 비유동부채(장기미지급비용)나 자본조정(주식선택권)을 감액하고, 그 동일한 금액을 보상비용에서 차감하여 처리한다.

4) 감자차손

감자차익은 회사가 자본금을 감소시키면서 그 감자액이 주식의 소각이나 주금의 반환에 들어간 금액과 결손보전에 충당한 금액을 초과하는 경우 그 초과액을 말한다.

반면에 감자차손(減資差損, Loss on capital reduction)이란 회사가 자본금을 감소시키면서 그 감자액이 주식의 소각이나 주금의 반환에 들어간 금액과 결손보전에 충당한 금액에 미달한 경우 그 미달액을 말한다.

기타포괄손익누계액

기타포괄손익누계액(其他包括損益累計額, Accumulated other compre-hensive income)은 자본거래와 관련하여 나타나는 자본조정과 유사하게 자본에 가산하거나 차감하는 항목을 말한다. 다만 미래 회계기간에 손익거래에 영향을 미치는 수익, 비용, 손익 등을 조정하는 항목이라는 점에서 차이가 난다.

1) 매도가능증권평가이익(부가항목), 매도가능증권평가손실(차감항목)

당좌자산 중 단기투자자산(채권이나 주식)을 공정가치(시가 등)로 평가하면서 발생하는 이익이나 손실은 영업외손익(단기투자자산평가손익)으로 처리한다. 반면에 투자자산(매도가능증권)을 공정가치로 평가하면서 발생하는 이익이나 손실은 기타포괄손익누계액의 매도가능증권평가이익(賣渡可能證券評價利益, Gain on valuation of long-term securities) 또는 매도가능증권평가손실(賣渡可能證券評價損失, Loss on valuation of long-term securities)로 처리한다.

매도가능증권평가손익은 차기 이후에 발생하는 매도가능증권평가손익과 상계하여 표시한다. 그리고 해당 매도가능증권을 처분하는 시점에 발생하는 매도가능증권처분손익에 차감 또는 가산하여 처리한다.

위의 설명을 요약 정리하면 회사가 장기간에 걸쳐 보유하는 투자자산으로부터 발생하는 평가손익은 당기 수익이나 비용이 아닌 (자본을 조정하는) 기타포괄손익누계액으로 처리한 후, 해당 자산을 최종적으로 매각함으로써 처분손익이 확정되는 기간에 과거에 누적된 평가손익과 정산 처리하자는 의미다.

2) 해외사업환산이익(부가항목), 해외사업환산손실(차감항목)

국내 본사가 있는 회사가 해외에 사업장(지점, 사무소, 공장 등)을 설치하는 경우, 해당 사업장의 재무제표는 해당 국가의 통화(미국의 달러, 유럽의 유로, 일본의 엔화)로 작성된다. 그런데 국내 본사에서 원화로 재무제표를 작성하려면 해외 사업장의 외화 표시 재무제표를 원화로 환산하여 작성해야 한다.

외화로 작성된 해외사업장의 재무제표를 원화로 환산하면서 발생한 외환손익은 기타포괄손익누계액 중 해외사업환산이익(海外事業換算利益, Overseas operations translation profit) 또는 해외사업환산손실(海外事業換算損失, Overseas operations translation loss)로 처리한다.

이처럼 계산된 금액은 차기 이후에 발생하는 해외사업환산손익과 상계하여 표시하되, 관련 사업장이 최종 소멸(청산, 폐쇄, 매각 등)하는 회계기간의 영업외손익으로 처리한다.

3) 현금 흐름위험회피 파생상품평가이익(부가항목), 파생상품평가손실(차감항목)

일반적으로 주가 · 금리 · 환율 또는 원재료(원유나 곡물 등)의 가격은 금융시장이나 상품시장에서 거래가 이루어지면서 시시각각으로 변동한다. 그리고 가격의 변동에 따라 회사의 손익에 영향을 미친다. 예를 들어 회사가 외화로 차입한 경우 환율이 급등하면 엄청난 환차손을 입게 된다.

회사가 이러한 가격의 변동에 따라 발생하는 손익을 줄이기 위해 선물 · 옵션 · 스왑 등과 같은 파생상품거래를 하는데, 이 때 발생하는 평가 상의 차액을 파생상품평가이익 또는 파생상품평가손실로 처리한다.

이처럼 계산된 금액은 차기 이후에 발생하는 파생상품평가손익과 상계하여 표시하되, 해당 파생상품거래가 청산될 때 발생하는 파생상품청산손익과 차가감하여 처리한다.

4) 재평가잉여금

유형자산의 장부금액이 재평가로 인해 증가된 경우, 그 증가액은 기타포괄손익누계액의 재평가잉여금(再評價剩餘金, Revaluation surplus)으로 처리한다. 다만 유형자산의 재평가로 인해 발생하는 법인세효과를 감안하여 이연법인세를 인식해야 한다.

반면에 유형자산의 재평가로 인해 장부금액이 감소된 경우, 그 감소액은 전기 재무제표에 재평가잉여금이 계상되어 있는 경우에는 해당 금액을 감소시키는 방식으로 처리한다. 다만 전기 재무제표에 재평가잉여금이 없는 경우 그 감소액은 당기손익(재평가손실)으로 처리한다.

이익잉여금

이익잉여금(利益剩餘金, Retained earnings)이란 회사가 설립 이후 벌어들인 이익 중에서 주주에게 배당하지 않고 회사 내부에 적립한 누계액을 말한다. 이익잉여금은 다음과 같이 법정적립금, 임의적립금 그리고 미처분이익잉여금(또는 미처리결손금)으로 구분하여 표시한다.

1) 법정적립금

법정적립금(法定積立金)이란 상법이나 자본시장법 등의 법률에 따라 회사 내부에 의무적으로 적립해야 하는 이익준비금 등을 말한다.

이익준비금(利益準備金, Legal reserve)은 상법의 규정에 따라 매 결산기에 이익의 일부(이익배당액의 10% 이상)를 자본금의 50%에 도달할 때까지 회사 내부에 의무적으로 적립하는 금액을 말한다. 이익준비금은 결손금의 보전 및 자본전입에만 사용이 가능하다.

2) 임의적립금

임의적립금(任意積立金, Reserve for other purposes)은 정관의 규

정, 제3자와의 계약 조항, 주주총회의 결의 등에 따라 임의로 적립한 금액을 말한다. 임의적립금은 적립하는 목적이나 용도에 따라 재무구조개선적립금·사업확장적립금·기업합리화적립금·배당평균적립금·결손보전적립금 등이 있다. 회사는 임의적립금의 목적·한도·용도·처분방법 등에 대해 자유롭게 결정하거나 변경할 수 있다.

3) 미처분이익잉여금(미처리결손금)

미처분이익잉여금(未處分利益剩餘金, Unappropriated retained earnings carried over to subsequent year)이란 보고기간말 현재 처분하지 않고 차기에 이월된 이익잉여금에 당기순이익을 가산한 과목을 말한다.

회사가 회계기간에 벌어들인 이익 중에서 위에서 설명한 잉여금의 처분항목을 공제하고 남은 잔액은 이월이익잉여금으로서 차기로 이월된 부분에다 당기순이익을 더해 계산한다. 그러므로 차기에 잉여금으로서 처분할 수 있는 것은 이월이익잉여금과 당기의 회계처리에서 발견되는 오류의 수정손익, 그리고 차기에 나타날 손익을 가감한 금액이 된다.

이와 같이 이익잉여금 중 일부를 처분하지 않고 차기로 이월함으로써 매기 이익의 크기에 큰 영향을 받지 않고 잉여금의 균등한 배분이 가능하게 된다. 그러므로 미처분이익잉여금은 잉여금 처분을 균등화하기 위한 조절수단이 된다. 만약 회사가 적자를 기록함으로써 미처분이익잉여금이 마이너스로 계산되면 이는 미처리결손금으로 표시한다.

자기자본의 내역

재무상태표

당기 20△△년 12월 31일 현재
전기 20▽▽년 12월 31일 현재

(단위 : 백만원)

계정과목	당기	전기	계정과목	당기	전기
자 산			부 채		
			Ⅰ. 유동부채	(31,225)	(30,167)
			1. 매입채무	4,507	4,153
			2. 단기차입금	17,351	17,658
			3. 미지급금	1,065	826
			4. 미지급비용	2,483	1,856
			5. 유동성장기부채	5,303	5,307
			6. 기타유동부채	516	367
			Ⅱ. 비유동부채	(15,881)	(15,357)
			1. 사채	7,280	7,536
			2.장기차입금	682	999
			3. 퇴직급여충당부채	9,675	7,691
			퇴직보험예치금	△ 2,000	△ 1,000
			4. 반품충당부채	244	131
			부 채 총 계	47,106	45,524
			자 본		
			Ⅰ. 자본금	(7,350)	(7,000)
			1. 보통주자본금	6,350	6,000
			2. 우선주자본금	1,000	1,000
			Ⅱ. 자본잉여금	(900)	(900)
			1. 주식발행초과금	700	700
			2. 기타자본잉여금	200	200
			Ⅲ. 자본조정	(△ 1,135)	(△ 1,555)
			1. 자기주식	△ 937	△ 1,235
			2. 주식매입선택권	122	–
			3. 감자차손	△ 320	△ 320
			Ⅳ. 기타포괄손익누계액	(1,121)	(1,430)
			1. 장기투자증권평가이익	321	1,430
			2. 재평가잉여금	800	–
			Ⅴ. 이익잉여금	(16,646)	(13,904)
			1. 이익준비금	10,378	9,519
			2. 기타법정적립금	1,000	1,000
			3. 사업확장적립금	2,000	2,000
			4. 미처분이익잉여금	3,268	1,385
			자 본 총 계	24,882	21,679
			부채와 자본 총계	71,988	67,203

자기자본이란 주주로부터 조달한 납입자본에, 기업활동을 통해 획득하여 유보된 금액을 가산하고, 기업활동으로부터의 손실 및 배당으로 인한 주주지분의 감소액을 차감한 잔액으로 다음의 항목으로 구성된다.

1. 자본금 : 상법의 규정에 따라 주주로부터 자금을 출자받아 주식을 발행하여 교부한 금액으로, 보통주자본금과 우선주자본금으로 구분된다.
2. 자본잉여금 : 자본거래에서 발생한 잉여금으로, 주식발행초과금·감자차익·자기주식처분이익·기타자본잉여금이 있다.
3. 자본조정 : 자본거래에 해당되지만 최종적으로 납입된 자본에 해당되지 않거나 자본의 가감성격으로 분류할 수 없는 것으로, 자기주식·주식선택권·주식할인발행차금·감자차손·자기주식처분손실·출자전환채무·기타자본조정이 있다.
4. 기타포괄손익누계액 : 자본에 가산하거나 차감하는 항목으로, 당기순손익에는 해당되지 않지만 포괄손익을 구성하는 매도가능증권평가손익·해외사업환산손익·현금흐름위험회피파생상품평가손익·재평가잉여금 등을 말한다.
5. 이익잉여금 : 손익거래에서 발생한 잉여금으로, 이익준비금·기타법정적립금·임의적립금·미처분이익잉여금(미처리결손금)으로 구성되어 있다.

자본변동표를 알아보자

자본변동표

자본변동표란 재무상태표에 나오는 자기자본(순자산)을 구성하는 항목의 금액과 그 변동 내역에 관한 정보를 제공하는 재무제표를 말한다.

자본변동표를 통해 회사의 자기자본을 구성하는 자본금, 자본잉여금, 자본조정, 기타포괄손익누계액, 이익잉여금(또는 결손금)이 기초 금액에서 기말금액으로 어떤 원인에 따라 얼마큼 증감했는지 여부를 파악할 수 있다.

자본변동표의 체계

자본변동표는 자본금, 자본잉여금, 자본조정, 기타포괄손익누계액,

이익잉여금(또는 결손금)의 각 항목별로 기초잔액·변동사항·기말 잔액을 표시한다.

1) 자본금

자본금은 보통주자본금과 우선주자본금으로 구분된다. 자본금은 유상증자, 유상감자, 무상증자, 무상감자, 주식배당 등의 사유로 인해 금액이 증감한다. 따라서 자본금이 어떤 원인에 따라 얼마큼 증감했 는지 여부를 자본변동표에 기록한다.

2) 자본잉여금

자본잉여금은 주식발행초과금과 기타자본잉여금으로 구분된다. 자본잉여금은 유무상증가나 유무상감자 그리고 결손금 처리 등에 의 해 증감한다.. 따라서 자본잉여금이 어떤 원인에 따라 얼마큼 증감했 는지 여부를 자본변동표에 기록한다.

3) 자본조정

자본조정에는 이미 재무상태표에서 설명한 바와 같이 자기주식· 주식할인발행차금·주식선택권·출자전환채무·신주청약증거금· 감자차손·자기주식처분손실 등의 항목으로 구성된다. 따라서 각각 의 자본조정 항목에 대해 어떤 원인에 따라 얼마큼 증감했는지 여부 를 자본변동표에 기록한다.

4) 기타포괄손익누계액

기타포괄손익누계액에는 매도가능증권평가손익 · 해외사업환산손익 · 현금 흐름위험회피 파생상품평가손익 등의 항목으로 구성되는데, 각각의 항목에 대해 어떤 원인에 따라 얼마큼 증감했는지 여부를 자본변동표에 기록한다.

5) 이익잉여금

이익잉여금의 변동은 다음 항목으로 구분하여 증감 내용에 대해 자본변동표에 표시한다.

- 회계정책의 변경으로 인한 누적효과(예를 들어 유형자산의 감가상각방법의 변경 등)
- 중대한 전기오류수정손익(당기 이전에 발생한 회계 처리의 오류를 수정하는 과목)
- 연차배당(당기 중에 주주총회에서 승인된 배당 금액으로 하되 현금배당과 주식배당으로 구분하여 기재)과 기타 전기말 미처분이익잉여금의 처분
- 중간배당(당기 중에 이사회에서 승인된 배당 금액)
- 당기순손익
- 위에서 설명한 항목 이외의 기타 사유에 따라 발생한 이익잉여금의 변동내용(다만 그 금액이 중요한 경우 적절히 구분하여 표시)

현금흐름표를 읽어 보자

01 손익계산서와 현금흐름표
02 현금은 어떻게 유입·유출되는가
03 현금흐름표를 알아보자
04 현금흐름표의 보고방식을 살펴보자

01

손익계산서와 현금흐름표

적정한 현금의 보유 수준이 중요하다

회사의 존재 목적은 무엇보다 이익을 많이 내는 데 있다. 이보다 더 중요한 것은 도산하지 않고 영속적으로 존립하는데 있다. 제 아무리 이익을 많이 내더라도, 당장 갚아야 할 현금이 수중에 없다면 회사는 도산하게 마련이다.

반면에 회사가 도산하지 않으려고 수중에 많은 현금을 보유하는 것도 문제다. 왜냐하면 은행에 예금을 하면 이자라도 받지만, 현금을 보유하면 수익을 얻을 수 없기 때문이다. 도리어 현금을 많이 보유할수록 도난이나 분실 가능성만 커진다. 결국 현금은 적정한 수준만큼 보유해야 한다.

그러면 적정한 수준의 현금 보유액은 어느 정도일까? 회사 또는 사업마다 각기 성격이 다르기 때문에 일률적으로 어느 정도의 현금 보유가 적정하다고 말할 수는 없다. 예를 들어 편의점이나 할인점처럼 현금으로 판매되는 사업장의 경우에는 현금 보유가 적을수록 좋다. 반면에 현금으로 구입하여 외상으로 판매하는 회사라면 현금의 보유 수준이 높을수록 좋다.

손익계산서와 현금흐름표

만약 회사가 모든 수익(매출액)과 비용(매입액과 경비 등)을 발생하는 시점에 전액 현금으로 주고받는다면, 손익계산서만으로도 충분하다. 굳이 현금흐름표를 작성할 필요가 없다는 것이다.

국내 기업들은 대부분 현금이 아닌 외상으로 거래한다. 거래처에 외상으로 판매하여 현금이 입금되지 않았더라도 매출액으로 계상한다. 또한 매입대금이나 비용 역시 외상으로 거래된 후, 약정한 기간이 되어야 현금으로 지급한다. 이에 따라 손익계산서상의 수익 · 비용은 현금흐름표의 수입 · 지출과는 정확하게 일치하지 않는다.

손익계산서에 아무리 많은 이익을 냈다 하더라도 현금이 부족해 도산하는 회사들이 있을 수 있고(흑자도산), 반면에 아무리 많은 적자를 기록하더라도 도산하지 않고 사업을 계속 영위해 나가는 경우도 있다.

▌손익계산서와 현금흐름표와의 차이 원인

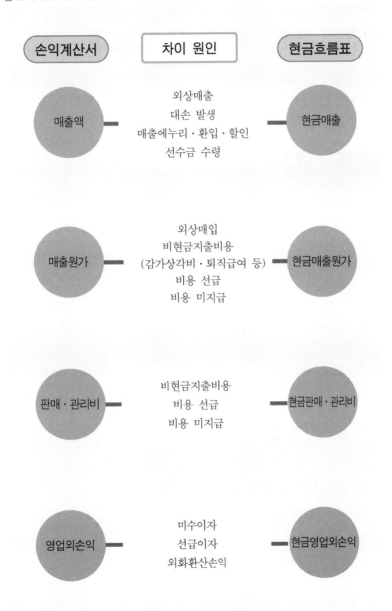

손익계산서	차이 원인	현금흐름표
매출액	외상매출 대손 발생 매출에누리 · 환입 · 할인 선수금 수령	현금매출
매출원가	외상매입 비현금지출비용 (감가상각비 · 퇴직급여 등) 비용 선급 비용 미지급	현금매출원가
판매 · 관리비	비현금지출비용 비용 선급 비용 미지급	현금판매 · 관리비
영업외손익	미수이자 선급이자 외화환산손익	현금영업외손익

현금은 어떻게 유입·유출되는가

회계기간에 현금 흐름이 어떻게 변동했는지를 보여주는 보고서를 '현금흐름표'라고 한다. 현금흐름표를 통해 현금 흐름이 양호한지 불량한지를 파악할 수 있다. 기업의 현금 흐름은 약간 복잡하기 때문에, 먼저 직장인의 현금 흐름을 통해 큰 흐름을 이해해 보자.

영업활동으로 인한 현금 흐름(영업현금)

직장인의 현금 흐름은 크게 현금유입과 유출로 나눠진다. 현금유입에서 가장 중요한 항목은 월급이다. 반면 현금유출이란 월급 계좌에서 생활비와 학자금 등을 인출하거나, 카드대금이 자동 결제되는 항목을 말한다. 이에 더해 은행으로부터 예금이자를 받으면 현금이 유입되고, 은행으로부터 빌려온 대출에 대해 이자를 갚으면 현금이 유출된다.

이처럼 매월 규칙적, 일상적으로 유입되거나 유출되는 현금 흐름을 '영업활동으로 인한 현금 흐름(Cash flows from operating activities)'이라고 하며, 줄여서 영업현금이라 부른다.

투자활동으로 인한 현금 흐름(투자현금)

그렇다면 예금, 주식, 부동산 등에 투자하면 현금 흐름은 어떻게 나타날까? 일단 투자 대가를 지급해야 하므로 현금이 유출된다. 이때 유출된 현금은 예금, 주식, 부동산 등으로 형태가 바뀌므로 해당 자산은 증가한다. 반대로 과거에 투자한 주식, 부동산을 매각하면 그 대가로 돈을 받게 되므로, 일단 현금이 유입되지만 해당 자산은 줄어든다.

이처럼 투자활동에 따라 유입되거나 유출되는 현금 흐름을 '투자활동으로 인한 현금 흐름(Cash flows from investing activities)'이라고 하며, 줄여서 투자현금이라 부른다. 투자현금은 다음 공식으로 표현할 수 있다.

투자현금 = (자산 매각에 따른) 현금유입 - (자산 매입에 따른) 현금유출

이때 투자현금이 플러스(+)이면 현금은 유입되지만, 자산은 줄어든다. 이는 급전이 필요해 자산을 처분하는 상황이다. 반대로, 투자현금이 마이너스(-)이면 현금은 유출되지만, 자산이 늘어나면서 부자가 되는 과정이다.

재무활동으로 인한 현금 흐름(재무현금)

직장인의 재무현금은 크게 대출금과, 증여 및 상속 두 가지 유형으로 구분된다. 하나씩 자세히 알아보자.

하나, 돈을 빌리거나 상환한다.

금융기관으로부터 대출을 받으면 현금이 늘어나 재무현금은 플러스(+)로 나타난다. 부채가 늘면서 현금이 유입되는 상황이다. 만약 이런 과정이 지속되어 대출이 일정 한도액을 초과해 추가 대출을 받지 못하게 되면 끝내 파산할 수밖에 없다.

반면, 과거의 대출을 갚으면 현금이 줄어들고 재무현금은 마이너스(-)로 나타난다. 부채가 줄어들면서 현금이 유출되는 상황이다. 이런 과정이 지속되면 대출금이 점점 줄어들면서 최종적으로 부채는 제로(0)에 이른다.

둘, 부모로부터 증여나 상속을 받는다.

부모 또는 일가친척으로부터 자산을 증여받거나 상속받게 되면 재무현금은 플러스(+)로 나타난다. 현금유입 가운데 가장 이상적인 상황이다. 반대로 자녀에게 자산을 증여하거나 상속한 부모의 재무현금은 마이너스(-)로 나타나면서 현금이 유출된다.

이와 같이 자금을 빌리거나 상환하는 활동에 따라 나타나는 현금 흐름을 '재무활동으로 인한 현금 흐름(Cash flows from financing activities)'이라고 하며, 줄여서 투자현금이라 부른다.

양호한 현금 흐름과 불량한 현금 흐름

지금까지 살펴본 개념들을 활용해 현금 흐름의 질을 살펴보자.

첫째, 양호한 현금 흐름이다.

직장인 A씨는 월급을 받아 생활비 등을 지출한 뒤 영업현금으로 플러스(+) 1,000만 원을 기록한다. 그중 주식 매수에 500만 원을 지출함으로써 투자현금은 마이너스(-)로 나타난다. 그러고도 남은 영업현금 500만 원에서 과거 금융기관 대출금 300만 원을 상환하면서 재무현금 역시 마이너스(-)로 나타난다. 그러고도 200만 원의 현금이 남아돈다.

직장인 A의 현금 흐름이 이처럼 지속되면 자산은 늘고 부채는 줄면서 재정적으로 안정적인 삶을 살게 될 것이다.

둘째, 불량한 현금 흐름이다.

직장인 B씨는 월급보다 생활비 지출이 많아서 영업현금으로 마이너스(-) 1,000만 원을 기록한다. 영업현금이 부족해진 B씨는 과거에 투자한 주식을 처분해 600만 원을 현금으로 조달한다. 그래서 투자현금은 플러스(+)로 유입되지만 자산은 감소한다. 그러고도 돈이 부족해 금융기관에서 300만 원을 대출받음으로써 재무현금도 플러스(+)가 된다. 하지만 부채는 증가하는 상황이다. 그러고도 아직 100만 원의 현금이 부족하다.

이처럼 금전적으로 곤란해진 B씨에게 부모 또는 친척이 증여나 상속을 해준다면 재무현금이 플러스(+)로 돌아서면서 양호한 현금 흐름을 회복할 수 있다. 그러나 증여도 상속도 받을 수 없는 처지라면 B씨는 조만간 신용불량자가 되거나 파산을 신청하게 될 수 있다.

위의 내용을 기업의 현금 흐름에 대입해 본다.

기업이 영업활동에서 많은 현금이 유입됨에 따라, 투자활동인 공장의 신설·증설에 충당하고도 자금의 여유가 있어, 재무활동에서 과거에 빌려온 부채를 상환할 수 있다면, 가장 이상적인 현금 흐름에 해당된다.

반면에 영업활동에서 현금이 적게 유입되거나 도리어 유출되는 상황이라면, 그 부족 자금을 메우기 위해 과거 투자했던 계열사 주식이나 공장 등의 부동산을 매각해야 하고 그래도 부족하면 대출을 받는 등 부채가 늘어날 수밖에 없다. 만약 매각할 자산이 더 이상 없거나 금융기관이 추가 대출을 불허하는 순간에 도산할 수밖에 없는 상황이다.

■ 현금흐름의 좋은 사례와 나쁜 사례

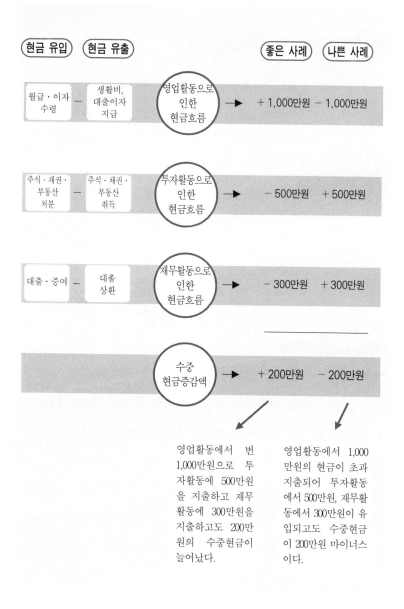

영업활동에서 번 1,000만원으로 투자활동에 500만원을 지출하고 재무활동에 300만원을 지출하고도 200만원의 수중현금이 늘어났다.

영업활동에서 1,000만원의 현금이 초과 지출되어 투자활동에서 500만원, 재무활동에서 300만원이 유입되고도 수중현금이 200만원 마이너스이다.

03

현금흐름표를 알아보자

현금흐름표상 현금

현금흐름표에서 현금이란 재무상태표에 나오는 '현금 및 현금성자산'을 말한다. 먼저 '현금'이란 한국은행에서 발행한 지폐·동전, 은행의 자기앞수표처럼 회사가 대금의 지급 수단으로 즉시 사용할 수 있는 것을 말한다. 그리고 '현금성자산'이란 단기적 자금 운용을 목적으로 한 유동성이 높은 유가증권 및 단기금융상품으로서, 큰 거래비용 없이 현금으로 전환이 쉽고, 이자율 변동에 따른 가치변동의 위험이 중요하지 않아야 하며, 취득 당시 만기가 3개월 이내에 도래하는 것을 말한다.

현금 흐름의 분류

재무상태표에서 자산은 보고기간말로부터 1년(정상 영업 주기) 이내에 현금으로 회수되느냐 여부에 따라 유동자산과 비유동자산으로 구분된다. 또한 부채는 보고기간말로부터 1년 이내에 상환하느냐 여부에 따라 유동부채와 비유동부채로 각각 분류된다.

반면에 현금흐름표에서는 앞서 직장인의 사례에서 보듯이, 현금흐름을 영업활동 · 투자활동 · 재무활동 등 3가지 유형으로 분류한다. 즉 현금흐름표에서는 현금의 증감을 초래하는 사업 활동을 다음 3가지로 분류하고 있다.

- 영업활동: 구매 · 생산 · 판매 등의 일상적인 영업활동
- 투자활동: 유형자산 · 투자자산 등의 취득과 처분활동
- 재무활동: 차입 · 증자 등의 자금조달과 차입금상환 등의 활동

참고로 재무상태표에 나타나는 계정과목을 현금흐름표의 활동별로 분류하면 다음 그림과 같다. 예를 들어 유동자산은 대부분 영업활동에 속하지만, 예외적으로 단기투자자산과 대여금은 투자활동으로 분류된다.

영업활동으로 인한 현금 흐름(영업현금 흐름)

현금흐름표에서의 영업활동(營業活動, Operating activities)의 정의를 살펴보면 '제품의 생산과 상품 및 용역의 판매 · 구매활동을 말하며, 투자활동과 재무활동에 속하지 않는 거래를 모두 포함한다'고 되어 있다.

영업활동으로 인한 현금 흐름은 주로 기업의 주된 수익활동의 결과, 즉 당기순이익 결정에 관련된 거래 및 기타 사건의 결과로서 생긴다.

영업활동으로 인한 현금의 유입과 유출은 다음과 같다.

• 영업활동으로 인한 현금의 유입:

제품 등의 판매에 따른 현금유입(매출채권의 회수 포함),

이자수익과 배당금수익,

기타 투자활동과 재무활동에 속하지 않는 거래에서 발생된 현금유입

• 영업활동으로 인한 현금의 유출:

원재료 · 상품 등의 구입에 따른 현금유출(매입채무의 결제 포함),

기타 상품과 용역의 공급자와 종업원에 대한 현금지출,

법인세(토지 등 양도소득에 대한 법인세 제외)의 지급,

이자비용의 지급,

기타 투자활동과 재무활동에 속하지 않는 거래에서 발생된 현금유출

투자활동으로 인한 현금 흐름(투자현금 흐름)

투자활동(投資活動, Investing activities)이란 현금의 대여와 회수활동, 유가증권(현금성자산으로 분류된 것은 제외) · 투자자산 · 유형자산 · 무형자산의 취득과 처분활동 등을 말한다.

투자활동으로 인한 현금의 유입과 유출의 형태는 다음과 같다.

• 투자활동으로 인한 현금의 유입:

대여금의 회수,

단기투자자산 · 유가증권 · 투자자산 · 유형자산 및 무형자산의 처분

재무상태표 계정과목의 현금흐름표상 구분

재무상태표의 계정과목		영업활동	투자활동	재무활동
유동자산	단 기 투 자 자 산		○	
	매 출 채 권	○		
	선 급 금	○		
	선 급 비 용	○		
	대 여 금		○	
	미 수 금	○		
	미 수 수 익	○		
	재 고 자 산	○		
비유동자산	투 자 자 산		○	
	유 형 자 산		○	
	무 형 자 산		○	
	기 타 비 유 동 자 산		○	
유동부채	매 입 채 무	○		
	단 기 차 입 금			○
	선 수 금	○		
	선 수 수 익	○		
	미 지 급 금	○		
	미 지 급 비 용	○		
	유 동 성 장 기 부 채			○
비유동부채	사 채			○
	장 기 차 입 금			○
	충 당 부 채	○		
자 본 금				○

· 투자활동으로 인한 현금의 유출:

현금의 장단기 대여,

단기투자자산 · 유가증권 · 투자자산 · 유형자산 및 무형자산의 취득에 따른 현금유출로서 취득 직전 또는 직후의 지급액 등이 포함

재무활동으로 인한 현금 흐름(재무현금 흐름)

재무활동(財務活動, Financing activities)이란 현금의 차입 및 상환활동, 신주발행이나 배당금의 지급활동 등과 같이 부채 및 자본계정에 영향을 미치는 거래를 말한다.

재무활동으로 인한 현금의 유입과 유출의 형태는 다음과 같다.

· 재무활동으로 인한 현금의 유입:

단기차입금 · 장기차입금의 차입,

어음 · 사채의 발행,

새로운 주식의 발행(유상증자)

· 재무활동으로 인한 현금의 유출:

단기차입금 · 장기차입금의 상환,

배당금의 지급,

과거에 발행한 주식의 취득 소각(유상감자),

자기주식의 취득,

자산의 취득에 따른 부채의 지급

		현 금 흐 름	
		유 입	유 출
기 업 의 경 영 활 동	《영업활동》 일반적으로 제품의 생산과 상품·용역의 구매 및 판매활동 등을 말하며, 투자 및 재무활동에 속하지 않는 거래를 모두 포함한다.	• 제품 등의 판매에 따른 현금 유입(매출채권의 회수 포함) • 이자수익과 배당금수익 • 기타 영업활동으로 인한 현금유입	• 원재료·상품 등의 구입(매입채무의 결제 포함) • 기타 상품·용역의 공급자와 종업원에 대한 지출 • 이자 지급 • 법인세 지급(토지 등 양도소득에 대한 법인세 제외) • 기타 영업활동에 따른 현금지출액
	《투자활동》 현금의 대여와 회수활동, 유가증권·투자자산·유형자산 및 무형자산의 취득·처분활동 등 영업활동과 관련이 없는 자산의 증가·감소 거래	• 대여금의 회수 • 단기투자자산·유가증권의 처분 • 투자자산의 처분 • 유형자산의 처분 • 무형자산의 처분 • 기타비유동자산의 처분	• 현금의 대여 • 단기투자자산·유가증권의 취득 • 투자자산의 취득 • 유형자산의 취득 • 무형자산의 취득 • 기타비유동자산의 취득
	《재무활동》 현금의 차입 및 상환활동, 신주발행이나 배당금 지급 등 영업활동과 관련이 없는 부채 및 자본의 증가·감소 거래	• 장·단기차입금의 차입, 어음·사채의 발행 • 주식의 발행(유상증자) • 자기주식의 매각	• 장·단기차입금의 상환 • 사채의 상환 • 배당금의 지급 • 유상감자 • 자기주식의 취득 • 자산의 취득에 따른 부채의 지급

현금흐름표의 보고방식을 살펴보자

현금흐름표의 기본 양식

현금흐름표는 영업활동 현금 흐름, 투자활동 현금 흐름, 재무활동 현금 흐름으로 각각 구분하여 표시한 후, 기초의 현금을 가산하여 기말의 현금을 산출하는 방식으로 작성한다. 특히 투자활동과 재무활동을 구분·표시하도록 하여 활동 측면을 강조하고 있다. 기본 양식은 다음과 같다.

영업활동 현금 흐름

현금흐름표의 맨 상단 첫 번째 항목에 '영업활동 현금 흐름'이 있다.

회사의 영업현금도 직장인의 영업현금처럼 현금유입에서 현금유출을 차감해 산출한다. 재화나 용역을 판매하면서 현금이 유입된다.

반면에 원재료 매입, 종업원 급여 등의 비용을 지출하면서 현금이 유출된다. 현금흐름표의 영업현금을 작성할 때는 다음 순서를 따른다.

▋ 현금흐름의 활동별 구분

Ⅰ. 영업활동으로 인한 현금흐름		×××
1. 당기순이익(손실)	×××	
2. 현금의 지출이 없는 비용 등의 가산	×××	
3. 현금의 수입이 없는 수익 등의 차감	(×××)	
4. 영업활동으로 인한 자산·부채의 변동	×××	
Ⅱ. 투자활동으로 인한 현금흐름		×××
1. 투자활동으로 인한 현금유입액	×××	
2. 투자활동으로 인한 현금유출액	(×××)	
Ⅲ. 재무활동으로 인한 현금흐름		×××
1. 재무활동으로 인한 현금유입액	×××	
2. 재무활동으로 인한 현금유출액	(×××)	
Ⅳ. 현금의 증가(감소) (Ⅰ+Ⅱ+Ⅲ)		×××
Ⅴ. 기초의 현금		×××
Ⅵ. 기말의 현금		×××

첫째, 손익계산서의 당기순이익을 기입한다.

손익계산서의 당기순이익만큼 영업현금이 유입된 것으로 간주한다. 반대로 당기순손실만큼 영업현금이 유출된 것으로 처리한다.

둘째, 수익과 비용을 조정한다.

당기순이익에서 현금유입이 없는 수익은 차감한다. 가령, 회사가 보유한 주식의 주가가 상승하면 평가이익이 나타나면서 당기순이익은 증가하지만, 주식을 처분하기 전까지는 평가이익에 그칠 뿐 실제

현금이 유입되는 것은 아니다. 그러므로 당기순이익에서 자산평가이익을 차감해야 정확한 영업현금이 계산된다.

그런 다음, 당기순이익에서 현금유출이 없는 비용은 가산한다. 가령, 유형자산의 감가상각비는 비용에 해당되지만 실제로 현금이 유출되지는 않는다. 이외에도 무형자산상각비, 자산평가손실, 각종 충당금전입액 등은 현금이 유출되지 않는 비용이므로 당기순이익에 가산한다.

셋째, 영업자산과 영업부채의 증감을 조정한다.

재무상태표의 영업자산과 영업부채의 기초잔액과 기말잔액의 차액을 계산해 영업현금을 조정한다.

먼저 영업자산에 대해 살펴보자. 매출채권의 기말잔액이 기초잔액보다 많다면, 해당 차액만큼 현금유출로 처리한다. 회사가 거래처에 자금을 빌려주면서 영업현금이 유출된 것으로 보기 때문이다. 반대로 매출채권이 감소하면 그 차액만큼 자금을 회수한 것으로 보아 현금유입으로 처리한다. 이와 유사하게 재고자산도 차액이 플러스(+)면 현금유출, 마이너스(-)면 현금유입으로 처리한다.

영업부채인 매입채무는 반대로 처리한다. 예를 들어 매입채무의 기말잔액이 기초잔액보다 증가하면 현금유입으로 처리한다. 그 차액만큼 거래처로부터 자금을 빌려온 것으로 간주하기 때문이다.

투자활동 현금 흐름

회사의 투자현금도 직장인의 투자현금과 유사하게 과거 매수한 예금, 주식, 부동산 등의 매도에 따라 유입된 현금에서, 새로운 투자자산 매수에 따라 유출된 현금을 차감해 산출한다. 현금흐름표의 투자현금을 작성할 때는 다음 순서를 따른다.

첫째, 장단기 금융상품 투자 현황을 파악한다.

금융기관의 장단기 금융상품에 투자한 금액을 파악한다. 회사의 잉여자금을 금융상품에 예치하면 현금이 유출되고, 반대로 과거에 가입한 금융상품을 해지하거나 만기 회수하면 현금이 유입된다. 회계에서는 금융기관에 예금하는 것도 영업활동이 아닌 투자활동으로 간주한다.

둘째, 지분법적용투자주식의 투자 현황을 파악한다.

회사가 주식을 취득하거나 처분하는 활동에 따라 발생하는 현금흐름은 '지분법적용투자주식' 과목에 취합한다. 가령, 다른 기업을 M&A하면서 주식을 취득하면 그 대가로 현금이 유출된다. 반면, 주식을 처분하면 현금이 유입된다. 특히 주식 투자는 사업다각화와 관련된 현금 흐름으로 미래수익에 큰 영향을 미친다.

셋째, 유형자산 및 무형자산 투자 현황을 파악한다.

회사가 사옥이나 공장 등 유형자산을 취득하거나 매각함에 따른 현금 흐름은 '유형자산' 과목에 취합한다. 신규 공장을 세우면 유형자산을 취득함으로써 현금이 유출되지만, 이 공장을 통해 미래 매출과 이익이 늘어날 것으로 전망할 수 있다. 반대로 사옥이나 공장을 매각하면 현금은 유입되지만, 장기적으로 경영실적이 악화되는 상황일 수도 있다.

무형자산 현금 흐름은 대체로 신기술이나 신제품에 대한 연구 및 개발활동을 수행하면서 나타난다. 회사가 자체 연구소를 운영하면서 발생하는 지출을 당기 비용 또는 무형자산으로 처리할 수 있는데, 그 중 무형자산으로 처리한 금액만이 현금흐름표의 투자현금 유출로 처리된다. 반대로 회사가 획득한 신기술이나 특허 등을 다른 회사에 매각할 때는 투자현금 유입으로 처리한다.

재무활동 현금 흐름

회사의 재무현금도 직장인의 재무현금과 유사하며, 다음 두 가지 유형으로 나눌 수 있다.

하나, 자금을 빌리거나 상환하는 현금 흐름이다.

재무현금은 금융기관과의 대출거래나 회사채 발행과 밀접한 관계가 있다. 예를 들어 금융기관으로부터 대출을 받거나 회사채를 발행하면 재무현금이 유입되기 때문에 플러스(+)가 되면서 부채가 증가한다. 반대로 대출금이나 회사채를 상환하면 재무현금이 마이너스(-)가 되면서 부채는 감소한다.

둘, 주주와의 거래에서 발생하는 현금 흐름이다.

회사가 주주와 거래할 때도 재무현금이 발생한다. 예를 들어 유상증자를 하면 주주들이 증자대금을 납입하면서 재무현금이 플러스(+)

가 되고 자기자본이 늘어난다. 자기자본은 회사가 파산하지 않는 한 주주에게 상환하지 않아도 되기 때문에, 가장 안정적인 자금에 해당된다. 반면에 배당금 지급이나, 자기주식 취득의 경우는 재무현금이 마이너스(-)가 되면서 자기자본이 감소한다.

현금 흐름의 증감

현금흐름표 하단에 나오는 현금 흐름 증감, 기초현금자산, 기말현금자산에 대해 살펴보자.

현금 흐름 증감이란 영업현금, 투자현금, 재무현금, 이 세 가지 현금 흐름에서 플러스(+)는 더하고 마이너스(-)는 빼서 산출된 금액이다. 전체적으로 현금이 늘었는지 줄었는지를 '현금 흐름 증감'이라는 지표를 통해 알 수 있다.

현금흐름표는 손익계산서뿐만 아니라, 재무상태표와도 밀접한 관계가 있다. 즉 현금흐름표에서 '기말현금자산'은 재무상태표의 '현금 및 현금성자산'과 정확히 일치해야 한다.

결론적으로 현금흐름표는 재무상태표의 현금및현금성자산의 전기말 잔액과 당기말 잔액의 차액이 어떤 원인에 따라 얼마나 증감했는지를 보여주는 명세서라 할 수 있다.

영업현금의 직접법과 간접법

현금흐름표에서 영업현금을 작성하는 방법에 따라 크게 직접법과 간접법 2가지가 있다.

간접법이란 당기순이익에 '현금의 유출이 없는 비용'을 가산하고

'현금의 유입이 없는 수익'을 차감하여 표시하는 방법이다. 위에서 설명한 방법이 간접법에 해당한다. 이는 영업활동으로 인한 현금 흐름을 간접적으로 현금 흐름의 총액을 찾아가는 방법이기 때문에 간접법이라 부른다.

반면에 직접법이란 수익이나 비용항목을 총액으로 표시하되, 현금유입액은 원천별로 그리고 현금유출액은 용도별로 분류하여 표시하는 방법을 말한다. 직접법이라는 이름이 붙은 이유는 원천별·용도별로 직접 표시하기 때문이다.

간접법은 직접법에 비해 비교적 간편한 방법으로, 대부분의 국내 기업들은 간접법에 의해 현금흐름표를 작성하고 있다.

직접법과 간접법의 차이

직접법

매출 등 수익활동으로부터의 유입액	5,000
매입 및 종업원에 대한 유출액	(3,000)
이자수익 유입액	50
배당금수익 유입액	50
이자비용 유출액	(100)
법인세 등 유출액	(50)
기타 영업활동 유출·입액	20
영업활동으로 인한 현금흐름	1,970

간접법

당기순이익(손실)	1,500
현금의 유출이 없는 비용 등의 가산	
– 현금의 유출이 없는 비용	500
– 투자활동과 재무활동으로 인한 비용	50
현금의 유입이 없는 수익 등의 차감	
– 현금의 유입이 없는 수익	(100)
– 투자활동과 재무활동으로 인한 수익	(50)
영업활동으로 인한 자산·부채의 변동	
– 영업활동 관련 유동자산 감소 및 유동부채 증가	1,000
– 영업활동 관련 유동자산 증가 및 유동부채 감소	(930)
영업활동으로 인한 현금흐름	1,970

- 직접법과 간접법은 '영업활동으로 인한 현금흐름'의 계산방식만 차이가 있다.
- 어떤 방식을 이용하더라도 '영업활동으로 인한 현금흐름'의 금액은 일치한다.

제5장

비율 분석으로 경영성과를 알아보자

왜 재무제표를 읽어야만 하는가

지금까지 재무제표의 의미, 형태, 계정과목에 대해 설명했다. 그동안 재무제표를 배운 이유는 사업에 유효하게 활용할 수 있는 방법을 익히기 위해서다. 우선 어떤 사람들이 재무제표를 어떻게 활용하는지를 살펴본 후, 주요 재무지표의 계산법과 활용법에 대해 설명하겠다.

재무제표의 필요성

회사가 내부의 속사정을 외부 사람들에게 알리기 위해 TV나 라디오를 통한 광고 선전이나 홍보책자를 발행하는 등 다양한 방법이 있다. 하지만 이는 회사의 사업 내용이나 제품에 대한 단편적인 내용만을 알리는 수단에 불과하다. 따라서 회사의 전반전인 내용을 알리기 위한 별도의 조치가 필요하다.

회계(會計, Accounts)란 회사(會社)의 계산(計算)의 약자로서, 회사의 전반적인 경영 관리활동에 대해 수치로 요약 정리한 재무보고서를 작성하여 내부 또는 외부 이해관계자에게 알리는 수단을 말한다. 즉 일정 기간에 이루어진 기업의 다양한 활동(원재료 구매 · 생산 · 제품 판매 등)을 계정과목에 따라 분류 · 집계하여 재무제표를 작성한 후에, 내부 또는 외부에 있는 이해관계자들에게 보고하는 것이 회계의 기본 개념이며 목적이다.

재무제표는 다음과 같이 활용된다.

- 경영자가 의사결정을 내리는 데 필요하다.
- 금융기관이나 증권시장으로부터 자금을 융통하는 데 필요하다.
- 투자자들이 회사의 주식을 구입 혹은 매각할지 여부를 판단하는 데 필요하다.
- 원자재의 외상구입한도나 제품의 외상판매한도를 책정하는 데 필요하다.
- 국세청에서 적절한 세금 납부 여부를 검토하는 데 필요하다.

경영자의 의사결정

경영자의 주된 임무는 기업이 보유하고 있는 한정된 인적 · 물적 자원을 활용하여 최대한 목표를 달성하는 데 있다. 이를 위해 경영자는 기업이 직면한 문제점을 파악하고, 이를 해결하기 위한 가장 적절한 대책을 수립하여 실행하는데 많은 시간과 노력을 기울인다.

예를 들어 쇄도하는 주문에 맞춰 추가로 설비를 증설할 것인가와,

내년도 임직원들의 급여를 어느 정도 인상시킬 것인지, 사업다각화 차원에서 어느 사업에 어느 정도의 신규 투자를 할 것인가 등 경영자가 판단해야 하는 의사결정은 상당히 많다.

만약 경영자가 단순히 머릿속으로 생각하여 주먹구구식으로 의사결정을 내린다면 어떠한 현상이 나타날까? 틀림없이 수많은 시행착오를 겪으면서 상당한 자금의 낭비를 초래하게 될 것이다. 특히 경영자의 뜻대로 진행되지 않은 경우에는 도산이라는 불행한 사태에 봉착하게 된다.

경영자는 조직적이고 체계적으로 의사결정을 내려야 한다. 가령, 설비투사를 한다고 가정하면, 다음 사항에 대해 수치로 윤곽을 잡아가면서 결정해야 시행착오를 최대한 줄일 수 있다.

- 초기에 투자자금은 얼마나 소요되고 어떻게 조달할 것인가?
- 설비투자가 완료되면 어느 정도의 제품을 생산할 수 있을까?
- 생산된 제품을 판매하면 어느 정도의 매출액이 달성 가능할까?
- 생산, 판매, 관리 등의 활동을 수행하는데 어느 수준의 원가나 비용이 발생할까?
- 최종적으로 이익은 어느 정도로 추정될까?
- 투자한 자금을 회수하는데 어느 정도의 기간이 소요될까?

경영자는 자사의 재무제표를 분석하여 위에 열거한 항목에 대해 개략적이나마 파악할 수 있어야 한다.

자금의 융통 수단

우리나라 경영자들이 기업을 운영하면서 가장 많이 느끼는 애로사항이 바로 자금 부족이다. 자금 부족이야 말로 기업이 도산하는 주된 요인이다.

회사가 부족한 자금을 충당하기 위해 가장 먼저 접촉하는 곳이 은행, 종합금융회사, 저축은행 등의 금융기관이다. 그러면 돈을 빌려 주는 금융기관의 가장 중요한 관심사는 무엇일까? 당연히 회사가 빌려 간 원금에 이자를 더한 금액을 당초 정해진 기간 내에 상환할 수 있는지 여부다.

만약 회사가 재무제표를 작성하지 않는다면 어떻게 될까? 그렇다면 금융기관의 대출담당자는 수시로 원리금의 상환능력을 체크할 필요가 있다. 다시 말해 빌려준 돈을 모두 상환 받을 때까지, 은행원이 그 회사에 상주하면서 수시로 자금관리를 검토해야만 한다.

반면에 금융기관의 대출담당자는 기업이 작성한 재무제표 분석을 통해 거래 기업의 원리금 상환능력을 어느 정도 측정할 수 있다.

주식과 채권에의 투자 여부

증권시장이란 기업이 발행한 주식이나 채권이 거래되는 시장을 말한다. 기업은 증권시장에서 유상증자(주식을 신규로 발행하여 자금을 조달하는 방식)나 회사채(기업이 자금을 빌리면서 발행하는 일종의 차용증서) 발행을 통해 자금을 조달할 수 있다.

원래 금융기관으로부터의 대출은 상환기간이 짧고 금리가 비교적 높은 수준을 보인다. 예를 들어 운전자금은 대부분 만기가 1년 이내이기 때문에 상환하거나 아니면 매년 연장해야 하고, 설비자금도 내용연수 이내에 걸쳐 분할해 갚아야만 한다.

반면에 회사가 증권시장에서 조달한 자금(회사채나 유상증자)은 낮은 금리로 장기간에 걸쳐 사용이 가능하다. 보통 회사채는 분기별로 이자만 지급하되, 원금은 3-5년 이후에 갚으면 된다. 그리고 유상증자로 조달한 자금은 아예 상환 의무가 없고, 단지 배당금만 지급하면 된다. 특히 회사가 적자를 기록하면 주주들에게 배당금을 지급할 의무도 사라진다. 조달 금리가 '0'이라는 뜻이다.

만약 주주와 채권자가 회사의 실정을 모르다면 과연 자금을 투자할까? 회사의 실정도 모르고 주식이나 채권에 투자하려는 사람들은 거의 없을 것이다. 왜냐하면 이는 투자가 아닌 기부행위에 해당하기 때문이다.

투자자들이 증권시장에서 어떠한 주식이나 채권을 매수·매도할 것인지 여부, 그리고 유상증자나 채권발행에 참여할지 여부 등을 판단하기 위해, 그 회사가 작성한 재무제표를 분석한다.

외상 한도의 설정

회사가 거래처에 원자재나 상품 등을 납품하는 이유는 이익을 얻기 위해서다. 그리고 상거래를 통한 이익은 납품 시점에 계상되지만, 최종적으로 대금을 수령해야 이익이 돈으로 회수된다. 거래처에 외상으로 거액의 납품을 했다고 하더라도, 막상 외상대금을 받지 못하면 궁극적으로 손실을 볼 수밖에 없다.

회사는 거래업체의 재무제표를 통해 채권의 회수가능성 여부를 판단할 수 있다. 특히 신용상태가 나쁜 회사에 외상으로 납품한다면 일단 물건 값을 받지 못할 가능성이 높기 때문에, 현금으로 파는 가격보다 물건 값을 그만큼 더 올려 받을 필요가 있다.

결국 영업활동이 효율적으로 이루어지기 위해서는 사전에 거래처의 재무제표분석을 통해 신용상태를 파악한 후, 외상한도를 설정할 필요가 있다. 외상한도를 넘어서는 거래에 대해서는 현금을 받는지 아니면 추가 담보를 제공받는 대책이 요구된다.

적정한 세금 납부

기업은 벌어들인 소득에 대해 국가에 세금(법인세와 지방소득세 등)을 납부해야 한다. 국가는 회사가 적정하게 세금을 납부하고 있는지에 대해 재무제표를 분석함으로써 파악할 수 있다.

만약 기업이 재무제표를 작성하지 않는다면, 국세청은 기업들이 세금을 제대로 납부했는지에 대해 매년 세무조사를 실시해야 한다. 이를 위해 한 회사에 한 명의 세무조사요원을 파견한다면, 최소 수십만 명의 조사인력이 필요하게 된다. 특히 회사가 매년 세무조사를 받는다면 정상적인 영업 자체가 불가능할 수밖에 없다.

기업의 재무제표를 분석하면 이러한 문제들이 자연스럽게 해결된다. 국세청은 재무제표를 통해 그 회사의 사업성을 검토할 수 있고, 업계 내 유사한 기업들과 비교하여 세금을 성실하게 납부했는지를 검토할 수 있다. 이러한 분석 결과에 따라 불성실하게 세금을 신고한 업체만을 집중적으로 조사함으로써 인력과 시간을 크게 줄일 수 있다.

주요 지표의 활용

위에 열거한 목적을 달성하기 위해, 먼저 재무제표를 활용하여 여러 지표를 계산해본다. 독자들은 자신이 분석하고자 하는 회사의 재무제표를 이 장에 나오는 분석방법에 맞추어 계산해보고, 사용자별 검토지표에 따라 관심 있는 부분에 대해서는 좀 더 자세히 읽어보기 바란다.

▌사용자별 검토지표

경영자 ▶ 모든 지표를 검토하되 단기적으로는 회사가 안전한지 여부(안정성)와 영업활동의 활발한 정도(활동성)에, 장기적으로는 성장성과 원가구조 및 손익분기점을 검토한다.

거래처 ▶ 원료를 납품하는 거래처는 대금의 지급능력을 측정하기 때문에 안정성 여부를 검토한다.

종업원 ▶ 종업원들은 자신들이 지급받는 급여 수준이 적정한지 여부가 중요하기 때문에 부가가치와 원가구조를 검토한다.

금융기관 ▶ 금융기관은 회사의 부채상환능력에 관심을 갖기 때문에 안정성을 중시하는 경향이 있다. 다만 장기적으로 사업이 성장할 것인지를 알기 위해 성장성과 수익성을 검토한다.

주식투자자 ▶ 투자자들은 주가가 상승함에 따라 얻는 이익을 중시하기 때문에 성장성에 관심을 기울이게 된다. 또한 배당금도 주식투자에 따른 부수이익이기 때문에 수익성을 검토한다.

국세청 ▶ 국세청은 세금납부의 적정성 여부가 주된 관심사이기 때문에 법인세에 대해서는 수익성과 원가구조에 치중하여 검토한다.

구성비율을 계산해 보자

재무제표의 구성비율

재무제표를 분석하기에 앞서, 먼저 재무상태표와 손익계산서를 구성하는 과목별 구성 비율을 계산할 필요가 있다. 나무를 보기 전에 먼저 숲에 대한 개략적인 모습을 그려보아야, 회사의 전반적인 영업구조나 재무구조를 이해할 수 있기 때문이다.

재무상태표에서는 총자산과 총자본을 100%로 하여 각 세부 과목별 구성 비율을, 손익계산서에서는 매출액을 100%로 하여 각 세부 과목별 구성비를 계산할 수 있는데, 다음과 같다.

참고로 다음의 비율이나 지표는, 이 책의 맨 앞 쪽에 나오는 희망제약주식회사의 재무제표를 분석한 것이다.

재무상태표 구성비율

계정과목	금액	구성비	계정과목	금액	구성비
유동자산	54,815	76.1%	부　채	47,106	65.4%
당좌자산	48,135	66.9%	유동부채 (매입채무)	31,225 (4,507)	43.4% (6.3%)
(매출채권)	(29,955)	(41.6%)			
			비유동부채	15,881	22.0%
재고자산	6,680	9.3%	자본	24,882	34.6%
비유동자산	17,173	23.9%			
투자자산	1,483	2.1%	자본금	7,350	10.2%
유형자산	8,745	12.1%	자본잉여금	900	1.3%
무형자산	284	0.4%	자본조정	△1,135	△1.6%
			기타포괄 손익누계액	1,121	1.6%
기타비유동자산	6,661	9.3%	이익잉여금 (당기순이익)	16,646 (3,094)	23.1% (4.3%)
총자산	71,988	100.0%	총자본	71,988	100.0%

(단위 : 백만원)

손익계산서 구성비율

구 분	금 액	구성비	비 고
매출액	54,712	100.0%	
(−) 매출원가	23,529	43.0%	
매출총이익	31,183	57.0%	→ 매출액총이익률
(−) 판매비와 관리비	18,497	33.8%	= 매출총이익 ÷ 매출액
영업이익	12,686	23.2%	→ 매출액영업이익률
(+) 영업외수익	2,521	4.6%	= 영업이익 ÷ 매출액
(−) 영업외비용	9,673	17.7%	
(금융비용)	(4,113)	(7.5%)	→ 금융비용부담률 = 금융비용 ÷ 매출액
법인세비용차감전순이익	5,534	10.1%	→ 매출액세전순이익률
(−) 법인세비용	2,440	4.5%	= 세전이익 ÷ 매출액
당기순이익	3,094	5.6%	→ 매출액순이익률 = 당기순이익 ÷ 매출액

(단위 : 백만원)

제조원가명세서 구성비율

구 분	금 액	구성비
Ⅰ. 재료비	10,814	48.8%
Ⅱ. 노무비	3,621	16.4%
Ⅲ. 제조경비	7,708	34.8%
Ⅳ. 당기총제조비용	22,143	100.0%

(단위 : 백만원)

재무상태표의 구성 비율을 보면 자산 중 76.1%가 유동자산이고, 이 중 당좌자산이 66.9%로 상당히 높은 비중을 차지하고 있다. 이로 미루어 이 회사는 투자활동보다는 영업활동을 중시한다는 사실을 알 수 있다. 그리고 부채가 65.4%, 자기자본이 34.6%로 자금을 조달하고 있다.

손익계산서의 구성 비율을 보면 매출원가가 43.0%, 판매비와 관리비가 33.8%를 차지하고 있다. 이를 풀어보면, 100원짜리 제품의 생산원가가 43원, 판매 및 관리활동에 33.8원을 사용함으로써, 영업활동에 따른 이익이 23.2원으로 나타난다. 그리고 재무활동으로 인한 순금융비용으로 7.5원을 부담하여 세전이익이 10.1원이 되었다. 여기에서 법인세비용 4.5원을 빼면 당기순이익이 5.6원으로 나타난다.

이어서 제조원가에 대해 살펴보면, 총제조비용 22,143백만 원 중 재료비가 48.8%를, 노무비가 16.4%를, 제조경비가 34.8%를 차지하고 있다.

회사의 매출원가가 43%이고 총제조비용 중 재료비가 48.8%이기 때문에, 매출액에서 차지하는 재료비의 비중은 약 21%(43%×48.8%)로 나타난다. 이와 같이 제약업의 경우 재료비의 비중이 상당히 미미한 수준이라는 사실을 알 수 있다. 반면에 판매비와 관리비 중 광고선전비는 5,850백만 원으로, 매출액 54,712백만 원의 10.7%를 차지할 정도로 높은 비중을 차지하고 있다.

③ 성장하는 회사, 쇠퇴하는 회사 - 성장성

성장성지표란 회사의 규모나 경영성과가 전년에 비해 어느 정도 증가했는가를 측정하는 지표다. 성장성지표를 통해 그 기업의 경쟁력이나 수익창출능력을 예측할 수 있다.

회사의 제품이 시장에서 수요에 비해 공급 능력이 부족하다고 판단되면 공장을 신설하거나 증설하게 되고, 이에 따라 재무상태표의 유형자산이 증가한다.(유형자산증가율의 상승) 특히 설비증설자금을 조달하는 방식에 따라, 금융기관의 대출이 늘어나거나(부채증가율의 상승), 유상증자에 따라 자기자본이 증가한다.(자기자본증가율의 상승)

생산설비의 신설이나 증설이 성공적으로 마무리되면서 공장이 가동되면, 제품생산량이 증가하고 이에 따라 적극적인 영업활동에 의해 손익계산서의 매출액이 증가한다.(매출액증가율의 상승)

제품생산량이 증가하면 공장을 원활하게 가동하기 위해 원자재 등의 재고자산을 더 많이 비축하게 된다. 또한 매출액이 증가함에 따라 매출채권도 따라서 증가한다. 따라서 재고자산과 매출채권이 증가한다는 것은 결국 유동자산이 증가한다는 것을 의미한다.(유동자산증가율의 상승)

▌ 성장성지표

$$\text{총자산증가율} = \frac{\text{당기말 총자산}}{\text{전기말 총자산}} \times 100 - 100 \quad \boxed{\begin{array}{l} \text{20\% 이상 양호} \\ \text{10\% 이하 불량} \end{array}}$$

$$\text{유형자산증가율} = \frac{\text{당기말 유형자산}}{\text{전기말 유형자산}} \times 100 - 100 \quad \boxed{\begin{array}{l} \text{20\% 이상 양호} \\ \text{10\% 이하 불량} \end{array}}$$

$$\text{자기자본증가율} = \frac{\text{당기말 자기자본}}{\text{전기말 자기자본}} \times 100 - 100 \quad \boxed{\begin{array}{l} \text{20\% 이상 양호} \\ \text{10\% 이하 불량} \end{array}}$$

$$\text{매출액증가율} = \frac{\text{당기말 매출액}}{\text{전기말 매출액}} \times 100 - 100 \quad \boxed{\begin{array}{l} \text{20\% 이상 양호} \\ \text{10\% 이하 불량} \end{array}}$$

총자산증가율

총자산증가율(Growth rate of total assets)은 회사가 사업 활동을 위해 보유하는 자산총액(총자산)이 전년도에 비해 어느 정도 증가했는가를 나타내는 비율로서, 기업의 전체적인 성장 규모를 측정할 수 있다.

총자산증가율은 다음 2가지 원인에 따라 커진다.

첫째, 회사의 영업활동이 활발하게 이루어지면서, 유동자산(특히 매출채권과 재고자산)이 크게 늘어나는 상황이다

둘째, 회사가 거액의 설비투자(공장의 신설과 증설)를 하는 경우다.

따라서 총자산증가율의 원인을 분석하기 위해서는 어떠한 유형의 자산이 증가했는지, 그 요인을 자세히 분석할 필요가 있다.

$$\text{총자산 증가율} = \frac{\text{당기말 총자산}}{\text{전기말 총자산}} \times 100 - 100$$

$$= \frac{71,988}{67,203} \times 100 - 100 = 7.12\%$$

▶ 업종 평균 : 16.39%   ▶ 전년도 : 12.86%

▶ 분석
전년도 12.86%에 비해 올해는 7.12%를 나타내고 있어 성장이 둔화되고 있으며, 특히 제약업 평균 성장률 16.29%에 비해 상당히 낮은 수준을 나타내고 있다. 이는 전년도에 회사의 공장 증설작업이 종료되었기 때문이다. 따라서 당분간 증설된 설비를 정상적으로 가동시켜 생산량을 확대하는 것이 필요하다.

▶ 표준비율 : 20% 이상 양호 / 10% 이하 불량

유형자산증가율

　총자산의 증감 요인을 자세하게 분석하기 위해서는 총자산을 구성하는 세부 항목별로 그 증감 내역을 살펴볼 필요가 있다. 유형자산증가율(Growth rate of property, plant and equipment)은 유형자산(토지·건물·기계장치 등)에 대한 투자가 전년 대비 얼마큼 활발하게 이루어졌는가를 나타낸다.

　회사가 설비투자를 많이 할수록 유형자산증가율은 상승한다. 반면에 회사가 설비투자를 전혀 하지 않으면 유형자산증가율은 0이 아니라 마이너스로 나타난다. 왜냐하면 유형자산은 매년 감가상각을 통해 장부가액이 줄어들기 때문이다. 따라서 유형자산증가율이 마이너스인 회사는 새로운 설비투자 없이 기존의 설비만을 단순히 활용하는 상태라 볼 수 있다.

$$\text{유형자산} \atop \text{증 가 율} \quad = \frac{\text{당기말 유형자산}}{\text{전기말 유형자산}} \times 100 - 100$$

$$= \frac{8,745}{9,201} \times 100 - 100 = \triangle\, 4.96\%$$

▶ 업종 평균 : 10.60%　　　　　▶ 전년도 : 2.03%

▶ 분석
전년도 2.03%에 비해 올해는 -4.96%를 나타내고 있어 도리어 유형자산은 감소하고 있으며, 특히 제약업 평균성장률 10.60%에 비해 상당히 낮은 수준을 나타내고 있다. 이는 올해 거의 설비투자를 하지 않은 반면에 많은 감가상각비를 계상했기 때문으로 분석된다.

▶ 표준비율 : 20% 이상 양호 / 10% 이하 불량

자기자본증가율

자기자본증가율(Growth rate of stockholders′ equity)은 자기자본이 전년도에 비해 얼마나 늘어났는가를 나타내는 지표다.

회사가 원활하게 사업을 추진하려면 부족한 자금을 조달해야 하는데, 이는 부채나 자기자본으로 가능하다. 만약 총자산이 크게 늘어나면서 부채로 자금을 조달하면, 총자산증가율에 비해 부채증가율이 커지면서, 자기자본증가율은 줄어든다. 반면에 유상증자나 영업활동에서 벌어들인 이익으로 부족 자금을 조달하면, 자기자본 증가율이 높게 나타난다.

특히 자본금을 줄이는 감자 절차를 거치거나, 영업활동에서 계속 손실을 기록해 결손금이 누적되는 경우, 자기자본증가율은 마이너스로 나타난다.

$$\text{자기자본증가율} = \frac{\text{당기말 자기자본}}{\text{전기말 자기자본}} \times 100 - 100$$

$$= \frac{24{,}882}{21{,}679} \times 100 - 100 = 14.77\%$$

▶ 업종 평균 : 10.62%　　　　▶ 전년도 : 6.02%

▶ 분석

전년도 6.02%에 비해 올해는 14.77%로, 제약업 평균인 10.62%에 비교해도 상당히 높은 증가율을 나타내었다. 이는 유상증자 3억 5,000만원과 영업활동에 따른 당기순이익 30억원이 발생했기 때문이다. 즉, 회사는 올해 영업이 호조를 보임에 따라 이익이 상당히 많이 증가했기 때문에 자기자본증가율이 높게 나타나고 있다.

▶ 표준비율 : 20% 이상 양호 / 10% 이하 불량

매출액증가율

전년도 매출액에 비해 당년도 매출액이 어느 정도 증가했는가를 나타내는 매출액증가율(Growth rate of sales)은 회사의 영업활동이 전년에 비해 어느 정도 활발하게 이루어졌는가를 알려준다.

회사가 속한 업계의 시장 평균성장률에 비해 회사의 매출액증가율이 그 이상을 달성해야, 그 업계에서 주도권을 쥘 수 있다. 반면에 업계의 시장 평균성장률에 비해 회사의 매출액증가율이 미달되면, 회사의 시장점유율이 하락하면서 경쟁력이 약화되는 상태이기에, 특단의 대책을 강구할 필요가 있다. 이처럼 매출액증가율은 시장점유율과 밀접한 관계가 있으므로, 경쟁력 변화를 나타내는 척도 중의 하나로 활용된다.

$$\text{매출액 증가율} = \frac{\text{당기말 매출액}}{\text{전기말 매출액}} \times 100 - 100$$

$$= \frac{54,712}{50,845} \times 100 - 100 = 7.61\%$$

▶ 업종 평균 : 16.39%　　　　　▶ 전년도 : 7.89%

▶ 분석
전년도 7.89%에 비해 올해는 7.61%를 나타내고 있어 매출성장률은 거의 고정된 상태이다. 특히 제약업 평균 16.39%에 비해 절반 수준을 기록하고 있다. 이는 대부분의 제약업체들의 규모가 영세하기 때문에 매출액이 약간만 증가해도 상대적으로 산업평균 증가율이 높게 나타난 것으로 보인다. 다만 향후 신제품 개발이나 신상품 개발 노력을 기울임에 따라 매출을 증가시키려는 노력이 필요하다.

▶ 표준비율 : 20% 이상 양호 / 10% 이하 불량

산업별 성장성분석

특정 연도별로, 국내 산업별 매출액증가율과 유형자산증가율은 다음과 같다. 자사와 자사가 속한 산업의 성장성 지표와 비교해, 그 수준의 높낮이를 분석해보기 바란다.

▌산업별 성장성 지표

업종별	항목별	매출액증가율		유형자산증가율	
	연도별	2013	2018	2013	2018
전(全)산업		2.07	3.99	5.55	5.42
제조업		0.51	4.00	4.75	5.02
중화학공업(제조업)		-0.11	4.25	4.41	4.91
경공업(제조업)		4.35	2.70	7.53	5.70
비제조업		3.63	3.98	6.22	5.76
농업		14.20	2.48	8.55	13.62
어업		-11.54	-1.68	5.14	5.49
광업		6.38	-8.05	-0.44	3.71
전기 · 가스 · 증기업		5.73	7.78	8.20	2.39
건설업		5.29	-0.47	3.40	6.73
서비스업		2.96	4.89	5.81	6.82
도매 및 소매업		2.71	5.25	8.42	6.79
운수업 및 창고업		-0.58	5.78	1.10	3.52
숙박 및 음식점업		9.14	7.01	8.53	5.08
출판 · 영상 · 방송통신업		3.35	3.90	4.96	2.23
부동산업		7.64	-0.15	10.50	11.50
전문 · 과학 및 기술서비스업		1.22	5.69	7.55	14.38
시설관리 및 임대서비스업		9.70	8.64	27.08	10.39
예술 · 스포츠 및 서비스업		0.72	3.58	1.42	3.79

(단위: %, 한국은행, 「2019년 기업경영 분석」)

안전한 회사, 위험한 회사 – 안정성

안정성 지표란 말 그대로 회사가 얼마나 안전한 상태인지를 측정하는 지표다. 다시 말해 안정성 지표가 낮은 수준이라면, 회사의 도산 가능성이 비교적 높다는 뜻이 된다. 반면에 안정성지표가 높게 나타나면, 그 회사는 단기간 내에 도산할 가능성이 적다고 볼 수 있다.

특히 과거 수년간(약 5년 정도) 의 안정성 지표의 추세를 분석하게 되면, 회사의 사업이 어떠한 방향으로 진행되고 있는지를 알 수 있다. 만약 불안정한 상황이라면, 그 원인(판매부진, 설비투자의 실패, 거래처의 부도 등)을 구체적으로 파악할 필요가 있다. 안정성 지표에는 다음의 항목들이 있다.

자기자본비율	$= \dfrac{\text{자기자본}}{\text{총자본}} \times 100$	30% 이상 양호 20% 이하 불량
유동비율	$= \dfrac{\text{유동자산}}{\text{유동부채}} \times 100$	150% 이상 양호 100% 이하 불량
당좌비율	$= \dfrac{\text{당좌자산}}{\text{유동부채}} \times 100$	100% 이상 양호 50% 이하 불량
비유동비율	$= \dfrac{\text{비유동자산}}{\text{자기자본}} \times 100$	100% 이하 양호 150% 이상 불량
비유동장기적합률	$= \dfrac{\text{비유동자산}}{\text{자기자본} + \text{비유동부채}} \times 100$	100% 이하 양호 150% 이상 불량
부채비율	$= \dfrac{\text{유동부채} + \text{비유동부채}}{\text{자기자본}} \times 100$	200% 이하 양호 400% 이상 불량
유동부채비율	$= \dfrac{\text{유동부채}}{\text{자기자본}} \times 100$	100% 이하 양호 200% 이상 불량
비유동부채비율	$= \dfrac{\text{비유동부채}}{\text{자기자본}} \times 100$	100% 이하 양호 200% 이상 불량
차입금의존도	$= \dfrac{\text{차입금}}{\text{총자본}} \times 100$	30% 이하 양호 60% 이상 불량
매출채권 대 매입채무비율	$= \dfrac{\text{매출채권}}{\text{매입채무}} \times 100$	300% 이하 양호 600% 이상 불량
매입채무 대 재고자산비율	$= \dfrac{\text{매입채무}}{\text{재고자산}} \times 100$	100% 이하 양호 200% 이상 불량
순운전자본 대 총자본비율	$= \dfrac{\text{유동자산} - \text{유동부채}}{\text{총자본}} \times 100$	30% 이상 양호 10% 이하 불량

자기자본비율

자기자본비율(Stockholders' equity to total assets)은 총자본 중에서 자기자본이 차지하는 비율을 말한다. 회사가 부족 자금을 부채로 조달하면, 그 사용대가로 금융비용(이자비용)을 지급해야 한다. 특히 거액의 자금을 부채로 조달하면, 과중한 금융비용으로 인해 이익이 줄어들 수밖에 없다.

반면에 주주로부터 조달한 자기자본은 이익이 나는 경우에는 배당금을 지급하지만, 손실을 기록하면 배당금도 지급할 의무가 없다. 따라서 자기자본은 가장 안정된 자금 원천이므로, 자기자본비율이 높을수록 안정성이 높아진다.

참고로 자기자본비율이 50% 이상일 경우, 매우 안정된 상태라 할 수 있다.

$$\text{자기자본} \atop \text{비 율} = \frac{\text{자기자본}}{\text{총자본}} \times 100$$

$$= \frac{24,882}{71,988} \times 100 = 34.56\%$$

▶ 업종 평균 : 32.00%　　　▶ 전년도 : 32.36%

▶ 분석
전년도 32.36%에 비해 올해는 34.56%로 자기자본의 비중이 높아지고 있다. 이는 올해 유상증자를 실시했고, 특히 이익이 상당히 증가했기 때문이다. 그리고 제약업 평균인 32.00%에 비해서도 높은 수준을 나타내고 있어 회사는 안정되어 있다고 할 수 있다.

▶ 표준비율 : 30% 이상 양호 / 20% 이하 불량

유동비율

유동비율(Current ratio)은 유동자산을 유동부채로 나눈 비율이다. 단기간 내에 갚아야 하는 부채를, 단기간 내에 현금화가 가능한 자산으로 상환할 수 있는지 여부를 측정하는 지표다.

만약 유동비율이 100%라면 유동부채와 유동자산이 같은 금액이기 때문에, 유동자산만으로 유동부채를 상환할 수 있다는 의미가 된다. 반면에 유동비율이 100% 미만이라면 유동자산이 유동부채에 미달하기 때문에, 이 경우 은행으로부터 추가로 대출을 받거나 또는 비유동자산을 처분해야만 유동부채의 상환이 가능하다. 결국 유동비율이 100% 미만이라면 단기적인 지급불능 상태에 빠질 가능성이 있어, 안정성이 떨어진다고 할 수 있다.

$$\text{유동비율} = \frac{\text{유동자산}}{\text{유동부채}} \times 100$$

$$= \frac{54,815}{31,225} \times 100 = 175.55\%$$

▶ 업종 평균 : 159.65%   ▶ 전년도 : 163.94%

▶ 분석
전년도 163.94%에 비해 상당히 증가한 175.55%를 기록하고 있다. 이는 올해 상당히 많은 이익을 기록함에 따라 영업활동에서 유입된 자금을 유가증권에 30억원 정도 투자했고, 또한 매출채권이 상당부분 증가했기 때문이다. 특히 제약업 평균인 159.65%에 비해 상당히 높은 수준을 기록하고 있어, 단기적인 안정성은 상당히 높은 것으로 나타나고 있다.

▶ 표준비율 : 150% 이상 양호 / 100% 이하 불량

당좌비율

당좌비율(Quick ratio)은 유동부채에 비해 당좌자산이 차지하는 비율이다. 유동자산 중 현금화되는 데 시간이 걸리는 재고자산(생산과 판매과정을 거쳐 매출채권으로 변한 이후에 현금으로 회수됨)을 제외시킨 당좌자산만을 유동부채와 대응시킴으로써, 단기 채무에 대한 초단기 지급능력을 파악하는데 사용된다.

보통 당좌비율이 100%를 상회하면 안정성이 양호하다고 본다. 특히 유동비율과 당좌비율은 금융기관이 대출금의 초단기상환능력을 살펴볼 때 가장 먼저 검토하는 비율로 활용되기 때문에, 은행가비율(banker's ratio)이라고도 부른다.

$$\text{당좌비율} = \frac{\text{당좌자산}}{\text{유동부채}} \times 100$$

$$= \frac{48,135}{31,225} \times 100 = 154.16\%$$

▶ 업종 평균 : 123.40%　　　　▶ 전년도 : 141.25%

▶ 분석
전년도 141.25%에 비해 올해는 154.16%로 단기적인 지급능력이 계속 양호한 상태이다. 특히 제약업의 평균인 123.40%에 비해 현저히 높은 수준을 기록하고 있다. 여기서 당좌비율이 154.16%라는 의미는 1년 이내에 상환해야 하는 유동부채를 현금화가 가능한 예금, 유가증권, 매출채권으로 단기간 이내에 모두 상환하고도 약 50% 정도의 현금이 남을 정도로 안전하다는 것이다.

▶ 표준비율 : 100% 이상 양호 / 50% 이하 불량

비유동비율(고정비율)

비유동비율(Non-current ratio)은 비유동자산을 자기자본으로 나누어 계산한 지표로서, 과거에는 '고정비율'이라고 불렀다. 자산과 자본의 고정화 정도를 측정하는 대표적인 지표다.

원래 비유동자산은 계열사 주식이나 공장 설비처럼 장기간에 걸쳐 서서히 현금화되는 자산을 말한다. 따라서 비유동자산을 취득하는데 소요되는 자금은 되도록 자기자본으로 조달해야 안정성이 높아진다.

비유동비율은 다른 지표와는 달리 낮을수록 양호하다. 특히 비유동비율이 100% 이하를 가장 양호한 수준으로 보는데, 이는 비유동자산을 전액 자기자본으로 충당하고도 자금에 여유가 있는 상태다.

| 비유동비율 | $= \dfrac{\text{비유동자산}}{\text{자기자본}} \times 100$ |
| | $= \dfrac{17,173}{24,882} \times 100 = 69.02\%$ |

▶ 업종 평균 : 121.65%　　　　▶ 전년도 : 81.86%

▶ 분석
전년도 81.86%에 비해 올해는 69.02%로 지속적으로 안정성이 높아지고 있다. 즉, 자기자본을 조달하여 이 중 69.02%로 비유동자산을 취득하고도 자금이 남아, 나머지 30.98%는 영업활동을 위한 유동자산으로 운용하고 있다. 특히 업종 평균비율이 121.65%라는 것은 다른 제약회사들은 자기자본으로 비유동자산의 취득자금이 충당이 안 되어 21.65%를 부채로 조달하고 있다는 것이다.

▶ 표준비율 : 100% 이하 양호 / 150% 이상 불량

비유동장기적합률(고정장기적합률)

비유동장기적합률(Non-current assets to stockholders´ equity and non-current liabilities)은 비유동자산을 '고정성 자금(자기자본 + 비유동부채)'으로 나눠 계산한 비율로서, 과거에는 고정장기적합률이라고 불렀다. 앞서 설명한 비유동비율의 보조 지표로 활용된다.

원래 설비 투자자금이 소규모인 경공업에 비해, 거액이 들어가는 중화학공업(조선, 철강, 정유 등)의 경우 설비자금 전액을 자기자본으로 조달하는 것이 극히 어렵다. 일부 설비투자액은 비유동부채(장기차입금이나 회사채 등)로 조달하게 된다.

안정성 측면에서 비유동장기적합률이 100% 이하 수준이 가장 양호하다. 이 비율이 100%라면 비유동자산을 취득하는데 필요한 자금 전액을 자기자본과 비유동부채로 조달했다는 의미가 된다.

비유동장기 적 합 률	$= \dfrac{\text{비유동자산}}{\text{자기자본} + \text{비유동부채}} \times 100$ $= \dfrac{17,173}{24,882 + 15,881} \times 100 = 42.13\%$

▶ 업종 평균 : 66.35%　　　　　▶ 전년도 : 47.92%

▶ 분석
전년도 47.92%에 비해 올해는 42.13%를 기록하고 있어 낮아짐에 따라 안정성이 양호한 상태로 나타나고 있다. 즉, 이 비율이 42.13%라는 것은 고정성 자금으로 비유동자산을 취득하고도 자금이 남아, 절반 이상을 영업활동을 위한 유동자산으로 보유하고 있다는 것이다. 특히 제약업 평균에 비해 상당히 낮은 수준을 기록하여 매우 안정된 상태를 나타내고 있다.

▶ 표준비율 : 100% 이하 양호 / 150% 이상 불량

부채비율

부채비율(Debt ratio)은 부채를 자기자본으로 나눠 산정한 비율이다. 재무상태표의 부채와 자기자본이 같은 금액이라면 부채비율은 100%로 계산된다. 한편, 부채가 자기자본보다 크면 부채비율은 100% 이상으로, 반대 상황이면 부채비율은 100% 이하로 나타난다. 따라서 부채비율이 낮을수록 자기자본 대비 부채가 차지하는 비중이 적기에 안전한 상황이 된다.

자기자본비율과 부채비율은 밀접한 관계가 있다. 예를 들어 부채비율이 100%이면, 총자본에서 차지하는 부채와 자기자본의 비중이 같기 때문에 자기자본비율은 50%로 나타난다.

$$\text{부채비율} = \frac{\text{유동부채} + \text{비유동부채}}{\text{자기자본}} \times 100$$

$$= \frac{31,225 + 15,881}{24,882} \times 100 = 189.32\%$$

▶ 업종 평균 : 232.71%　　　　▶ 전년도 : 209.99%

▶ 분석
전년도 209.99%에 비해 올해는 189.32%를 기록하여 자기자본에 대한 부채의 비율이 낮아지고 있어 매우 안정된 상태를 보여주고 있다. 이는 올해 이익이 상당히 많이 발생하여 자기자본이 증가한 데 기인한다. 제약업의 평균비율인 232.71%는 상대적으로 다른 업종에 비해 양호한 수준이나, 이 회사는 이보다 더욱 양호한 수준을 기록하고 있다.

▶ 표준비율 : 200% 이하 양호 / 400% 이상 불량

유동부채비율

유동부채비율(Current liabilities ratio)은 유동부채를 자기자본으로 나눠 계산한 비율이다. 부채는 유동부채와 비유동부채를 합한 금액이기에, 부채비율은 유동부채비율과 비유동부채를 더해 계산된다.

유동부채비율이 100%를 초과하는 경우, 자기자본에 비해 단기간 내에 상환해야 하는 유동부채가 더 많기 때문에 불안정한 상태라는 의미다. 유동부채비율은 100% 이하가 표준비율이며, 낮으면 낮을수록 양호하다.

유동부채비율은 앞서 설명한 부채비율에 대한 보조지표로, 단기자금을 빌려주는 금융기관이 특히 중시한다.

유동부채비율	$= \dfrac{\text{유동부채}}{\text{자기자본}} \times 100$ $= \dfrac{31{,}225}{24{,}882} \times 100 = 125.49\%$

▶ 업종 평균 : 147.75%   ▶ 전년도 : 139.15%

▶ 분석
전년도 139.15%에 비해 올해는 125.49%를 기록하고 있어 많이 안정되기는 했으나 100%를 초과하고 있어 약간 불안정한 상태를 보여주고 있다. 특히 부채 중에서 1년 이내에 상환해야 하는 유동부채의 비중이 크기 때문에 이러한 현상이 나타나고 있다. 그러나 제약업 평균에 비해서는 양호한 수준을 보여주고 있다.

▶ 표준비율 : 100% 이하 양호 / 200% 이상 불량

비유동부채비율

비유동부채비율(Non-current liabilities ratio)은 비유동부채를 자기자본으로 나누어 계산한 비율로서, 앞서 설명한 유동부채비율과 함께 안정성을 판단하는 보조 지표로 활용된다. 유동부채비율과 마찬가지로 높을수록 불안정하다. 비유동부채비율도 100% 이하가 표준비율이다.

원래 부채비율이 낮으면 안정하다. 그러나 부채 중에서 유동부채와 비유동부채가 어떻게 구성되는지 여부에 따라 안정성이 다르게 나타난다. 만약 부채 중 유동부채가 차지하는 비중이 크면, 부채비율이 낮더라도 불안정한 상태라 할 수 있다. 반면에 유동부채비율이 낮고 비유동부채비율이 높을수록 비교적 안전하다고 하겠다.

$$비유동부채비율 = \frac{비유동부채}{자기자본} \times 100$$

$$= \frac{15,881}{24,882} \times 100 = 63.82\%$$

▶ 업종 평균 : 84.95%   ▶ 전년도 : 70.83%

▶ 분석
전년도 70.83%에 비해 올해는 63.82%를 보여 매우 안정적인 추세이다. 유동부채비율이 100%를 초과하는 반면에 이 비율이 100%에 미달되고 있다는 것은, 보다 안정적인 자금조달을 위해 유동부채를 비유동부채로 바꿀 필요가 있다는 것을 의미한다. 그러면 유동부채비율은 하락하고 비유동부채비율은 증가하는데, 이는 비유동부채가 유동부채에 비해 장기간 사용이 가능한 안정적인 자금이기 때문이다.

▶ 표준비율 : 100% 이하 양호 / 200% 이상 불량

차입금의존도

차입금의존도(Total borrowings and bonds payable to total assets)는 총자본(총자산) 중에서 차입금이 차지하는 비중을 나타낸다.

재무상태표의 부채는 이자를 지급하느냐 여부에 따라 차입금과 기타부채(비차입금)로 구분된다. 차입금이란 이자를 지급하기로 약정하고 빌려온 다음의 부채 총계를 말한다.

차입금 = 단기차입금 + 외화단기차입금 + 유동성장기부채 + 회사채 + 장기차입금 + 외화장기차입금 + 차관

차입금의존도가 높을수록 이자비용에 대한 부담이 커져 수익성이 저하되고, 안정성도 낮아진다. 차입금의존도는 30% 이하가 적정한 수준인데, 특히 60% 이상이면 과다한 차입금으로 극히 불안정한 상태라 하겠다.

$$\text{차입금의존도} = \frac{(\text{단기차입금} + \text{유동성장기부채} + \text{장기차입금} + \text{사채})}{\text{총자본}} \times 100$$

$$= \frac{(17{,}351 + 5{,}303 + 682 + 7{,}280)}{71{,}988} \times 100 = 42.53\%$$

▶ 업종 평균 : 46.95%　　　　▶ 전년도 : 46.87%

▶ 분석
전년도 46.87%에 비해 올해는 42.53%로 차입금의 비중이 약간 감소한 것으로 나타나고 있다. 이는 제약업 평균인 46.95%에 비해서는 양호하나, 총조달자금 중의 차입금으로 조달한 자금비중이 42.53%에 달하기 때문에 높은 수준이라고 할 수 있다. 따라서 증자나 이익의 내부유보에 따라 차입금을 상환할 필요가 있다.

▶ 표준비율 : 30% 이하 양호 / 60% 이상 불량

매출채권 대 매입채무비율

　매출채권 대 매입채무비율(Receivables to payables)은 매출채권을 매입채무로 나눠 계산한다. 매출채권은 거래처에 외상으로 판매하면서 발생한 채권(외상매출금과 받을어음의 합계액)을, 매입채무란 외상으로 매입하면서 부담하는 채무(외상매입금과 지급어음의 합계액)를 말한다.

　이 비율은 매출거래처와 매입거래처 간의 신용의 균형 여부를 나타내기 때문에, 기업의 채권 채무를 관리하는 지표로도 활용된다. 특히 이 비율이 높은 상태에서 매출채권을 과다 보유하게 되면(적극적으로 외상 판매를 늘리면), 오히려 자금 사정의 악화를 초래할 수 있다. 약 300% 이하가 가장 적정한 수준이라도 하겠다.

$$\text{매출채권 대 매입채무비율} = \frac{\text{매출채권}}{\text{매입채무}} \times 100$$

$$= \frac{29,955}{4,507} \times 100 = 664.63\%$$

▶ 업종 평균 : 703.50%　　　　　▶ 전년도 : 667.99%

▶ 분석
전년도 667.99%와 올해 664.63%는 거의 비슷한 수준을 기록하고 있다. 이는 매출채권을 매입채무에 비해 약 6.6배 정도 보유하고 있다는 것을 의미하며, 매입채무에 비해 과다한 매출채권을 보유하고 있다는 것을 알 수 있다. 그러나 제약업 평균에 비해 약간 낮은 수준을 기록하고 있다. 이는 제약업의 특성상 매출채권의 회수기일이 상당히 길다는 것을 말한다.

▶ 표준비율 : 300% 이하 양호 / 600% 이상 불량

매입채무 대 재고자산비율

매입채무 대 재고자산비율(Payables to inventories)은 매입채무를 재고자산으로 나눠 계산하는 비율이다. 매입채무의 상환기간과 재고자산의 보유기간을 대비하여, 운전자금의 안정성 여부를 측정한다.

회사가 원재료를 외상으로 매입하면, 재고자산과 매입채무(외상매입금과 지급어음)가 같은 금액만큼 증가한다. 이 비율이 100%라면 매입채무의 상환기간과, 재고자산의 보유기간(원재료를 가공하여 제품이 만들어져 거래처에 판매되어 매출채권으로 변환되는 기간)이 같다는 의미다.

이 비율이 100% 이상이면 재고자산이 판매되기도 전에 매입채무를 갚아야 하기 때문에, 그만큼 운전자금을 추가로 조달할 필요가 있다.

매입채무 대 재고자산비율

$$= \frac{매입채무}{재고자산} \times 100$$

$$= \frac{4,507}{6,680} \times 100 \ = 67.47\%$$

▶ 업종 평균 : 57.68%   ▶ 전년도 : 66.40%

▶ 분석
전년도 66.40%와 올해 67.47%는 거의 비슷한 수준으로 회사의 영업활동(매입채무의 지급조건과 생산기간 등)에 큰 변화가 없다는 것을 의미한다. 특히 이 비율이 올해 67.47%라는 것은 보유하고 있는 재고자산 중 67.47%는 외상으로 구입한 데 반해, 나머지 32.53%는 차입금 등으로 자금을 조달하여 재고자산을 보유하고 있다는 것이다.

▶ 표준비율 : 100% 이하 양호 / 200% 이상 불량

순운전자본 대 총자본비율

순운전자본 대 총자본비율(Net working capital to total assets)은 순운전자본을 총자본으로 나눠 계산한 비율로서, 초단기간의 지급능력을 측정하는 안정성 지표다.

유동자산에서 유동부채를 차감한 잔액을 순운전자본이라고 한다. 즉 순운전자본이 플러스(+)면 유동자산이 유동부채보다 크기 때문에 여유자금이 있다는 것을, 반대로 마이너스(-)라면 운전자본이 부족하다는 것을 의미한다. 따라서 순운전자본이 총자본에서 차지하고 있는 비율이 높을수록 유동성이 양호하게 나타난다.

순운전자본 대
총자본비율
$$= \frac{유동자산 - 유동부채}{총자본} \times 100$$
$$= \frac{54,815 - 31,225}{71,988} \times 100 = 32.77\%$$

▶ 업종 평균 : 20.00%　　　　▶ 전년도 : 28.70%

▶ 분석
전년도 28.70%에 비해 올해는 32.77%를 기록하여 운전자본이 상당히 양호한 수준을 나타내고 있다. 특히 제약업의 평균비율인 20%에 비해 상당히 높은 수준을 나타내고 있어 다른 업체에 비해 여유자금이 상당히 많다는 것을 알 수 있다.

▶ 표준비율 : 30% 이상 양호 / 10% 이하 불량

산업별 안정성 분석

특정 연도별로, 국내 산업별 자기자본비율, 유동비율, 부채비율은 다음과 같다. 자사와 자사가 속한 산업의 안정성 지표와 비교해 그 수준의 높낮이를 분석해보기 바란다.

산업별 안정성 지표

업종별	항목별	자기자본비율		유동비율		부채비율	
	연도별	2013	2018	2013	2018	2013	2018
전(全)산업		41.50	47.37	127.01	138.45	140.98	111.12
제조업		51.83	57.62	131.91	144.74	92.93	113.55
중화학공업(제조업)		52.53	58.74	133.04	146.00	90.35	70.25
경공업(제조업)		47.27	50.94	125.64	138.18	111.55	96.33
비제조업		33.85	40.13	123.52	134.44	195.44	149.19
농업		37.19	42.53	93.47	107.12	168.88	135.11
어업		46.61	37.88	116.83	97.37	114.53	163.97
광업		45.95	12.39	47.39	64.57	117.62	707.40
전기 · 가스 · 증기업		38.54	40.96	91.43	87.97	159.47	144.11
건설업		42.23	47.52	166.46	172.61	136.78	110.45
서비스업		31.17	38.87	117.79	130.68	220.83	157.25
도매 및 소매업		36.66	45.93	122.05	135.89	172.79	117.74
운수업 및 창고업		32.18	38.19	67.65	77.04	210.71	161.83
숙박 및 음식점업		46.60	34.25	50.72	49.57	114.60	192.01
출판 · 영상 · 방송통신업		50.82	57.08	120.14	149.80	96.76	75.18
부동산업		15.82	26.58	140.22	148.61	531.99	276.19
전문 · 과학 및 기술서비스업		41.30	45.27	124.09	138.01	142.14	120.91
시설관리 및 임대서비스업		42.46	37.86	140.83	112.49	135.53	164.13
예술 · 스포츠 및 서비스업		26.84	40.84	47.33	61.85	272.51	144.85

(단위: %, 한국은행, 「2019년 기업경영 분석」)

05

움직이는 회사, 멈춰 있는 회사 – 활동성

활동성지표란 사업이 얼마나 활발하게 진행되고 있는가를 측정하는 지표로서, 일명 '회전율'이라고도 부른다.

기업이 사업 활동에 투자된 자금은 끊임없이 회전되어, 최종 성과는 매출액으로 나타난다. 따라서 활동성을 측정하는 모든 지표는 매출액을 기준으로, 관련 항목인 자산·부채·자본에 대한 배수로 측정된다. 예를 들어 재고자산회전율은 매출액을 재고자산으로 나눠 계산하는데, 만약 회사의 매출채권회전율이 6회라는 것은 재고자산에 비해 매출액이 6배라는 뜻이다. 그리고 이 회전율을 12개월로 나누어 계산한 2개월은, 회사가 그 기간의 매출을 올리기 위해 2개월의 재고자산을 확보했다는 뜻이다.

활동성지표를 분석하면, 회사가 매출액을 달성하기 위해 얼마큼의 관련 자산을 보유하고 있는지를 알 수 있다. 특히 경쟁사 비율이나 산업평균비율과 비교하면 적정한 수준의 자산이 어느 정도인지도 계산할 수 있다.

▌ 활동성지표

$$총자산회전율 = \frac{매출액}{(기초총자산 + 기말총자산) \div 2}$$ 1.5회 이상 양호 / 1회 이하 불량

$$자기자본회전율 = \frac{매출액}{(기초자기자본 + 기말자기자본) \div 2}$$ 3회 이상 양호 / 2회 이하 불량

$$경영자산회전율 = \frac{매출액}{(기초경영자산 + 기말경영자산) \div 2}$$ 1.5회 이상 양호 / 1회 이하 불량

$$유형자산회전율 = \frac{매출액}{(기초유형자산 + 기말유형자산) \div 2}$$ 3회 이상 양호 / 2회 이하 불량

$$재고자산회전율 = \frac{매출액}{(기초재고자산 + 기말재고자산) \div 2}$$ 6회 이상 양호 / 4회 이하 불량

$$매출채권회전율 = \frac{매출액}{(기초매출채권 + 기말매출채권) \div 2}$$ 6회 이상 양호 / 4회 이하 불량

$$매입채무회전율 = \frac{매출액}{(기초매입채무 + 기말매입채무) \div 2}$$ 8회 이상 양호 / 6회 이하 불량

$$순영업자본회전율 = \frac{매출액}{(기초순영업자본 + 기말순영업자본) \div 2}$$ 10회 이상 양호 / 2.5회 이하 불량

총자산회전율(총자본회전율)

총자산회전율(Total assets turnover)은 매출액을 총자산으로 나눠 계산하는 지표로서, 총자산과 총자본은 동일한 금액이므로 총자본회전율이라고도 부른다. 이는 총자산이 1년 동안 몇 번 회전했는가를 나타내면서, 동시에 기업이 사업을 영위하기 위해 투하한 총자산의 효율성을 보여준다.

한국·일본·대만 제조업들의 총자산회전율은 약 1회전 내외 수준을 기록하고 있다. 총자산회전율이 1회전이라는 것은 총자산과 매출액이 동일하다는 것이다. 즉 매출액을 100억 원 달성하기 위해 총자산 100억 원을 투자하면, 총자산회전율은 1회전으로 나타난다.

$$\text{총자산회전율} = \frac{\text{매출액}}{(\text{기초총자산} + \text{기말총자산}) \div 2}$$

$$= \frac{54,712}{(67,203 + 71,988) \div 2} = 0.79회$$

▶ 업종 평균 : 0.86회　　　　▶ 전년도 : 0.80회

▶ 분석
전년도 0.80회에 비해 올해는 0.79회로 약간 낮아졌다. 특히 제약업 평균인 0.86회에 비해 낮은 수준으로, 회사의 총자산에 대한 활동성이 낮은 상태이다. 즉, 총자산에 대한 매출액의 비율이 낮다는 것은 회사가 보유하고 있는 자산의 효율성이 떨어지고 있다는 것을 말한다. 따라서 불필요한 자산을 처분하여 보다 효율적인 자산을 취득할 필요가 있다.

▶ 표준비율 : 1.5회 이상 양호 / 1회 이하 불량

자기자본회전율

자기자본회전율(Stockholders´ equity turnover)은 자기자본을 매출액으로 나눈 지표로서, 자기자본에 대한 활용도를 나타낸다.

원래 자기자본회전율이 높다는 것은 자기자본에 대한 활용 수준이 높다는 것을 의미한다. 한편, 매출액에 비해 자기자본이 적은 경우에도 자기자본회전율이 높게 나타난다. 이 경우 활동성은 높게 나타나지만 사업의 안정성이 낮기 때문에, 전체적으로는 불량한 상황이라 할 수 있다. 이 경우 자기자본을 늘려 부채를 상환하는 특단의 조치가 필요하다.

재무제표를 분석할 때, 하나의 지표만을 강조할 것이 아니라 관련되는 지표와 연관시켜 검토할 필요가 있다.

자기자본 회 전 율	$= \dfrac{\text{매출액}}{(\text{기초자기자본} + \text{기말자기자본}) \div 2}$
	$= \dfrac{54,712}{(21,679 + 24,882) \div 2} = 2.35\text{회}$

▶ 업종 평균 : 2.50회   ▶ 전년도 : 2.41회

▶ 분석
전년도 2.41회에 비해 올해는 2.35회로 약간 하락한 수준이다. 이는 유상증자나 이익 유보에 따라 자기자본은 증가했으나, 상대적으로 매출액은 증가하지 않기 때문이다. 특히 제약업 평균인 2.50회에 비해 낮은 상태에 있기 때문에 매출액을 신장시킬 필요가 있다.

▶ 표준비율 : 3회 이상 양호 / 2회 이하 불량

경영자산회전율

경영자산회전율(Operating assets turnover)은 매출액을 경영자산으로 나누어 계산한 지표다. 총자산 중에서 영업활동에 활용되고 있는 경영자산의 효율성을 평가하는데 이용된다.

총자산 중에서 경영활동에 직접 사용되지 않는 일부 자산이 있다. 예를 들어 공장을 건설 중에 있지만 아직 완공되지 않은 상태인 '건설중인자산'은 미래에 사용될 예정이지만, 현재는 미활용 상태에 있다. 이와 같이 총자산 중에서 경영활동에 직접적으로 활용되지 않는 자산을 차감하여 계산한 금액을 경영자산이라고 한다.

경영자산 = 총자산 - 건설 중인 자산 - 투자자산

= 71,988 - 13 - 1,483 = 70,492

$$\text{경영자산 회전율} = \frac{\text{매출액}}{(\text{기초경영자산} + \text{기말경영자산}) \div 2}$$

$$= \frac{54,712}{(65,072 + 70,492) \div 2} = 0.81\text{회}$$

▶ 업종 평균 : 0.99회　　　　▶ 전년도 : 0.92회

▶ 분석
전년도 0.92회에 비해 올해는 하락하여 0.81회를 나타내고 있다. 특히 회사의 총자산회전율이 0.79회이고 경영자산회전율은 0.81회로 큰 차이가 없다. 이는 총자산의 대부분이 영업활동을 위해 활용되고 있다는 것을 의미한다.

▶ 표준비율 : 1.5회 이상 양호 / 1회 이하 불량

유형자산회전율

유형자산회전율(Property, plant and equipment turnover)은 매출액을 유형자산으로 나눠 계산한 지표다. 기업이 보유하고 있는 유형자산(각종 설비자산)의 활용도를 검토하는데 이용된다.

유형자산회전율이 높다는 것은 유형자산의 유지를 위해 부담하는 고정비(감가상각비 · 보험료 · 수선비 등)에 비해 생산량과 매출액이 크다는 것이고, 상대적으로 제품 단위당 원가가 낮아 사업이 효율적으로 추진되고 있음을 나타낸다.

간혹 사업의 매출액 규모에 비해 설비투자가 부진한 경우에도 분모인 유형자산이 적어, 유형자산회전율이 높게 나타나기도 한다. 따라서 이 지표가 무조건 높다고 좋은 것은 아니라는 점에 유의해야한다.

$$\text{유형자산}\atop\text{회 전 율} = \frac{\text{매출액}}{(\text{기초유형자산} + \text{기말유형자산}) \div 2}$$

$$= \frac{54,712}{(9,201 + 8,745) \div 2} = 6.10\text{회}$$

▶ 업종 평균 : 2.50회   ▶ 전년도 : 6.92회

▶ 분석
전년도 6.92회에 비해 올해는 하락하여 6.10회를 기록하고 있다. 이는 결국 유형자산의 활용도가 떨어지고 있다는 것을 의미한다. 그러나 제약업 평균인 2.50회에 비해 상당히 높은 수준을 기록하고 있어, 일단 다른 제약업체에 비해 유형자산의 활용도는 높은 수준이라고 할 수 있다.

▶ 표준비율 : 3회 이상 양호 / 2회 이하 불량

재고자산회전율

재고자산회전율(Inventories turnover)은 매출액을 재고자산으로 나누어 계산하는데, 재고자산의 현금화 속도를 측정하는 지표다.

원래 재고자산회전율이 높을수록 재고자산이 효율적으로 관리되고 있다는 것을 증명한다. 반면에 낮을수록 재고자산의 손실가능성이 많아지고, 이를 보관·관리하기 위해 보험료·창고료·경비원 인건비 등의 부대원가를 많이 부담하기도 한다.

간혹 정상적인 영업활동에 필요한 적정 수준 이하로 재고자산을 타이트하게 관리하다보면, 시장 수요에 적절하게 대처하지 못하여 이익을 감소시킬 수 있다. 따라서 회사별로 적정한 수준의 재고자산회전율을 유지할 필요가 있다.

$$\text{재고자산} \atop \text{회 전 율} = \frac{\text{매출액}}{(\text{기초재고자산} + \text{기말재고자산}) \div 2}$$

$$= \frac{54{,}712}{(6{,}254 + 6{,}680) \div 2} = 8.46회$$

▶ 업종 평균 : 6.25회　　　　　▶ 전년도 : 8.09회

▶ 분석

전년도 8.09회에 비해 올해는 8.48회로 재고자산의 효율성이 약간 상승했다. 제약업 평균인 6.25회에 비해 재고자산의 효율성이 상당히 높은 것으로 보인다. 즉 제약업의 평균 재고일수는 약 58일(365일÷ 6.25회)인 데 반해 이 회사는 약 43일(365일 ÷ 8.46회)로, 재고자산 보유일수가 약 15일 정도 작은 것으로 나타나고 있다. 이는 회사가 재고자산의 관리를 양호하게 하고 있다는 것을 의미한다.

▶ 표준비율 : 6회 이상 양호 / 4회 이하 불량

매출채권회전율

매출채권회전율(Receivables turnover)은 매출액을 매출채권으로 나눈 지표로서, 높을수록 매출채권의 현금화 속도가 빠르다는 것을 의미한다.

회사는 매출채권을 회수해야만 영업활동에 투하된 자금을 회수할 수 있다. 만약 영업사원들이 매출채권 회수에 신경을 쓰지 않으면 매출채권이 증가하여 매출채권회전율은 하락하게 된다. 이 경우 상당한 자금이 매출채권에 묶이면서, 회사는 부족한 자금을 대출을 받아 조달해야 하고, 결국 이자가 발생하면서 수익성이 악화된다.

매출채권회전율이 어떠한 추세를 보이고 있는지를 살펴보면 그 기업의 자금상황을 파악할 수 있고, 향후 수익성의 방향도 추정할 수 있다.

$$
\text{매출채권 회전율} = \frac{\text{매출액}}{(\text{기초매출채권} + \text{기말매출채권}) \div 2}
$$

$$
= \frac{54{,}712}{(27{,}742 + 29{,}955) \div 2} = 1.90\text{회}
$$

▶ 업종 평균 : 2.08회   ▶ 전년도 : 1.93회

▶ 분석

전년도 1.93회에 비해 올해는 1.90회로, 채권에 대한 효율적인 관리상태가 전년과 거의 비슷한 상태에서 이루어지고 있다는 것을 뜻한다. 다만 제약업 평균인 2.08회에 비해서는 낮은 수준을 보이고 있다. 즉, 제약업의 평균 채권일수는 약 175일(365일 ÷ 2.08회)인 데 반해 회사는 192일(365일÷ 1.90회)로 다른 업체들의 비해 약 17일 정도 채권이 회수되는 날이 늦은 것으로 나타나고 있다.

▶ 표준비율 : 6회 이상 양호 / 4회 이하 불량

매입채무회전율

매입채무회전율(Payables turnover)은 매출액을 매입채무로 나눈 지표다. 기업의 부채 중에서 매입채무가 얼마나 원활하게 결제되고 있는지 여부, 즉 지급능력을 나타내는 지표다. 매입채무는 원재료와 상품을 외상으로 매입하면서 발생한 채무를 말한다.

원래 채권의 회수는 빠르게, 채무의 지급은 늦추는 것이 좋다고들 한다. 그러나 채무의 지급을 늦게 할수록, 원재료의 납품 단가가 높아지거나 또는 불량 재료를 납품할 가능성이 많기 때문에, 무조건 늦게 지급하는 것이 좋지는 않다. 따라서 업계와 자사의 매입채무회전율을 참조하여, 매입채무 결제 기간에 대한 회사의 방침을 정할 필요가 있다.

$$\text{매입채무회전율} = \frac{\text{매출액}}{(\text{기초매입채무} + \text{기말매입채무}) \div 2}$$

$$= \frac{54,712}{(4,153 + 4,507) \div 2} = 12.64\text{회}$$

▶ 업종 평균 : 10.74회　　　▶ 전년도 : 11.63회

▶ 분석
전년도 11.63회에 비해 올해는 12.64회로 매입채무에 대한 지급이 빨라지고 있다. 이는 제약업 평균인 10.74회에 비해 약 2회전 정도 빠른 것으로, 다른 업체들의 경우 34일(365일÷10.74회)이 경과하면 매입채무를 지급하는 데 반해, 이 회사는 29일(365일÷12.64회)이 경과하면 지급하기 때문에 상대적으로 5일 정도 물품대금을 빨리 지급하고 있는 것이다.

▶ 표준비율 : 8회 이상 양호 / 6회 이하 불량

순영업자본회전율

순영업자본회전율(Net operating assets turnover)은 매출액을 순영업자본으로 나누어 계산한다. 순영업자본회전율이 높을수록 영업순환과정이 빠르고 효율적으로 움직이고 있다는 의미다.

순영업자본 = 매출채권 + 재고자산 - 매입채무

회사가 원재료·상품을 외상으로 매입하면 재고자산과 매입채무로, 그리고 원재료를 생산에 투입하면 재공품으로, 생산이 완료되면 제품으로 변형된다. 마지막으로 거래처에 제품을 판매하면 매출채권이 나타난다.

이와 같이 원재료가 투입되어 매출채권이 회수되는 일련의 과정을 거쳐 하나의 영업순환과정이 종료된다.

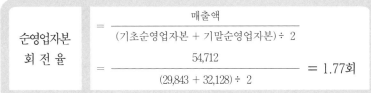

$$\text{순영업자본} \atop \text{회 전 율} = \frac{\text{매출액}}{(\text{기초순영업자본} + \text{기말순영업자본}) \div 2}$$

$$= \frac{54,712}{(29,843 + 32,128) \div 2} = 1.77\text{회}$$

▶ 업종 평균 : -회 　　　　▶ 전년도 : 1.70회

▶ 분석

올해는 1.77회로 전년도 1.70회와 유사한 순영업자본회전율을 기록하고 있다. 순영업자본회전율이 1.77회라는 것은 매출액이 순영업자본(매출채권에서 재고자산을 더하고 매입채무를 차감)의 약 1.77배라는 것을 뜻한다. 만약 동일한 매출액을 올리더라도 순영업자본이 적게 소요되면 높게 나타나고, 순영업자본이 많이 소요되면 낮게 나타난다는 것이다. 회사는 매출채권이나 재고자산이 매출액에 비해 많기 때문에 순영업자본회전율이 상당히 낮게 나타나고 있다.

▶ 표준비율 : 10회 이상 양호 / 2.5회 이하 불량

운전자금의 계산

지금까지 설명한 활동성 지표를 활용해 영업활동에 소요될 운전자금을 계산할 수 있다.

회사가 원재료를 외상으로 매입하면 매입채무가 나타나고, 매입채무회전율을 이용하면 매입채무의 결제기간이 계산된다. 이어서 원재료가 생산에 투입되어 제품으로 생산되면서 재고자산이 나타나고, 재고자산회전율을 이용하면 재고자산의 보유기간이 계산된다. 마지막으로 제품을 외상으로 판매하면 매출채권이 나타나는데, 매출채권회전율을 감안하여 매출채권의 회수기간이 산정된다.

이와 같이 산정된 재고자산 보유기간에 매출채권 회수기간을 가산하고, 매입채무의 결제기간을 차감하면 운전자금이 필요한 기간이 계산된다. 다음의 계산식에 따라, 회사가 영업활동에 필요한 운전자금을 산정할 수 있다.

운전자금 = 매출액 ×

(1/재고자산회전율 + 1/매출채권회전율 − 1/매입채무회전율)

= 54,712 × (1/8.46 + 1/1.90 − 1/12.64) = 30,934백만 원

매출액 대 운전자금 비율 = 운전자금/매출액 × 100 =

30,934/54,712 × 100 = 56.54%

실례로 희망제약주식회사의 경우, 위와 같이 매출액의 약 56.54%에 해당하는 운전자금이 필요하다. 만약 다음 회계기간에 회사의 매출액이 10억 원 증가할 것으로 전망되면, 이 중 56.54%인 약 5억 원

의 운전자금을 추가로 조달할 필요가 있다.

산업별 활동성분석

특정 연도별로, 국내 산업별 활동성지표 중 총자산회전율, 매출채권회전율, 재고자산회전율은 다음과 같다. 자사와 자사가 속한 산업의 활동성 지표와 비교해, 그 수준의 높낮이를 분석해보기 바란다.

▌산업별 활동성 지표

업종별	항목별	총자산회전율		매출채권회전율		재고자산회전율	
	연도별	2013	2018	2013	2018	2013	2018
전(全)산업		1.07	0.83	6.72	7.02	7.18	7.13
제조업		1.07	0.92	6.72	6.30	10.38	9.52
중화학공업(제조업)		1.06	0.90	6.64	6.17	10.89	9.92
경공업(제조업)		1.16	1.03	7.29	7.06	8.10	7.88
비제조업		0.81	0.77	7.31	7.78	5.52	5.88
농업		0.76	0.61	12.19	9.99	4.93	5.40
어업		0.78	0.68	14.23	11.04	5.03	8.37
광업		0.15	0.16	6.30	5.24	16.03	5.27
전기·가스·증기업		0.62	0.49	7.43	7.69	25.90	16.52
건설업		1.01	1.05	4.64	5.72	7.42	8.85
서비스업		0.81	0.77	8.48	8.58	4.73	5.12
도매 및 소매업		1.80	1.65	8.87	8.73	13.53	12.69
운수업 및 창고업		0.55	0.53	12.34	11.82	46.49	48.98
숙박 및 음식점업		0.49	0.62	21.94	18.20	20.70	23.32
출판·영상·방송통신업		0.83	0.66	6.05	6.39	35.51	38.51
부동산업		0.19	0.24	5.66	6.51	0.44	0.71
전문·과학 및 기술서비스업		0.79	0.69	5.01	6.15	22.03	15.92
시설관리 및 임대서비스업		1.50	1.11	13.63	11.19	50.49	51.26
예술·스포츠 및 서비스업		0.43	0.45	67.39	64.22	48.19	39.73

(단위: %, 한국은행, 「2019년 기업경영 분석」)

06

잘 버는 회사, 못 버는 회사 - 수익성

수익성지표란 회사가 벌어들이는 이익 능력을 측정하는 지표다.

수익성 지표는 손익계산서에 나오는 각 구간별 이익(매출총이익·영업이익·법인세비용차감전순이익 등)을 기준으로, 이와 관련된 항목(총자산·자기자본·매출액 등)을 나눈 비율로 계산된다.

손익계산서의 법인세비용차감전순이익은 회사가 벌어들인 이익 중 법인세비용을 차감하기 직전의 이익이라는 의미로, 일명 세전이익이라고 한다. 당기순이익은 법인세비용을 차감한 이후에 최종적인 이익이라는 뜻으로 세후이익이라고 한다.

원칙적으로 수익성비율은 모두 높을수록 양호한 수준을 나타낸다.

(279 페이지)

수익성지표

| 총자산세전순이익률 = | $\dfrac{세전이익}{(기초총자산 + 기말총자산) \div 2} \times 100$ | 6% 이상 양호
3% 이하 불량 |

$$총자산세전순이익률 = \frac{세전이익}{(기초총자산 + 기말총자산) \div 2} \times 100$$
6% 이상 양호 / 3% 이하 불량

$$경영자산영업이익률 = \frac{영업이익}{(기초경영자산 + 기말경영자산) \div 2} \times 100$$
10% 이상 양호 / 5% 이하 불량

$$자기자본순이익률 = \frac{당기순이익}{(기초자기자본 + 기말자기자본) \div 2} \times 100$$
20% 이상 양호 / 10% 이하 불량

$$매출액총이익률 = \frac{매출총이익}{매출액} \times 100$$
30% 이상 양호 / 20% 이하 불량

$$매출액영업이익률 = \frac{영업이익}{매출액} \times 100$$
20% 이상 양호 / 10% 이하 불량

$$매출액세전순이익률 = \frac{세전이익}{매출액} \times 100$$
10% 이상 양호 / 5% 이하 불량

$$매출액순이익률 = \frac{당기순이익}{매출액} \times 100$$
5% 이상 양호 / 2% 이하 불량

$$적립금비율 = \frac{자본잉여금 + 이익잉여금}{자기자본} \times 100$$
60% 이상 양호 / 30% 이하 불량

$$사내유보율 = \frac{당기순이익 - 배당금}{당기순이익} \times 100$$
80% 이상 양호 / 40% 이하 불량

$$배당률 = \frac{배당금}{자본금} \times 100$$
10% 이상 양호 / 5% 이하 불량

$$배당성향 = \frac{배당금}{당기순이익} \times 100$$
40% 이하 양호 / 80% 이상 불량

$$부채상환계수 = \frac{영업현금 + 금융비용}{단기차입금 + 금융비용} \times 100$$
80% 이상 양호 / 20% 이하 불량

$$이자보상배율 = \frac{영업이익}{이자비용}$$
2배 이상 양호 / 1배 미만 불량

총자산세전순이익률

총자산세전순이익률(Income before income taxes to total assets)은 세전이익을 총자산으로 나눠 계산한 지표다. 회사가 총자산을 활용하여 어느 정도의 세전 수익능력이 있는지를 분석할 수 있다. 이 비율은 약 6% 정도를 적정한 수준으로 본다.

회사의 총자산세전순이익률은 이론적으로 총자산을 줄이거나 이익을 늘리면 높아진다. 다만 총자산 중 어떤 항목을 감소시킬 것인가와, 이익을 어떻게 증가시킬 것인가에 대한 대책을 수립하기가 곤란하다.

따라서 이 비율에 영향을 미치는 요인을 구체적으로 파악하기 위해 다음의 방법으로 분해하여 검토할 수 있다.

총자산세전순이익률 = 매출액세전순이익률 × 총자산회전율

(세전이익 ÷ 총자산) = (세전이익 ÷ 매출액) × (매출액 ÷ 총자산)

총자산세전순이익률을 높이기 위해 매출액세전순이익률을 증가키시거나 총자산회전율을 증가시키는 방법이 있다.

회사의 매출액세전순이익률은 높지만 총자산회전율이 낮으면, 판매마진은 높았으나 판매활동이 부진했음을 나타낸다. 예를 들어 보석점이나 가구업 등이 이런 업종에 해당된다. 이 경우 이익률을 향상시키기 위해서는 마진율보다 회전율을 더 높일 필요가 있고, 이를 위해 적극적인 판촉활동이 필요하다.

반면에 매출액세전순이익률은 낮으나 총자산회전율은 높은 상황이라면, 판매마진은 낮으나 영업활동이 활발하게 이루어지고 있다는 것이다. 예를 들어 할인점은 저마진으로 대량 판매하는 업종으로 이에 해당된다. 할인점의 경우 회전율은 높기 때문에 마진율이 높은 상품을 개발하여 대량 구매할 필요가 있다.

| 총자산
세전순이익률 | $= \dfrac{\text{세전이익}}{(\text{기초총자산} + \text{기말총자산}) \div 2} \times 100$ |
| | $= \dfrac{5{,}534}{(67{,}203 + 71{,}988) \div 2} \times 100 = 7.95\%$ |

▶ 업종 평균 : 3.98%　　　　　　▶ 전년도 : 4.42%

▶ 분석
전년도 4.42%에 비해 올해는 7.95%를 기록하여 수익력이 상당히 큰 폭으로 증가했다. 성장성지표 중 매출액의 증가가 낮은 상태임에도 불구하고 이 비율이 증가했다는 것은 회사의 제품 중 수익능력이 높은 제품의 판매비중이 증대했거나, 원가절감노력이 성공했다는 것으로 추정이 가능하다. 제약업 평균에 비해 수익력이 2배 이상이므로 경쟁사들에 비해 상당히 양호한 수준이다.

▶ 표준비율 : 6% 이상 양호 / 3% 이하 불량

경영자산영업이익률

경영자산영업이익률(Operating income to operating assets)은 영업이익을 경영자산으로 나눠 계산한 지표다. 경영자산을 운용하여 어느 정도의 영업이익을 달성하는지를 평가할 수 있다

총자산 중에서 경영활동에 사용되지 않는 자산이 있다. 예를 들어 공장을 건설 중에 있지만 아직 완공되지 않은 '건설중인자산'은 미래에 사용될 예정이지만, 현재는 미활용 상태에 있다. 이처럼 총자산 중에서 경영활동에 직접적으로 활용되지 않는 다음의 자산을 차감하여 계산한 것이 경영자산이다.

$$경영자산 = 총자산 - 건설 중인 자산 - 투자자산$$

$$= 71,988 - 13 - 1,483 = 70,492$$

경영자산 영업이익률	$= \dfrac{영업이익}{(기초경영자산 + 기말경영자산) \div 2} \times 100$
	$= \dfrac{12,686}{(65,072 + 70,492) \div 2} \times 100 = 18.71\%$

▶ 업종 평균 : 14.76%　　　　　　▶ 전년도 : 17.02%

▶ 분석
전년도 17.02%에 비해 올해는 18.71%로 높은 수준을 기록했다. 특히 제약업 평균인 14.76%에 비해 매우 양호한 상태에 있다. 이는 다른 경쟁사에 비해 비영업용 자산이 매우 작다는 것과 이를 활용한 수익력이 상당히 높다는 것을 의미한다.

▶ 표준비율 : 10% 이상 양호 / 5% 이하 불량

자기자본순이익률

자기자본순이익률(Net income to stockholders' equity)은 당기순이익을 자기자본으로 나눠 계산한 비율이다. 매출액에서 모든 비용을 차감한 후에 계산되는 당기순이익은, 회사에 자본을 투자한 주주에게 돌아가는 몫이다.

자기자본비율은 주주들이 회사에 투자한 자금의 수익력을 측정하는 지표로서, 최소한 정기예금 금리 이상이 되어야 효율적이라 할 수 있다. 만약 자기자본순이익률이 정기예금이자율보다 낮다면, 경영자는 주주로부터 납입 받아 운용한 자금을 비효율적으로 관리했다는 의미가 된다.

자기자본 순이익률	$= \dfrac{당기순이익}{(기초자기자본 + 기말자기자본) \div 2} \times 100$ $= \dfrac{3,094}{(21,679 + 24,882) \div 2} \times 100 = 13.29\%$

▶ 업종 평균 : 7.16%　　　　　　　▶ 전년도 : 6.33%

▶ 분석
전년도 6.33%에 비해 올해는 13.29%로 매우 양호한 수익력을 나타내고 있다. 특히 전년에는 제약업 평균보다 낮았으나, 올해는 평균 이상의 매우 양호한 수준을 기록하여 주주들의 자금을 매우 효율적으로 관리운용했다.

▶ 표준비율 : 20% 이상 양호 / 10% 이하 불량

매출액총이익률

매출액총이익률(Gross income to sales)은 일명 매출마진율이라고도 하는데, 매출총이익을 매출액으로 나눠 계산한다. 반대로 매출원가를 매출액으로 나누면 매출원가율이 계산되는데, 100%에서 매출원가율을 차감하면 매출총이익률을 얻을 수 있다. 업종별로 할인점과 같이 박리다매 업종의 경우에는 이 비율이 낮은 반면에 백화점처럼 고가격·고수익 업종에서는 이 비율이 높게 나타난다.

국내 제조업의 평균 매출액총이익률은 20% 수준이다. 따라서 이 비율이 30% 이상이면 양호한데 반해, 10% 이하라면 마진율이 상당히 박한 수준이라 하겠다. 특히 매출액총이익률이 10% 이하라면, 당기순이익은 마이너스(-)를 기록하면서 적자를 기록할 가능성이 높다.

$$\text{매출액총이익률} = \frac{\text{매출총이익}}{\text{매출액}} \times 100$$

$$= \frac{31,183}{54,712} \times 100 = 57.00\%$$

▶ 업종 평균 : 49.23%　　　　▶ 전년도 : 54.31%

▶ 분석
전년도 54.31%에 비해 올해는 57.00%로 매출액총이익률이 증가했다. 특히 제약업 평균인 49.23%에 비해 매출액총이익률이 상대적으로 7% 정도 높기 때문에 그만큼 생산원가가 저렴하다는 것을 의미한다. 이는 경쟁업체보다 원재료의 조달가격이 낮거나 사용량이 적거나 생산직 인건비가 낮거나 또는 효율적으로 작업을 하고 있거나 상대적으로 제조경비를 적게 사용하기 때문이다.

▶ 표준비율 : 30% 이상 양호 / 20% 이하 불량

매출액영업이익률

매출액영업이익률(Operating income to sales)은 영업이익을 매출액으로 나눠 계산한다. 기업의 영업활동(생산 및 판매활동)에 따른 경영 성과를 나타내는데, 이 비율이 높을수록 매출액에 대한 영업의 효율성이 높다고 할 수 있다.

일반적으로 중화학공업(철강, 정유, 석유화학 등)의 경우에는 매출액에서 차지하는 판매관리비율이 낮기 때문에 매출액영업이익률이 높게 나타난다. 반면에 소비자들을 직접 접촉하여 영업하는 소비재산업(제약업, 화장품업 등)은 판매관리비가 높을 수밖에 없어 매출액영업이익률이 낮게 나타나고 있다.

<table>
<tr><td rowspan="2">매 출 액
영업이익률</td><td>$= \dfrac{\text{영업이익}}{\text{매출액}} \times 100$</td></tr>
<tr><td>$= \dfrac{12,686}{54,712} \times 100 = 23.19\%$</td></tr>
</table>

▶ 업종 평균 : 15.87%　　　　　▶ 전년도 : 18.45%

▶ 분석

전년도 18.45%에 비해 올해는 23.19%를 기록하여 제약업 평균 15.87%보다 매우 높은 수준을 기록하고 있다. 그러나 매출액총이익률에서 산업평균보다 7% 정도 높은 수준을 유지하는 것으로 보아 판매나 관리 면에서 경쟁사와 유사한 규모의 비용을 지출하는 것을 알 수 있다. 즉, 생산부문의 마진능력이 차이가 나기 때문에 이 비율도 그 정도의 차이가 나고 있다는 것이다.

▶ 표준비율 : 20% 이상 양호 / 10% 이하 불량

매출액세전순이익률

매출액세전순이익률(Income before income taxes to sales)은 세전이익을 매출액으로 나누어 계산한 지표다.

원래 매출액세전순이익률은 세금을 차감하기 직전의 수익력을 총괄적으로 나타낸다. 다시 말해, 기업의 영업활동뿐만 아니라 재무활동과 투자활동까지 감안한 최종 경영성과를 분석할 수 있다.

매출액영업이익률이 높은데 매출액세전순이익률이 낮게 나타나면, 차입금을 과다하게 조달함으로써 영업이익의 대부분을 이자비용으로 부담하고 있다는 것이다. 이 경우 수익성을 개선하기 위해 자기자본을 조달하여 차입금을 상환할 필요가 있다.

$$
\text{매출액 세전순이익률} = \frac{\text{세전이익}}{\text{매출액}} \times 100
$$

$$
= \frac{5,534}{54,712} \times 100 = 10.11\%
$$

▶ 업종 평균 : 4.53%　　　　▶ 전년도 : 5.51%

▶ 분석

전년도 5.51%에 비해 올해는 10.11%로 배 이상의 양호한 실적을 보여주고 있다. 그러나 매출액총이익률 면에서 산업평균보다 7% 차이가 났으나, 여기서는 약 5% 차이가 난다는 것은 재무활동에서 상대적으로 매출액 대비 금융비용의 비중이 높다는 것을 의미한다. 즉, 활발한 영업활동을 지원하기 위해 차입금으로 조달한 운전자본에 대한 금융비용으로 2%를 부담했다는 것을 의미한다.

▶ 표준비율 : 10% 이상 양호 / 5% 이하 불량

매출액순이익률

매출액순이익률(Net income to sales)은 당기순이익을 매출액으로 나누어 계산하는 지표로서, 사업의 최종 수익능력을 파악할 수 있다.

일반적으로 매출액순이익률이 높으면, 사업의 최종적인 마진율이 그만큼 높은 수준이라는 뜻이다. 다만 매출액순이익률이 높더라도, 그 이유가 비경상적인 영업외수익(자산처분이익, 자산평가이익 등)으로 인해 발생했다면 양호하다고 할 수 없다.

어쩌다 일시적으로 발생한 이익으로 순이익률이 높아지는 것보다는, 매년 규칙적이고 경상적으로 순이익률이 높아져야 양호하다고 하겠다. 수익성은 과거의 추세를 계속 이어나가야만 양호한 수준에 해당한다.

매 출 액 순이익률	$= \dfrac{\text{당기순이익}}{\text{매출액}} \times 100$
	$= \dfrac{3{,}094}{54{,}712} \times 100 = 5.66\%$

▶ 업종 평균 : 3.02%　　　　▶ 전년도 : 2.62%

▶ 분석

전년도 2.62%에 비해 올해는 5.66%로 높아졌으며, 제약업 평균인 3.02%에 비해 약 2.6% 정도 차이가 나고 있다. 그러나 매출액세전순이익률에서는 5% 차이가 났으나, 매출액순이익률에서 그만큼 줄어들었다는 것은 세금을 상대적으로 다른 업체에 비해 상당히 많이 납부했다는 것을 의미한다. 그렇지만 최종적인 경영성과 면에서는 경쟁업체에 비해 양호한 수준을 기록하고 있다.

▶ 표준비율 : 5% 이상 양호 / 2% 이하 불량

적립금비율

적립금비율(Capital surplus and retained earnings to stockholders' equity)은 자기자본 중에서 적립금이 차지하는 비율로서, 재정비율이라고도 한다.

자기자본은 그 유형에 따라 자본금과 자본잉여금, 그리고 이익잉여금으로 구성된다. 이 중 자본잉여금과 이익잉여금을 합해 적립금이라고 부른다. 회사의 적립금비율이 높다는 것은 대부분의 자기자본이 자본금보다는 잉여금으로 구성되어 있다는 것이다.

회사는 자본금에 대해서만 배당금을 지급한다. 이 때문에 자본금이 적으면 고배당을 하더라도 사외유출되는 금액이 적고, 이익의 많은 부분을 사내에 유보하여 활용할 수 있다. 그러므로 적립금비율이 높을수록 자본구성이 양호하다고 판단한다.

적립금비율	$= \dfrac{\text{자본잉여금} + \text{이익잉여금}}{\text{자기자본}} \times 100$ $= \dfrac{900 + 16{,}632}{24{,}882} \times 100 = 70.46\%$

▶ 업종 평균 : 61.28%   ▶ 전년도 : 67.71%

▶ 분석
전년도 67.71%와 올해 70.46%는 거의 비슷한 수준을 기록하고 있다. 또한 제약업 평균인 61.28%에 비해 약간 높은 수준을 기록하고 있다. 즉, 자기자본 중 30%가 주주들이 납입한 자본금이고 나머지 70%는 자본거래와 이익거래에 따라 누적된 잉여금으로, 결국 자본금에 대한 잉여금의 배율이 2.3배로 주당 5,000원짜리가 11,500원의 가치가 있다는 것을 보여 주고 있다.

▶ 표준비율 : 60% 이상 양호 / 30% 이하 불량

사내 유보율

사내 유보율(Accumulated earnings ratio)이란 당기순이익 중에서 사내에 유보된 금액이 차지하는 비율을 말한다.

원래 회계기간에 벌어들인 당기순이익은 주주에게 전액 배당금으로 지급할 수 있다. 그러나 배당금으로 지급한 후, 만약 부족 자금이 생기면 유상증자를 통해 주주로부터 재차 자금을 조달해야 한다. 이 경우 주주는 배당금에 대한 소득세만큼 손실을 보게 된다.

회사가 신사업 진출이나 신제품 개발에 따라 성장하는 경우, 주주는 배당금을 받는 것보다 사내에 유보하는 것을 더욱 선호한다. 이 경우 사내 유보율은 높게 나타낸다. 반면에 쇠퇴하는 회사의 경우 주주들이 배당을 선호하기에, 사내 유보율은 낮게 나타난다.

사내유보율	$= \dfrac{\text{당기순이익} - \text{배당금}}{\text{당기순이익}} \times 100$ $= \dfrac{3,094 - 588}{3,094} \times 100 = 81.00\%$

▶ 업종 평균 : 72.47%　　　　　　　▶ 전년도 : 82.00%

▶ 분석

전년도 82%와 올해 81%, 그리고 제약업 평균 72%는 거의 비슷한 수준을 나타내고 있다. 즉, 제약업에 속하는 회사들은 이익의 20% 수준만을 배당하고 나머지 80% 정도는 사내에 유보하여 영업자금으로 사용하고 있다. 이는 제약업종에 속한 회사들이 연구개발을 활발히 하여 성공하는 경우 막대한 수익을 벌어들일 수 있으므로 주주들도 배당보다는 사내유보를 선호하는 경향이 크기 때문이다.

▶ 표준비율 : 80% 이상 양호 / 40% 이하 불량

배당률

배당률(Dividends to capital stock)은 배당금을 납입자본금(총발행주식수 X 액면가)으로 나눠 계산한 비율로서, 투자자에 대한 배당수익률을 나타낸다. 주식 투자자에게 수익률에 해당되기에 투자 의사결정에 큰 영향을 미친다.

원래 성장 기업은 사업을 확장하는데 자금이 많이 필요하고, 주주도 배당보다는 사내 유보를 선호하기 때문에 배당률이 낮게 나타날 수 있다.

반면에 사양사업이거나 사업이 부진한 경우에는 배당으로 빨리 챙기는 것을 주주가 선호하기 때문에 배당률이 높게 나타난다.

배당률	$= \dfrac{\text{배당금}}{\text{자본금}} \times 100$ $= \dfrac{588}{7{,}350} \times 100 = 8.00\%$

▶ 업종 평균 : 6.38%   ▶ 전년도 : 8.00%

▶ 분석
전년도 8%와 동일한 수준으로 올해도 8%의 배당을 실시하고 있다. 이는 납입자본금에 대해 최소한 정기예금이자율 수준의 배당금을 지급하는 것이 투자자들에게 회사의 이미지를 좋게 만들기 때문이다. 제약업의 평균비율인 6.38%보다는 약간 높은 수준을 기록하고 있다.

▶ 표준비율 : 10% 이상 양호 / 5% 이하 불량

배당성향

배당성향(Dividends to net income)은 배당금을 당기순이익으로 나눈 비율로서, 당기순이익 중 얼마큼을 배당금으로 지급하고 있는 지를 나타낸다. 일명 사외배당률이라고도 부른다.

회가가 벌어들인 당기순이익은 사내에 유보하거나 배당금으로 사외 유출된다. 따라서 사내 유보액과 배당금을 합하면 당기순이익이 된다. 그러므로 사내 유보율(사내 유보액 / 당기순이익)과 배당성향을 합하면 100%가 된다.

앞서 설명한 배당률만으로 배당금의 지급액이 많은지 적은지를 알수 없기 때문에, 이에 대한 보조지표로 배당성향이 활용된다.

$$\text{배당성향} = \frac{\text{배당금}}{\text{당기순이익}} \times 100$$

$$= \frac{588}{3{,}094} \times 100 = 19.00\%$$

▶ 업종 평균 : 25.53%   ▶ 전년도 : 18.00%

▶ 분석
전년도 18%와 올해 19%는 거의 비슷한 수준을 기록하고 있으며, 회사는 벌어들인 이익 중의 약 18% 정도를 매년 주주들에게 배당금으로 지급하는 것을 알 수 있다. 참고로 경쟁 제약업체들은 이익의 25.53%를 배당금으로 지급하고 있어, 이 회사보다 7% 많은 금액을 배당으로 지급하고 있음을 알 수 있다.

▶ 표준비율 : 40% 이하 양호 / 80% 이상 불량

부채상환계수

부채상환계수(Liabilities coverage ratio)는 영업현금을 단기부채로 나누어 계산한다. 영업현금으로 금융기관의 단기부채를 어느 정도 상환할 수 있는지 그 능력을 측정하는 지표다.

영업현금은 현금흐름표에 나오는 '영업활동으로 인한 현금 흐름'을 말한다. 다만 약식으로 당기순이익에 감가상각비를 가산하여 영업현금을 계산하기도 한다. (아래에서의 영업현금 3,936은 손익계산서의 당기순이익 3,094에 판매관리비의 감가상각비 156과 제조원가의 감가상각비 686을 합산한 금액이다). 금융비용은 손익계산서의 영업외비용 중 이자비용을 말한다.

한편, 단기부채는 보고기간말로부터 1년 이내에 상환하는 유동부채 중에서 이자비용을 부담해야만 하는 단기차입금(유동성장기부채 포함)을 말한다.

부채상환계수	$= \dfrac{\text{영업현금} + \text{금융비용}}{\text{단기차입금} + \text{금융비용}} \times 100$
	$= \dfrac{3,936 + 4,113}{22,654 + 4,113} \times 100 = 30.07\%$

▶ 업종 평균 : - %　　　　　　　▶ 전년도 : 20.01%

▶ 분석

전년도 20.01%에 비해 올해는 상당히 늘어난 30.07%을 기록하고 있다. 즉, 영업활동에서 조달된 현금을 가지고, 1년 이내에 갚아야 하는 차입금의 30%을 상환할 수 있다는 것이다. 또한 부채상환계수의 역수는 3.33회로, 이는 올해의 영업활동에서 조달된 현금흐름이 지속적으로 이어진다면 3.33년 이내에 단기차입금의 전액을 상환할 수 있다는 것이다.

▶ 표준비율 : 80% 이상 양호 / 20% 이하 불량

이자보상배율

이자보상배율(Interest coverage ratio)은 금융비용을 영업이익으로 나누어 계산한 지표다. 영업이익을 가지고 금융비용을 몇 번이나 상환할 수 있는지 여부를 측정할 수 있다. 금융비용은 손익계산서의 영업외비용 중 이자비용을 말한다.

원래 영업이익에서 이자비용을 차감하면 세전이익이 계산된다. 따라서 이자보상배율이 1이면 세전이익은 0이 되고, 1 이상이면 세전이익이 플러스(+)로, 1 이하가 되면 세전이익은 마이너스(-)인 세전손실로 나타난다.

$$\text{이자보상배율} = \frac{\text{영업이익}}{\text{이자비용}} = \frac{12{,}686}{4{,}113} = 3.08\text{배}$$

▶ 업종 평균 : 1.85배   ▶ 전년도 : 2.37배

▶ 분석
전년도 2.37배에 비해 올해는 3.08배로 상당히 늘어났다. 즉, 이자보상배율이 전년에는 금융비용의 2.37배 수준으로, 영업이익을 가지고 이자비용의 2.37배를 상환할 수 있었다. 그러나 올해에는 영업이익을 가지고 이자비용의 3.08배를 상환할 능력이 된다는 것을 의미한다.

▶ 표준비율 : 2배 이상 양호 / 1배 미만 불량

산업별 수익성분석

특정 연도별로, 국내 산업별 매출액영업이익률과 매출액세전순이익률은 다음과 같다. 자사와 자사가 속한 산업의 활동성 지표와 비교해, 그 수준의 높낮이를 분석해보기 바란다.

▋ 산업별 수익성지표

업종별	항목별	매출액영업이익률		매출액세전순이익률	
	연도별	2013	2018	2013	2018
전(全)산업		4.14	5.64	2.88	5.32
제조업		5.25	7.28	4.68	7.32
중화학공업(제조업)		5.25	7.78	5.25	7.90
경공업(제조업)		4.68	4.67	4.68	4.29
비제조업		3.05	4.26	1.13	3.63
농업		△1.54	1.35	△1.46	3.48
어업		0.19	3.41	2.68	3.98
광업		10.91	2.32	4.06	-18.89
전기 · 가스 · 증기업		2.91	1.94	1.14	-0.40
건설업		1.65	4.95	△0.17	4.81
서비스업		3.42	4.32	1.44	3.75
도매 및 소매업		2.65	2.55	2.07	2.55
운수업 및 창고업		2.85	4.24	△3.88	1.96
숙박 및 음식점업		4.09	1.52	3.23	0.62
출판 · 영상 · 방송통신업		6.00	7.04	5.17	6.63
부동산업		4.95	11.28	△1.77	9.14
전문 · 과학 및 기술서비스업		3.78	4.76	3.58	5.29
시설관리 및 임대서비스업		2.72	2.76	1.48	2.96
예술 · 스포츠 및 서비스업		7.54	9.18	0.85	4.15

(단위: %, 한국은행, 「2019년 기업경영 분석」)

국내 제조업은 2018년을 기준으로 매출액을 100%라고 할 때, 매출원가가 80% 그리고 판매관리비가 12%를 차지함으로써, 매출액영업이익률은 7%를 기록했다. 재무활동에 따라 조달한 차입금의 대가로 부담한 순금융비용이 -0.56%, 환율의 변동으로 인한 외환손실 0.02% 등 영업외수지가 0.04%를 차지하여 매출액세전순이익률이 7.32%를 기록했다.

일예로 국내 제조업이 100원짜리 물건을 판다면 약 7원 내외의 세전이익이 발생한다는 것이다.

█ 제조업 매출액 원가구성비 추이

항목별 \ 연도별		2010	2012	2014	2016	2018
	매출액	100.0	100.0	100.0	100.0	100.0
손익 계산서	매출원가 판매비와 관리비	81.95 11.16	84.13 10.74	84.04 11.74	80.74 13.26	80.42 12.30
	영업이익	6.89	5.13	4.21	6.00	7.28
	영업외수지 (순금융비용) (순외환손익) (지분법평가손익)	0.13 (△0.81) (△0.14) (0.73)	0.11 (△0.77) (△0.13) (0.00)	0.01 (0.66) (△0.07) (0.02)	0.16 (△0.65) (0.05) (0.04)	0.04 (△0.56) (0.02) (0.00)
	세전이익	7.02	5.24	4.22	6.16	7.32

(단위: %, 한국은행, 「연도별 기업경영 분석」)

07

부가가치가 높은 회사, 낮은 회사 - 생산성

회사가 사업 활동을 계속 영위하기 위해서는 기계설비와 노동력이 필요하다. 그리고 동일한 기계와 노동력을 활용해 더 많은 제품을 생산하면(따라서 매출액과 이익이 늘어나면) 생산성이 높다고들 한다. 따라서 대부분의 생산성 지표는 주로 기계설비의 투자규모나 고용된 노동력과 연관되어 계산한다.

생산성지표는 사업의 성과 및 효율성을 측정한 후, 개별 생산요소의 기여도를 감안하여 합리적으로 성과를 배분하기 위해 이용된다. 따라서 생산성지표는 경영합리화의 척도이면서, 생산성 향상으로 얻은 성과에 대한 분배 기준이 된다. 생산성은 보통 부가가치생산성으로 측정하는 것이 일반적이다. 주요 생산성지표를 살펴보면 다음과 같다.

종업원1인당 부가가치증가율	$= \dfrac{\text{당기 종업원 1인당 부가가치}}{\text{전기 종업원 1인당 부가가치}} \times 100 - 100$	20% 이상 양호 10% 이하 불량
종업원1인당 매출액증가율	$= \dfrac{\text{당기 종업원 1인당 매출액}}{\text{전기 종업원 1인당 매출액}} \times 100 - 100$	20% 이상 양호 10% 이하 불량
종업원1인당 인건비증가율	$= \dfrac{\text{당기 종업원 1인당 인건비}}{\text{전기 종업원 1인당 인건비}} \times 100 - 100$	10% 이하 양호 20% 이상 불량
노동장비율	$= \dfrac{\text{유형자산} - \text{건설 중인 자산}}{\text{종업원 수}}$	20백만원 이상 양호 10백만원 이하 불량
기계장비율	$= \dfrac{\text{기계장치}}{\text{종업원 수}}$	15백만원 이상 양호 5백만원 이하 불량
자본집약도	$= \dfrac{\text{총자본}}{\text{종업원 수}}$	150백만원 이상 양호 80백만원 이하 불량
총자본투자효율 (자본생산성)	$= \dfrac{\text{부가가치}}{\text{총자본}} \times 100$	30% 이상 양호 10% 이하 불량
설비투자효율	$= \dfrac{\text{부가가치}}{\text{유형자산} - \text{건설 중인 자산}} \times 100$	100% 이상 양호 30% 이하 불량
기계투자효율	$= \dfrac{\text{부가가치}}{\text{기계장치}} \times 100$	300% 이상 양호 100% 이하 불량
부가가치율	$= \dfrac{\text{부가가치}}{\text{산출액}} \times 100$	30% 이상 양호 20% 이하 불량
노동소득분배율	$= \dfrac{\text{인건비}}{\text{요소비용부가가치}} \times 100$	40% 이하 양호 50% 이상 불량

부가가치의 구성

부가가치(Value added)란 기업이 사업 활동을 통해 내부에서 창출한 가치를 말한다. 회사는 외부에서 원자료 등을 매입하여 생산 가공을 거쳐 더 많은 가치를 만들어낸다. 따라서 산출가치에서 투입가치를 차감하면 부가가치가 계산된다.

부가가치의 산출방식은 국가별·작성기관별로 큰 차이가 있다. 현재 한국은행의 기업경영 분석 통계에서는 부가가치를 분배 측면에서 접근하여 다음의 항목을 모두 합산하는 방식을 따르고 있다. 이 항목들은 손익계산서와 제조원가명세서에 자세히 나타난다.

부가가치 = 영업잉여 + 인건비 + 금융비용 + 세금과공과 + 감가상각비

① 영업잉여: 영업손익에 대손상각비를 가산하고 금융비용을 차감한 금액을 말한다.

② 인건비: 판매비와 관리비 중 급여·임금·상여·제수당·퇴직금·복리후생비 항목과 제조원가명세서 중 노무비·복리후생비의 합계액을 말한다.

③ 금융비용: 차입금이나 회사채 발행 등에 대한 대가로 지급되는 이자비용을 말한다.

④ 세금과공과: 판매관리부문과 제조부문에서 발생된 세금과 공과금을 말한다.

⑤ 감가상각비: 판매관리부문과 제조부문에서 발생된 감가상각비를 말한다.

사례에 나오는 희망제약주식회사의 부가가치를 계산하면 다음과 같다.

▌부가가치 계산표

계정과목	손익계산서 항목	제조원가명세서 항목	계	비 율
영업잉여	8,805	–	8,805	33.18%
인건비	8,424	4,038	12,462	46.96%
금융비용	4,113	–	4,113	15.50%
세금과공과	67	247	314	1.18%
감가상각비	156	686	842	3.18%
계	21,565	4,971	26,536	100%

* 희망제약주식회사의 종업원 수는 613명이며, 당기의 부가가치는 위와 같이 26,536백 만원이고, 전기의 부가가치는 23,571백만원이다.(단위 : 백만원)

▌부가가치의 개념

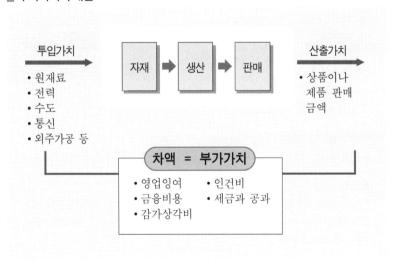

종업원 1인당 부가가치(노동생산성)증가율

종업원 1인당 부가가치증가율(Growth rate of gross value-added per capita)은 당기의 1인당 부가가치가 전기에 비해 얼마나 늘어났는지를 측정하는 지표로서, 노동생산성의 증가율을 측정할 수 있다.

원래 노동생산성증가율이 종업원 1인당 인건비 증가율보다 높으면 종업원들은 일한 만큼 인건비를 가져간 것으로 볼 수 있다. 반면에 종업원 1인당 인건비증가율보다 노동생산성증가율이 낮으면 일한 것 이상으로 인건비를 가져간 것으로 보면 된다.

$$\text{종업원 1인당 부가가치} = \text{부가가치} \div \text{종업원 수}$$

$$= 26,536\text{백만 원} \div 613\text{명} = 43.29\text{백만 원}$$

종업원 1인당 부가가치 증가율	$= \dfrac{\text{당기 종업원 1인당 부가가치}}{\text{전기 종업원 1인당 부가가치}} \times 100 - 100$
	$= \dfrac{43.29\text{백만원}}{37.47\text{백만원}} \times 100 - 100 = 15.53\%$

▶ 업종 평균 : 13.6%　　　　▶ 전년도 : 12.60%

▶ 분석
전년도 12.60%와 올해 15.53%로, 제약업 평균 13.60%보다 높은 수준을 기록하고 있다. 일반적으로 이 비율은 높을수록 양호하며, 특히 임금인상률보다 높은 경우에 양호한 수준이라고 할 수 있다.

▶ 표준비율 : 20% 이상 양호 / 10% 이하 불량

종업원 1인당 매출액증가율

종업원 1인당 매출액증가율(Growth rate of sales per capita)은 매출액을 종업원 수로 나눈 1인당 매출액이 전기에 비해 당기에 얼마나 증가했는가를 보여주는 지표다.

매출액증가율이 설비나 노동력을 고려하지 않는 상태에서의 단순한 증가율이기 때문에 성과는 좋지만, 그 효율성은 측정할 수 없다. 반면에 종업원 1인당 매출액증가율은 종업원 수로 나눈 매출액에 대한 전년 대비 증감률로서, 노동과 설비의 효율성을 평가할 수 있다.

$$\text{종업원 1인당 매출액} = \text{매출액} \div \text{종업원 수}$$

$$= 54{,}712\text{백만 원} \div 613\text{명} = 89.25\text{백만 원}$$

종업원 1인당 매출액증가율	$= \dfrac{\text{당기 종업원 1인당 매출액}}{\text{전기 종업원 1인당 매출액}} \times 100 - 100$
	$= \dfrac{89.25\text{백만원}}{80.83\text{백만원}} \times 100 - 100 = 10.42\%$

▶ 업종 평균 : 14.50%　　　　　▶ 전년도 : 14.55%

▶ 분석
전년도 14.55%에 비해 올해는 10.42%로 1인당 매출액의 증가율이 점차 하락하는 추세를 보이고 있다. 특히 산업평균에 비해 올해는 급격하게 하락했다. 이는 매출액증가율이 7.61%로 정체된 반면에 판매 및 관리직 인원이 증가했기 때문이다. 따라서 관리 효율화에 따른 인원절감노력이 필요하다.

▶ 표준비율 : 20% 이상 양호 / 10% 이하 불량

종업원 1인당 인건비증가율

종업원 1인당 인건비증가율(Growth rate of employment costs per capita)은 종업원 한 사람에게 지급된 인건비가 전기에 비해 당기에 얼마나 상승했는가를 보여주는 지표다. 인건비는 회사가 종업원을 고용하면서 부담하는 모든 항목(급여, 상여, 수당, 퇴직금, 복리후생비 등)을 합산하여 계산한다.

종업원 1인당 인건비 = 인건비 ÷ 종업원 수

= 12,462백만 원 ÷ 613명 = 20.33백만 원

앞서 설명한 종업원 1인당 부가가치증가율과 인건비증가율을 비교 검토해 보면, 종업원의 인건비의 매년 상승폭을 정하는데 큰 도움이 된다.

종업원 1인당 인건비증가율	$= \dfrac{\text{당기 종업원 1인당 인건비}}{\text{전기 종업원 1인당 인건비}} \times 100 - 100$
	$= \dfrac{20.33백만원}{20.14백만원} \times 100 - 100 = 0.94\%$

▶ 업종 평균 : 13.25%   ▶ 전년도 : 15.43%

▶ 분석
전년도 15.43%에 비해 올해는 0.94%로 인건비의 상승률은 둔화되었다. 특히 전년도 부가가치증가율이 12.60%인 데 반해 임금인상률이 15.43%로 노동생산성 이상으로 증가하여 회사의 수지를 악화시켰다. 그러나 올해는 인건비증가율이 0.94%인 데 반해, 부가가치증가율이 15.53%로 양호한 편이다. 즉 이는 임직원들이 생산성 이하 수준에서 인건비의 상승을 억제했다는 것이다.

▶ 표준비율 : 10% 이하 양호 / 20% 이상 불량

노동장비율

노동장비율(Property, plant and equipment per capita)은 재무상태표의 유형자산(건설중인자산 제외)을 종업원수로 나누어 계산한다. 이를 통해 종업원 한 사람이 어느 정도의 생산설비를 이용해 작업하고 있는지를 알 수 있다. 여기서 완공되지 않아 아직 설치 중에 있는 '건설중인자산'은 생산 활동에 직접 활용되지 못하는 상태이기 때문에 유형자산에서 차감한다.

일반적으로 선진국으로 갈수록 노동장비율은 급격하게 증가한다. 그 이유는 다기능을 갖춘 자본집약적인 설비투자에 따라 종업원 한 사람이 운용하는 설비자산의 가액이 증가하기 때문이다.

$$\text{노동장비율} = \frac{\text{유형자산} - \text{건설 중인 자산}}{\text{종업원 수}}$$

$$= \frac{8,745 - 166}{613\text{명}} = 14\text{백만원}$$

▶ 업종 평균 : 25백만원　　　　▶ 전년도 : 14백만원

▶ 분석
전년과 올해 모두 1,400만원 정도로, 종업원 한 사람이 보유하고 작업하는 설비자산의 가액을 알 수 있다. 그러나 이는 제약업 평균인 2,500만원에 비해 절반 수준으로 회사의 설비자산의 장비율이 매우 낮은 수준에 있다는 것을 알 수 있다.

▶ 표준비율 : 20백만원 이상 양호 / 10백만원 이하 불량

기계장비율

기계장비율(Machinery per capita)은 유형자산 중 기계장치만을 대상으로 하여 종업원 수로 나눠 계산한다. 노동장비율의 보조지표로 이용된다.

노동장비율은 회사가 보유하는 유형자산 전액을 기준으로 산정한다. 그런데 유형자산 중 부동산(토지, 건물, 구축물 등)은 실제 생산 활동에 직접적으로 활용되지는 않는다. 따라서 종업원이 실제 생산 활동에 직접 이용하는 기계장치만 국한하여 산정한 지표가 기계장비율이다.

회사가 생산 활동에 직접 사용하는 기계장치보다 간접적으로 이용되는 부동산이 많을수록, 노동장비율은 높지만 기계장비율은 낮게 나타난다. 따라서 설비자산의 효율성을 측정할 때 주로 이용된다.

기계장비율	$= \dfrac{\text{기계장치}}{\text{종업원 수}}$
	$= \dfrac{512백만원}{613명} = 83만\ 5,000원$

▶ 업종 평균 : 307만원   ▶ 전년도 : 102만원

▶ 분석
전년도에 비해 올해는 기계장비율이 20만원 정도 하락했다. 이는 종업원 수는 증가했으나 생산직 사원이 아닌 주로 영업직과 관리직에서 늘어났고, 추가적인 기계장치의 증설 없이 감가상각비의 계상으로 인해 기계장치가액이 감소했기 때문이다. 제약업 평균에 비해 4분의 1 수준에 불과하기 때문에 추가적인 설비증설의 필요성이 있다.

▶ 표준비율 : 15백만원 이상 양호 / 5백만원 이하 불량

자본집약도

　자본집약도(Total assets per capita)는 총자산을 종업원수로 나눠 계산한 지표다. 종업원 한 사람이 어느 정도의 자산을 보유하고 있는가를 나타낸다. 노동장비율의 보조지표로 이용된다.

　일반적으로 섬유 · 신발제조업 등의 경공업은 노동집약적으로 작업하기에 자본집약도가 낮은 반면에 석유 · 조선업 등의 중화학공업은 초기에 막대한 설비투자가 필요하기 때문에 자본집약도가 높게 나타난다. 다만 요즈음 노동집약적인 업종도 설비자동화에 따라 자본집약도가 점차 높아지는 추세를 보이고 있다.

자본집약도	$= \dfrac{\text{총자산}}{\text{종업원 수}}$
	$= \dfrac{71,988\text{백만원}}{613\text{명}} = 117\text{백만원}$

▶ 업종 평균 : 106백만원　　　　　▶ 전년도 : 100백만원

▶ 분석
전년과 올해 및 제약업 평균 자본집약도는 약 1억원으로 거의 비슷한 수준을 기록하고 있다. 여기서 자본집약도가 1억원이라는 의미는 영업자산과 시설자산 등 회사를 구성하는 총자산의 1인당 보유금액이 1억원이라는 것을 말한다.

▶ 표준비율 : 150백만원 이상 양호 / 80백만원 이하 불량

총자본투자효율(자본생산성)

총자본투자효율(Gross value-added to total assets or productivity of capital)은 부가가치를 총자본으로 나눠 계산한다. 기업이 투자한 총자본으로 1년 동안에 얼마큼의 부가가치를 산출했는가를 나타낸다.

총자본회전율은 매출액을 총자본으로 나눠 계산하는데, 총자본을 활용하여 영업에 얼마나 활발하게 사용되었는가를 측정하는 지표라면, 총자본투자효율은 총자본을 활용하여 어느 정도의 생산성을 창출했는가를 측정하는 지표다.

일반적으로 총자본투자효율이 30% 이상이면 양호한 수준이다. 특히 10% 이하인 경우에는 총자본의 효율성이 현저히 떨어지는 상태이므로 특단의 대책을 수립할 필요가 있다.

$$\text{총자본투자효율} = \frac{\text{부가가치}}{\text{총자본}} \times 100$$

$$= \frac{26{,}536}{71{,}988} \times 100 = 36.86\%$$

▶ 업종 평균 : 29.46%　　　　▶ 전년도 : 35.07%

▶ 분석

전년과 올해 총자본을 활용하여 창출한 부가가치는 약 35~37%로 거의 비슷한 수준을 나타내고 있다. 즉, 부가가치를 창출하기 위해서는 노동력과 자본재가 투입되어 이루어지는데, 총자본투자효율이 37%라는 것은 이 중 자본재를 활용하여 창출한 부가가치가 37%라는 것을 뜻한다.

▶ 표준비율 : 30% 이상 양호 / 10% 이하 불량

설비투자효율

설비투자효율(Gross value-added to property, plant and equipment)은 부가가치를 유형자산(건설중인자산 제외)으로 나눠 계산한다. 총자본투자효율의 보조지표로 이용된다.

기업에서 실제로 업무에 활용되는 설비자산이 어느 정도의 부가가치를 생산하는 데 기여했는가를 보여준다. 그리고 설비투자효율에 노동장비율을 곱하면 종업원 1인당 부가가치로 표시되어 노동생산성의 변동요인 분석에 중요한 지표가 된다.

일반적으로 설비투자효율이 100% 이상이면 양호한 수준이고, 30% 이하인 경우에는 설비자산이 너무 과다하지 않은지 또는 부가가치가 너무 적지 않은지 여부를 검토하여 별도의 대책을 수립할 필요가 있다.

$$설비투자효율 = \frac{부가가치}{유형자산 - 건설\ 중인\ 자산} \times 100$$

$$= \frac{26{,}536}{8{,}745 - 166} \times 100 = 309.31\%$$

▶ 업종 평균 : 130.22%　　　　▶ 전년도 : 253.54%

▶ 분석
전년도 253.54%에 비해 약 50% 증가한 309.31%를 기록하여 설비자산에 대한 생산성이 증가했다. 특히 제약업 평균인 130.22%에 비해서는 2배 이상의 높은 설비생산성을 기록하고 있다. 즉, 회사는 매우 작은 설비투자 규모를 아주 효율적으로 운용 관리하여 생산성을 크게 상승시키고 있다.

▶ 표준비율 : 100% 이상 양호 / 30% 이하 불량

기계투자효율

기계투자효율(Gross value-added to machinery and equipment)은 부가가치를 기계장치 가액으로 나눠 계산한다. 설비투자효율의 보조 지표로서, 기업이 보유하고 있는 기계장치가 부가가치를 창출하는데 있어 얼마나 기여했는가를 보여준다.

이 비율도 기계투자효율에 기계장비율을 곱하면 종업원 1인당 부가가치로 표시되어 생산성의 변동요인 분석지표로 이용된다.

일반적으로 기계투자효율이 300% 이상이면 양호한 수준으로 보며, 100% 이하가 되면 기계장치에 대한 비효율적인 요인이 무엇인지 분석하여 별도의 대책을 세울 필요가 있다.

기계투자효율 $= \dfrac{\text{부가가치}}{\text{기계장치}} \times 100$

$= \dfrac{26,536}{512} \times 100 = 5,182.81\%$

▶ 업종 평균 : 1,096.01%   ▶ 전년도 : 3,549.85%

▶ 분석
설비투자효율과 동일하게 전년 및 제약업 평균에 비해 기계설비를 활용하여 창출한 부가가치가 매우 높은 수준을 나타내고 있으며, 그 추세도 아주 양호한 모습을 보여주고 있다.

▶ 표준비율 : 300% 이상 양호 / 100% 이하 불량

부가가치율

부가가치율(Gross value-added to output)은 부가가치를 산출액으로 나눈 비율로서, 일명 소득률이라고도 부른다. 이는 생산 활동을 위해 투입된 노동력·설비·자금 등의 생산요소에 대해 당기에 벌어들인 소득을 비교해 측정하는 개념이다.

부가가치율이 낮다는 것은 회사가 판매하는 제품·상품에 대해 더 높은 가치를 창출하려는 노력을 등한시 했다는 것을 의미한다. 반대로 부가가치율이 높다는 것은 회사가 매입한 원재료에 가치를 크게 증가시키는 작업을 가했다는 것을 의미한다.

산출액 = 매출액 + 제품재고 증감 - 외주가공비

= 54,712 - 1,386 - 3,768 = 49,558백만 원

제품재고 증감 = 제조비용 - 매출원가 = 22,143 - 23,529 = △1,386백만 원

부가가치율	$= \dfrac{\text{부가가치}}{\text{산출액}} \times 100$
	$= \dfrac{26,536}{49,558} \times 100 = 53.55\%$

▶ 업종 평균 : 40.53%　　　　　▶ 전년도 : 50.71%

▶ 분석
전년도 50.71%에 비해 올해는 약간 상승한 53.55%를 기록하고 있다. 특히 제약업 평균 40.53%보다는 약 13%가 높은 수준으로 100원짜리 물건을 판매하는 경우 약 13원 정도의 부가가치가 더 창출된다는 것을 의미한다. 참고로 제약업 부가가치율은 40% 정도로 다른 제조업의 평균 부가가치율 23%에 비해 상당히 높은 수준에 해당된다. 그만큼 제약업이 고부가가치산업이라는 것을 의미한다.

▶ 표준비율 : 30% 이상 양호 / 20% 이하 불량

노동소득분배율

노동소득분배율(Employment costs to Operating surplus, interest expenses and employment costs)이란 기업이 창출한 부가가치 중에서 인건비가 차지하는 비율을 말한다. 노동력을 제공하고 그 대가로 근로소득을 받는 종업원들에게 분배된 몫이 차지하는 비중이다.

부가가치 중 영업잉여는 주주나 출자자에게 분배되는 몫이고, 인건비는 기업에 노동력을 제공한 종업원들에게 분배되는 몫이다. 이처럼 부가가치를 그 제공자들에게 나눠주는 비율을 분배율이라 한다.

$$요소비용부가가치 = 영업잉여 + 금융비용 + 인건비$$

$$= 8,805 + 4,113 + 12,462 = 25,380백만 원$$

노동소득 분 배 율	$= \dfrac{인건비}{요소비용부가가치} \times 100$ $= \dfrac{12,462}{25,380} \times 100 = 49.10\%$

▶ 업종 평균 : 59.48%   ▶ 전년도 : 56.43%

▶ 분석
전년도 56.43%에 비해 올해는 49.10%를 기록하여 전년도보다는 양호한 상태를 보여주고 있다. 특히 올해 제약업 평균인 59.48%보다 낮다는 것은 인건비에 대한 분배 몫이 경쟁사에 비해 낮으므로 노동소득분배율이 양호한 상태를 보여주고 있다.

▶ 표준비율 : 40% 이하 양호 / 50% 이상 불량

산업별 생산성분석

특정 연도별로, 국내 산업별 생산성 지표 중 설비투자효율, 부가가치율, 노동소득분배율은 다음과 같다. 자사와 자사가 속한 산업의 생산성 지표와 비교해, 그 수준의 높낮이를 분석해보기 바란다.

▌산업별 생산성 지표

업종별	항목별	설비투자효율		부가가치율		노동소득분배율	
	연도별	2013	2018	2013	2018	2013	2018
전(全)산업		55.03	58.72	26.01	31.00	70.83	67.87
제조업		58.45	60.36	21.25	26.16	62.41	58.76
중화학공업(제조업)		57.13	60.06	20.89	26.37	61.41	56.25
경공업(제조업)		66.91	62.15	23.43	25.05	67.45	72.36
비제조업		52.11	57.34	33.13	37.06	78.49	75.49
농업		15.40	19.46	13.96	22.00	122.19	87.72
어업		42.14	46.45	21.11	23.90	96.99	81.62
광업		29.69	28.60	43.53	39.26	56.78	89.48
전기 · 가스 · 증기업		13.19	12.56	20.12	25.86	47.76	66.30
건설업		188.76	281.05	28.90	35.88	88.24	78.79
서비스업		54.81	57.57	36.56	38.77	76.89	74.51
도매 및 소매업		73.22	73.79	41.08	42.43	66.37	70.93
운수업 및 창고업		31.30	33.29	25.43	28.82	82.81	79.57
숙박 및 음식점업		28.03	33.96	41.04	42.53	83.86	94.20
출판 · 영상 · 방송통신업		95.11	111.09	38.37	39.48	74.01	72.76
부동산업		18.25	23.00	22.92	26.70	58.97	35.05
전문 · 과학 및 기술서비스업		220.41	223.08	44.02	49.61	87.94	87.55
시설관리 및 임대서비스업		612.67	253.91	70.10	64.92	95.49	94.13
예술 · 스포츠 및 서비스업		16.20	19.16	26.61	27.29	58.44	54.79

(단위: %, 한국은행, 「2019년 기업경영 분석」)

국내 제조업의 경우 부가가치를 구성하는 요소별 비중의 연도별 추이를 살펴보면 다음과 같다. 이 자료에서 보듯이, 영업잉여와 인건비의 비중이 심하게 등락하는 것을 알 수 있다.

▌제조업 부가가치 구성비 추이

연도별 항목별	2010	2012	2014	2016	2018
영업잉여*	30.32	24.38	18.76	24.35	29.46
인건비	45.13	48.50	54.40	51.36	47.47
금융비용	6.37	6.47	5.61	4.29	3.84
세금과 공과	1.30	1.43	1.62	1.58	1.50
감가상각비	16.87	19.22	19.62	18.41	17.73
부가가치 계	100.0	100.0	100.0	100.0	100.0

* 영업잉여 = 영업손익 + 대손상각비   (단위: %)

08

원가를 절감하려면 - 원가 구성

원가란 수익(매출)을 얻기 위해 투입된 요소들의 가치를 말한다. 따라서 원가절감을 하려면 일정한 투입요소에 대해 수익을 극대화하든지, 아니면 투입요소를 줄이더라도 동일한 수익을 달성해야 한다. 이를 위해 회사의 원가구조를 파악할 필요가 있다.

회사의 원가를 구성하는 요소로는 재료비, 인건비, 감가상각비, 이자비용 그리고 기타비용 등이 있다. 이 중 가장 큰 부분을 차지하는 인건비와 감가상각비의 절감노력을 중심으로 원가구성에 대해 살펴본다.

원가구조를 알 수 있는 지표는 다음과 같다.

▋원가구성지표

| 수지비율 | $= \dfrac{총비용}{총수익} \times 100$ | 95% 이하 양호
100% 이상 불량 |

| 감가상각률 | $= \dfrac{감가상각비}{비상각자산} \times 100$ | 15% 이상 양호
5% 이하 불량 |

| 차입금평균이자율 | $= \dfrac{금융비용}{차입금} \times 100$ | 10% 이하 양호
15% 이상 불량 |

| 금융비용 대 매출액비율
(금융비용부담률) | $= \dfrac{금융비용}{매출액} \times 100$ | 3% 이하 양호
8% 이상 불량 |

수지비율

수지비율(Total costs to total revenues)은 총수익에 대한 총비용의 비율로 측정한다. 기업 총체적으로 수익에 대비하여 비용이 얼마나 효과적으로 관리되고 있는지를 파악하는데 활용된다.

- 총비용 = 매출원가 + 판매비와 관리비 + 영업외비용

  23,529 + 18,497 + 9,673 = 51,699백만 원

- 총수익 = 매출액 + 영업외수익

  54,712 + 2,521 = 57,233백만 원

수지비율이 100% 이상이면 총수익에 비해 총비용이 더 크기 때문에 손익계산서상 당기순손실이, 반면에 100% 이하라면 당기순이익으로 나타난다. 수지비율이 낮을수록 영업 활동이 효율적이라고 할 수 있다.

수지비율	$= \dfrac{\text{총비용}}{\text{총수익}} \times 100$ $= \dfrac{51,699}{57,233} \times 100 = 90.33\%$

▶ 업종 평균 : 96.02%　　　　　　▶ 전년도 : 94.71%

▶ 분석
전년도 94.71%에 비해 올해는 90.33%로 수익에서 상대적으로 비용이 차지하는 비율이 4% 정도 낮아졌다. 특히 제약업 평균인 96.02%에 비해서는 현저히 낮은 상태로서, 다른 경쟁사들에 비해 수익에서 비용이 차지하는 비율이 무려 6% 정도 낮아 이익이 그만큼 크게 계산되는 것을 알 수 있다.

▶ 표준비율 : 95% 이하 양호 / 100% 이상 불량

감가상각률

감가상각률(Depreciation ratio)은 감가상각비를 비상각자산으로 나눠 계산한다. 참고로 비상각자산은 다음과 같이 계산한다.

비상각자산 = 유형자산 + 무형자산 - (건설 중인 자산 + 토지) + 감가상각비

= 8,745 + 284 - (166 + 2,936) + 842

= 6,769백만 원

원래 감가상각률은 상각대상자산에 대한 회계기간의 상각률을 의미하기 때문에, 그 역수는 상각대상자산의 평균 내용연수에 해당된다. 예를 들어 감가상각률이 5%이면 유무형자산의 평균 내용연수는 약 20년으로 추정된다. 이 비율이 높을수록 비유동자산의 투자 회수가 빠르다는 뜻이 된다.

감가상각률	$= \dfrac{감가상각비}{비상각자산} \times 100$
	$= \dfrac{842}{6,769} \times 100 = 12.44\%$

▶ 업종 평균 : 12.23%　　　　　▶ 전년도 : 10.24%

▶ 분석
전년도와 올해 및 제약업 평균비율은 10~12% 정도로 비슷한 수준이다. 이는 세법에서 감가상각자산에 대한 내용년수를 획일적으로 규정하고 있고, 거의 모든 제약업체들이 감가상각방법을 정률법으로 통일하여 사용하기 때문이다. 그리고 감가상각률의 역수를 계산하면 유형자산의 평균 내용년수를 계산할 수 있는데, 제약업의 유형자산 내용년수는 8년(1÷ 12.23%)으로 계산된다.

▶ 표준비율 : 15% 이상 양호 / 5% 이하 불량

차입금평균이자율

차입금평균이자율(Interest expenses to total borrowings and bonds payable)은 금융비용(이자비용)을 총차입금으로 나눠 계산한다. 회사가 금융기관으로부터 대출받으면서 부담하는 평균이자율과 거의 유사하다.

차입금 = 단기차입금 + 유동성장기부채 + 사채 + 장기차입금 + 기타차입금

= 17,351 + 5,303 + 7,280 + 682 + 0 = 30,616백만 원

일반적으로 차입금이 작은 경우에는 금융기관으로부터 우대금리를 적용받아 차입금평균이자율이 낮지만, 차입금이 많아질수록 금융기관이 고금리를 요구하기 때문에 급격하게 높아질 수 있다.

차 입 금 평균이자율	$= \dfrac{금융비용}{차입금} \times 100$
	$= \dfrac{4,113}{30,616} \times 100 = 13.43\%$

▶ 업종 평균 : 12.91%　　　　▶ 전년도 : 13.46%

▶ 분석
전년도와 올해의 이자율 수준은 거의 비슷하게 나타나고 있으나 제약업 평균인 12.91%에 비해 약 0.5% 정도 차이가 난다. 그러나 이러한 작은 차이라도 금액으로 환산하게 되면 회사는 다른 경쟁 업체에 비해 추가로 매년 153백만원(30,616백만원 X0.5%)을 이자로 지출한다는 것이다. 따라서 낮은 이자율로 자금을 조달하려는 노력을 기울일 필요가 있다.

▶ 표준비율 : 10% 이하 양호 / 15% 이상 불량

금융비용 대 매출액비율(금융비용부담률)

금융비용 대 매출액비율(Interest expenses to sales)은 금융비용(이자비용)을 매출액으로 나눠 계산한다. 매출액에서 다양한 이자비용(대출이자와 회사채이자 등 금융비용)이 차지하는 비중으로서, 기업이 금융비용을 어느 정도 부담할 수 있는지를 측정하는 대표적인 지표다.

금융비용은 조업도와 관계없이 부담하는 고정비이므로, 사업의 장기적 안정성을 확보하기 위해서는 금융비용부담률을 최대한 낮추는 것이 중요하다.

국내 제조업의 평균 금융비용부담률은 약 2~3% 수준을 기록하고 있다. 그래서 이 수준을 초과하는 경우에는 수익성에 악영향을 미칠 수 있기에 특단의 대책이 필요하다.

| 금융비용 대 매출액비율 | $= \dfrac{\text{금융비용}}{\text{매출액}} \times 100$ |
| | $= \dfrac{4,113}{54,712} \times 100 = 7.50\%$ |

▶ 업종 평균 : 7.63%   ▶ 전년도 : 7.78%

▶ 분석
전년도와 올해 및 제약업 평균 모두 7% 수준이다. 제약업처럼 매출원가율이 낮고 매출채권이 장기간에 걸쳐 잠겨 있는 업종의 경우(화장품제조업 등)에는 이 비율이 제조업 평균에 비해 약간 높은 수준을 기록해도 수익에는 큰 영향을 미치지 않는다. 다만 이 비율이 10%를 초과하는 경우에는 경영에 적신호가 생겼다고 할 정도로 위험하므로 모든 자금조달과 운영 면을 재검토할 필요가 있다.

▶ 표준비율 : 3% 이하 양호 / 8% 이상 불량

손익분기점 발견법

비용을 변동비와 고정비로 구분하는 이유

우리가 평소 쓰는 비용 중에는 활동이 늘어날수록 지출액이 증가하는 항목이 있는 반면에 그 활동의 증감과는 관계없이 매번 일정액이 지출되는 항목도 있다. 예를 들어 자동차 기름값은 운행거리에, 술값은 술 마시는 횟수와 양에, 전철비는 전철 타는 횟수와 이용거리에 따라 지출액이 달라진다. 이런 유형의 비용을 변동비라고 한다.

한편, 자동차세나 보험료는 자동차의 운행거리와 관계없이, 월세는 세든 집에 들어가 살든 말든, 학원 수강비는 학원에 다니는 회수와 상관없이 일정액이 지출된다. 이런 유형의 비용을 고정비라고 한다.

기업에서도 비용을 변동비와 고정비로 구분해 분석하면 많은 알짜 정보를 얻을 수 있다. 예를 들어 현 설비 수준에서 판매량이 어느 정도 되어야 수지를 맞출 수 있는지, 또는 거래처의 주문량에 따라 가격을 어떻게 달리 정할 수 있는지 등을 결정하는데 큰 도움을 받을 수 있다.

변동비와 고정비에는 어떤 비용이 있는가

변동비는 정해진 기준(생산량, 판매량, 조업도 등)이 변동하면 비례적으로 증감하는 비용을 말한다. 변동비에는 직접재료비, 생산직 인건비, 설비용 전기료, 소모품비 등이 있다. 반면에 고정비는 정해진 기준의 범위 내에서 그 금액이 변동하지 않는 비용을 말한다. 고정비에는 관리직원 급료, 화재보험료, 건물임차료, 감가상각비 등이 있다.

기업의 제조원가뿐만 아니라 판매비와 관리비도 고정비와 변동비로 구분할 수 있다. 참고로 각 비용을 고정비와 변동비로 구분하는 사례를 들면, 다음 쪽 그림과 같다.

손익분기점

기업은 어찌하든 손실을 내지 말아야 한다. 이때 손실을 내지 않으려면 얼마큼 팔아야 할까? 당연히 총수익이 총비용이 커야 한다.

총수익과 총비용이 일치하는 판매수량을 손익분기점이라 한다. 다시 말해 손익분기점에서는 손익이 제로(0)가 된다. 만약 판매수량이 손익분기점에 미달하면 손실을 보게 되며, 판매수량이 손익분기점을 초과해야만 이익이 난다.

다음의 사례를 통해 손익분기점에서의 판매수량과 매출액을 계산해본다.

제조업체 비용 분해의 일반기준

분류	고정비	변동비	분류	고정비	변동비
Ⅰ. 직접비			Ⅲ. 판매비와 관리비		
1. 직접재료비			1. 판매비		
재료비		○	판매원 급료	△	△
매입부품비		○	운반비	△	△
2. 직접노무비	△	△	보험료	△	△
3. 직접경비			광고선전비	△	△
외주비		○	판매수수료		○
특허권료	○		대손상각		○
Ⅱ. 간접비			잡비	○	
1. 간접재료비			2. 관리비		
보조재료비		○	급여	○	
소모기구비	△	△	복리후생비	△	△
소모품비	△	△	수선비	△	△
2. 간접노무비			사무용품비	○	
직접공 간접비용	○		여비교통비	○	
간접공 임금	○		통신비	○	
3. 간접경비			접대비	○	
복리후생비	△	△	감가상각비	○	
감가상각비	○		세금과 공과	○	
임차료	○		보험료	○	
보험료	○		잡비	○	
수선료	△	△	Ⅳ. 이자비용	○	
수도광열비	△	△			
재고자산감모손실	○				
연구개발비	○				

* ○ : 고정비나 변동비로 직접 분류가 가능한 비용
　△ : 고정비나 변동비가 함께 포함되어 있는 비용으로, 회사 실정에 따라 구분할 것

장난감 판매상의 손익분기점

A가 아파트 상가에 판매장을 월 20만 원에 임차하여 장난감을 팔고 있다고 하자. 장난감은 개당 9,000원에 도매상으로부터 매입하여 10,000원에 판매한다. 편의상 별도의 비용은 발생하지 않는다고 가정해보자.

A가 손해를 보지 않으려면 한 달에 몇 개의 장난감을 팔아야 할까? 이 장난감 사업의 손익분기점이 되는 판매수량은 얼마일까?

A가 장난감 한 개를 팔 때마다 1,000원의 이익이 나고, 여기서 고정비인 판매장 임차료 20만 원을 내야 한다. 장난감을 한 개 판매할 때마다 추가로 발생하는 이익 전액과, 고정비인 임차료가 일치하는 판매수량이 바로 손익분기점이다. 이 계산법을 공식으로 표시하면 다음과 같다.

손익분기점 수량 = 고정비 총액 ÷ (단위당 가격 − 단위당 변동비)

= 200,000 ÷ (10,000 − 9,000) = 200개

손익분기점 매출액 = 손익분기점 수량 × 단위당 가격

= 200 × 10,000 = 2,000,000원

위의 산식에 따라 손익분기점 수량인 200개를 팔아야 손익이 제로(0)가 된다. 만약 손익분기점에 미달하여 한 달에 200개 이하로 판매되면 손실이, 반대로 손익분기점을 초과하여 200개 이상을 판매하면 이익이 발생한다. 이 내용을 그림으로 표시하면 다음과 같다.

이 그림에서 매출액과 총비용선이 만나는 점이 손익분기점이며,

손익분기점에서의 판매수량은 200개, 매출액은 200만 원이다. 만약 손익분기점에 미치지 못하는 100개를 판매했을 때는 총비용(110만 원)이 매출액(100만 원)보다 높으므로 10만 원의 손실이 발생한다. 반면에 손익분기점을 초과하는 300개를 판매했을 때는 총비용(290만 원)보다 매출액(300만 원)이 높으므로 10만 원의 이익을 기록한다.

▌장난감 판매상의 손익분기점

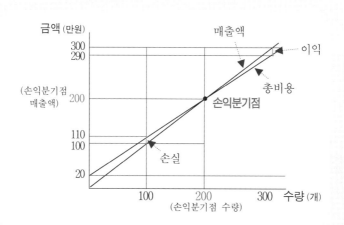

공헌이익

회사는 손익분기점을 이용하여 사업타당성을 검토할 수 있다. 현재 영위하거나 앞으로 추진할 사업에 대해 현재의 판매수량, 손익분기점에서의 판매수량, 그리고 달성 가능한 판매수량 등을 서로 비교하여 실현 가능한 사업계획을 수립할 수 있다.

손익분기점과 관련하여 단위당 판매가격에서 단위당 변동비를 차

▌ 손익분기점의 활용방안

현상분석

- 손익분기점은 얼마인가, 불황에 대한 저항력은 어떠한가, 그리고 어느 정도의 매출 감소까지 견딜 수 있는가 하는 점을 알 수 있다.
- 이익구조의 악화 경향은 없는가, 앞으로 이익을 높이기 위해서는 어떻게 해야 하는가 하는 지침을 얻을 수 있다.
- 제품별·부문별·지역별로 전체 이익에 얼마나 공헌하고 있는가를 알 수 있다.

이익계획

- 차기의 손익분기점은 얼마가 될 것인가, 목표이익을 거두기 위해서는 어느 정도의 매출 증가 또는 비용의 감소가 필요한가, 증가하는 고정비를 흡수하기 위해서는 어느 정도의 매출 증가가 필요한가를 알 수 있다.
- 전체 이익을 증가시키기 위해서는 어느 제품, 시장, 부문, 거래처에 중점을 두어야 하는가를 알 수 있다.
- 이익을 증가시키기 위해서 제품 구성비율을 어떻게 해야 하는가, 제품의 구성을 변화시키면 전체 이익에 어떠한 영향을 미치는가 하는 문제를 검토하는 데 활용할 수 있다.

관리적 의사결정

- 구설비를 고칠 것인가와 어떤 유형의 설비를 구입할 것인가를 알 수 있다.
- 자체 생산할 것인가, 아니면 외주가공할 것인가를 판단할 수 있다.
- 추가로 어떠한 제품을 생산할 것인가 여부를 결정할 수 있다.

감한 금액을 공헌이익(Contribution margin)이라고 한다. 위의 예에서는 개당 판매가격 10,000원에서 단위당 변동비 9,000원을 차감한 1,000원이 공헌이익이 된다.

원래 공헌이익이란 단위당 판매가에서 변동비를 초과하는 금액은 고정비를 부담하거나 이익을 창출하는 데 공헌한다는 뜻으로 생긴 용어다. 이에 따라 공헌이익이 추가로 발생하는 판매량이 있게 되면, 회사 전체적으로 이익이 증가하거나 손실이 감소한다.

공헌이익률은 공헌이익을 판매가로 나눈 비율을 말한다. 여러 제품의 공헌이익률을 검토하면, 생산능력이 부족한 상황에서 제품 생산의 우선순위를 정하는데 이용할 수 있다. 이와 같이 손익분기점은 경영자에게 현상분석, 이익계획, 의사결정 등을 하는데 큰 도움을 준다.

산업 중에서 거액의 설비투자가 필요한 자본집약적 산업(석유정제업 · 조선업 · 자동차산업 등)에 있어서는 생산제품의 공헌이익이 높게 나타난다(고정비가 높고 변동비가 낮다는 의미). 반대로 노동집약적인 산업에서는 생산제품의 공헌이익이 낮게 나타난다(고정비가 낮고 변동비가 높다).

손익분기점과 관련되는 비율을 살펴보면 다음과 같은 항목이 있다.

█ 손익분기점 관련 비율

손익분기점률 $= \dfrac{\text{손익분기점에서의 매출액}}{\text{매출액}} \times 100$

85% 이하 양호
95% 이상 불량

변동비 대
매출액비율 $= \dfrac{\text{변동비}}{\text{매출액}} \times 100$

30% 이하 양호
50% 이상 불량

고정비 대
매출액비율 $= \dfrac{\text{고정비}}{\text{매출액}} \times 100$

50% 이하 양호
70% 이상 불량

희망제약주식회사의 손익분기점

한국은행에서 정한 손익분기점 계산방식에 따라 희망제약주식회사의 손익분기점을 계산하면 다음과 같다.

▌희망제약주식회사의 손익분기점

> **손익분기점에서의 매출액**
>
> $$\frac{(\text{고정비}-\text{영업외수익})}{(1-\frac{\text{변동비}}{\text{매출액}})} = \frac{(34{,}280-2{,}521)}{(1-\frac{17{,}419}{54{,}712})} = 46{,}593\text{백만원}$$

> **변 동 비**
>
> 총비용 − 고정비 = 51,699 − 34,280 = 17,419백만원

> **고 정 비**
>
> 판매비와 관리비 + 영업외비용 + (노무비의 1/2 + 제조경비 − 외주가공비 + 재고조정 중의 고정비)
> = 18,497 + 9,673 + (3,621 × 1/2 + 7,708 − 3,768 + 360)
> = 34,280백만원

> **재고조정 중의 고정비**
>
> $$\frac{(\text{매출원가}-\text{당기총제조비용})\times(\frac{\text{노무비}}{2}+\text{제조경비}-\text{외주가공비})}{\text{당기총제조비용}}$$
>
> $$=\frac{(23{,}529-22{,}143)\times(\frac{3{,}621}{2}+7{,}708-3{,}768)}{22{,}143}=360\text{백만원}$$

손익분기점률

손익분기점률(Break-even point ratio)이란 손익분기점에서의 매출액을 현재의 매출액으로 나눠 계산한 비율을 말한다. 손익분기점률을 분석하면 기업의 채산성을 알 수 있다. 이 비율이 낮을수록 영업활동의 채산성이 양호하고, 높을수록 채산성이 불량하게 나타난다. 현재 기업경영 분석에서의 손익분기점분석은 세전이익을 기준으로 한다.

손익분기점이란 비용을 고정비와 변동비로 분류하여 조업도 변동에 따른 수익·비용 및 이익의 상호 변동관계를 분석한 후, 이를 이용해 기업의 매출계획 및 이익계획을 수립할 수 있다.

손익분기점률	$= \dfrac{\text{손익분기점에서의 매출액}}{\text{매출액}} \times 100$
	$= \dfrac{46,593}{54,712} \times 100 = 85.16\%$

▶ 업종 평균 : 93.05%   ▶ 전년도 : 91.75%

▶ 분석
전년도 91.75%에서 올해 85.16%로 급격하게 하락한 매우 양호한 추세이다. 참고로 100%에서 손익분기점률을 차감하면 안전율이 계산되는데, 여기서는 14.84%로, 이 정도로 조업수준이 하락해야만 세전손익이 0이 되는 분기점에 도달한다는 것이다. 즉, 1년간 조업일수가 320일이라면 약 14.84%인 47일간 조업을 하지 않는 경우에도 손익분기점에 도달할 수 있다는 것이다.

▶ 표준비율 : 85% 이하 양호 / 95% 이상 불량

변동비 대 매출액비율(변동비율)

변동비율(Variable costs to sales)은 변동비를 매출액으로 나눠 계산한 비율을 말한다. 변동비는 조업도의 변동에 비례하여 증감하는 비용을 말한다. 예를 들어 상품매출원가 · 재료비 · 외주비 · 운반비 · 포장비 등의 비용 과목은 매출액이 증감할수록 비례적으로 증감하는 변동비에 해당된다.

변동비율이 지나치게 낮다는 것은 현 조업도가 낮거나 설비가 과잉상태라는 것을 의미하고, 반대로 과도하게 높다는 것은 고정설비의 부족을 뜻한다. 따라서 변동비율은 적절한 조업도 수준 및 설비투자규모를 결정하는 데 중요한 판단지표로 이용된다.

변동비 대 매출액비율	$= \dfrac{변동비}{매출액} \times 100$
	$= \dfrac{17,419}{54,712} \times 100 = 31.84\%$

▶ 업종 평균 : 35.45%   ▶ 전년도 : 33.24%

▶ 분석
전년도 33.24%, 올해 31.84%로 모두 30% 이상으로 비슷한 수준을 기록하고 있다. 따라서 이 회사는 매출액 중에서 재료비와 외주가공비 등의 변동비가 30% 정도 차지하고 있다는 것을 알 수 있다.

▶ 표준비율 : 30% 이하 양호 / 50% 이상 불량

고정비 대 매출액비율(고정비율)

고정비율(Fixed costs to sales)은 고정비를 매출액으로 나눠 계산한다.

고정비는 조업도에 관계없이 일정하게 발생하는 비용을 말한다. 예를 들어 인건비·감가상각비·임차료 등의 비용은 매출액이 증감하더라도 일정 기간 고정금액이 발생하기 때문에 고정비에 해당된다.

고정비율이 높으면 조업도가 상대적으로 낮은 수준이라는 의미한다. 경기 불황시에는 매출액 감소에도 불구하고 고정비 지출은 줄지 않아, 고정비율이 전반적으로 높아지는 경향이 있다.

$$
\text{고정비 대 매출액비율} = \frac{\text{고정비}}{\text{매출액}} \times 100
$$

$$
= \frac{34,280}{54,712} \times 100 = 62.66\%
$$

▶ 업종 평균 : 60.08%　　　　▶ 전년도 : 65.40%

▶ 분석

전년도에 비해 올해는 하락하고 있어 조업수준이 다소 높아졌으며, 제약업 평균과 비교하여 거의 비슷한 수준을 기록하고 있다. 다만 제약업의 평균적인 모습은 매출액에서 고정비가 차지하는 비중이 약 60% 수준으로 높고, 이는 상대적으로 재료비 등과 같은 변동비가 차지하는 비율이 30% 수준으로 낮은 상태를 보이고 있다. 그리고 나머지 10%는 법인세비용과 순이익으로 구성되어 있다.

▶ 표준비율 : 50% 이하 양호 / 70% 이상 불량

그래프로 분석해 보자

지금까지 검토한 희망주식회사의 손익분기점 자료를 그림으로 살펴보면 다음과 같다. 현재의 매출액을 100%라고 하면, 손익분기점상의 매출액은 85.16%인 46,593백만 원으로 계산된다.

안전율(Safety ratio)은 100%에서 손익분기점률인 85.16%를 차감한 수치인 14.84%를 의미하다. 만약 회사가 연간 320일을 영업한다면, 약 47일(320일 × 14.84%) 가량 영업을 중단해야만 손익분기점에 도달한다는 것이다. 손익분기점률이 낮을수록, 안전율이 높아지며 그만큼 영업의 안정성이 커진다.

■ 희망제약주식회사의 손익분기점도표

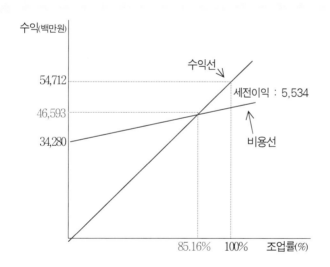

회사의 신용평점을 매겨 보자

종합금융회사의 신용평가표

담보에서 신용평가로

지금까지 손익계산서와 재무상태표에 나타나는 여러 계정과목에 대해 설명했다. 이어서 각 계정과목을 서로 조합하여 여러 유형의 재무지표를 계산한 후, 그 의미까지 살펴봤다. 마지막으로 재무제표 분석을 종합 정리하는 차원에서 금융기관 신용평점을 매겨보기로 하겠다.

오랜 기간에 걸쳐 재무제표를 가장 체계적으로 분석한 집단은 아마 금융기관일 것이다. 금융기관으로서는 기업에 빌려준 돈을 떼이지 않고 제대로 회수하는 것이 가장 중요하기 때문이다. 만약 금융기관이 담보나 보증을 받고 기업에 대출해준다면 재무제표는 큰 의미가 없다. 만에 하나 대출을 상환하지 못하면 담보를 처분하거나 보증을 행사하면 되기 때문이다.

요즈음 담보나 보증보다는 기업의 미래 사업성이 크게 강조되면서 금융기관의 대출 패턴에도 변화가 불기 시작했다. 뛰어난 기술력을 바탕으로 하는 중소기업과 벤처기업들이 속속 성장하면서, 담보 위주의 대출 관행에서 재무제표를 이용한 신용평가 위주로 바뀌고 있다.

원래 재무제표에 나오는 계정과목들을 조합하면, 수십 내지 수백 가지 유형의 경영 분석지표를 계산할 수 있다. 그중에는 중요한 항목이 있고, 비교적 무시해도 좋은 항목도 있다. 금융기관은 그중에서 우량기업과 부실기업을 뚜렷하게 구분할 수 있는 몇 개의 지표만을 골라, '신용평가표'를 만들어 대출심사에 활용한다.

종합금융회사의 신용평가표

종합금융회사란 금융기관의 업무(대출·리스·팩토링·증권발행 등)를 모두 취급할 수 있는 곳이다. 특히 기업에 단기 운전자금(하루짜리부터 길어도 3개월 이내까지의 자금)을 빌려주는 것이 주된 업무다. 따라서 종합금융회사는 기업의 단기 지급능력 위주로 신용을 평가한다. 신용등급은 다음과 같이 A1부터 D등급까지 다양한데, 신용등급이 높을수록 당연히 대출금액이 커지고 대출금리는 낮아진다.

과거 우리나라가 외환위기를 겪으면서 수많은 종합금융회사가 도산했다. 이에 따라 국내 금융시장에서 종합금융회사가 차지하는 비중이 급감했다. 하지만 종합금융사의 신용평가표에 나오는 재무비율을 살펴보면, 단기자금을 빌려주는 금융기관이 어떤 재무비율에 초점을 맞추는지를 이해할 수 있을 것이다.

기업어음 신용등급의 의미

A1 — 적기상환능력이 최고 수준이며, 그 안정성은 현 단계에서 합리적으로 예측 가능한 장래의 환경변화에 영향을 받지 않을 만큼 높음

A2 — 적기상환능력이 우수하지만, 그 안정성은 A1 등급에 비해 다소 열등한 요소가 있음

A3 — 적기상환능력은 양호하지만, 그 안정성은 장래의 급격한 환경변화에 따라 다소 영향을 받을 가능성이 있음

B — 적기상환능력은 있으나, 그 안정성은 환경변화로 저하될 가능성이 있음

C — 적기상환능력 및 그 안정성이 매우 가변적임

D — 무등급

■ 종합금융회사의 신용평가표

구분	평가요소	평점분류									
			A		B		C		D		E
유동성	유동비율	8	150% 이상	6	125-150	4	100-125	2	75-100	1	75% 미만
	부채상환계수	6	80% 이상	5	50-80	4	30-50	3	20-30	2	20% 미만
	순영업자본회전율	8	10회 이상	6	5-10	4	3.3-5	2	2.5-3.3	1	2.5회 미만
안정성	자기자본비율	8	40% 이상	6	30-40	4	20-30	2	15-20	1	15% 미만
	차입금의존도	6	30% 미만	5	30-45	4	45-60	3	60-75	2	75% 이상
	유동부채비율	6	100% 미만	5	100-250	4	250-400	3	400-500	2	500% 이상
수익성	매출액영업이익률	6	12% 이상	5	8-12	4	5-8	3	3-5	2	3% 미만
	금융비용부담률	4	3% 미만	3	3-4	2	4-6	1	6-10	0	10% 이상
	총자본세전순이익률	6	5% 이상	5	3-5	4	1.5-3	3	0.5-1.5	2	0.5% 미만
	자기자본순이익률	4	12% 이상	3	8-12	2	5-8	1	3-5	0	3% 미만
성장·활동성	매출액증가율	8	30% 이상	6	20-30	4	10-20	2	5-10	1	5% 미만
	총자본회전율	6	1.5회 이상	5	1.0-1.5	4	0.8-1.0	3	0.6-0.8	2	0.5회 미만
	매출채권회전율	4	8회 이상	3	6-8	2	5-6	1	3-5	0	3회 미만
기타	자기자본규모	6	150억 이상	5	80-150	4	30-80	3	5-30	2	5억 미만
	업력(년)	4	15년 이상	3	10-15	2	5-10	1	3-5	0	3년 미만
	매출액 규모(원)	6	500억 이상	5	150-500	4	30-150	3	10-30	2	10억 미만
	기업형태	4	유가증권시장 상장	3	코스닥시장 상장	2	외감	1	기타		

희망제약주식회사의 재무제표를 이용해 종합금융회사의 신용평점을 매겨보면, 다음처럼 79점으로 계산된다.

각 분야별로 유동성(13점/22점=59%), 안정성(16점/20점=80%), 수익성(17점/20점=85%), 성장 활동성(5점/18점=28%), 기타(16점/20점=80%)로 각기 구분된다. 이 회사의 경우 안정성과 수익성은 양호하지만, 유동성과 성장활동성이 극히 불량한 것으로 나타난다.

▌종합금융회사 신용평가표 - 희망제약주식회사의 신용평점

구분	평가항목	배점	비율	등급	평점	페이지
유동성	유동비율	8	175.55%	A	8	254
	부채상환계수	6	30.07%	C	4	292
	순영업자본회전율	8	1.77회	E	1	275
안정성	자기자본비율	8	34.56%	B	6	253
	차입금의존도	6	42.53%	B	5	261
	유동부채비율	6	125.49%	B	5	259
수익성	매출액영업이익률	6	23.19%	A	6	285
	금융비용부담률	4	7.50%	D	1	318
	총자본세전순이익률	6	7.95%	A	6	281
	자기자본순이익률	4	13.29%	A	4	283
성장 활동성	매출액증가율	8	7.61%	D	2	249
	총자본회전율	6	0.79회	D	3	268
	매출채권회전율	4	1.90회	E	0	273
기타	자기자본규모	6	249억	A	6	6
	업력(년)	4	8년	C	2	6
	매출액 (억 원)	6	547억	A	6	7
	기업형태	4	외감	C	2	5
	합계	100			79	

㈜ 평가항목별 페이지는 관련 비율이 계산된 부분임

회사채 발행 시의 신용평가표

회사채 신용평가표

회사채란 주식회사가 투자자로부터 돈을 빌리면서 발행하는 채무 증서(일종의 차용증)를 말한다. 회사채는 기업에게 부채에 해당되기 때문에, 미리 약정한 시점에 반드시 상환해야만 한다.

만약 회사에게 회사채의 발행을 무한정 허용하면, 과다한 부채로 인해 도산 가능성이 높아진다. 따라서 우리나라 상법에서는 주식회사의 순재산가액(자기자본)의 4배 범위 내에서만 회사채의 발행을 허용하고 있다. 이러한 제재를 가하는 이유는 경영에 참가하지 못하는 소액주주와 채권자를 보호하기 위해서다.

과거 주식회사가 회사채를 발행하려면, 다음의 신용평가표에 따라 계산된 신용평점이 반드시 40점 이상을 넘겨야만 했다. 그만큼 회사채 발행 조건이 까다로웠다. 현재는 2개 이상의 신용평가회사로부터 신용평가를 받는 방식으로 변경되었다. 신용평가회사는 회사채의 신용등급을 AAA부터 D까지 매기고 있다. 이 중에서 BBB 이상의 신용등급을 투자채권이라고, 그 이하를 투기채권(일명 정크본드)이라고 부른다.

회사채 신용평가표에 나오는 재무비율을 살펴보면, 장기자금을 빌리는 경우 중시하는 비율이 무엇인지를 알 수 있다.

▌회사채 신용등급의 의미

	신용등급	등급의 내용
투자채권	AAA	• 원리금의 지급능력이 최상급
	AA (+, 0, −)	• 원리금의 지급확실성은 매우 높지만, AAA의 채권보다 낮은 요소가 있음
	A (+, 0, −)	• 원리금의 지급확실성은 높지만, 경제적·정치적 형세 등 환경악화에 따른 영향을 받기 쉬운 면이 있음
	BBB (+, 0, −)	• 원리금의 지급확실성은 인정되지만, 상위등급에 비해 장래 원리금의 지급확실성이 저하된 가능성을 내포
투기채권	BB (+, 0, −)	• 원리금의 지급확실성은 당장 문제가 되지 않으나, 장래 안전에 대해서는 단언할 수 없는 투기적 요소를 내포
	B (+, 0, −)	• 원리금의 지급확실성이 결핍되어 투기적이며, 불황시 이자 지급이 확실하지 않음
	CCC (+, 0, −)	• 원리금의 지급에 대해 현재에도 불안요소가 있으며, 채무불이행의 위험이 커서 매우 투기적임
	CC (+, 0, −)	• 상위등급에 비해 더욱 불안정요소가 큼
	C (+, 0, −)	• 채권불이행의 위험성이 높고, 전혀 원리금 상환능력이 없음.
	D (+, 0, −)	• 채권불이행의 상태에 있으며, 원리금의 연체·부도상태에 있음

█ 회사채 발행시의 신용평가표

항 목		배점	등급분류 및 등급별 배점				
			A	B	C	D	E
안정성	순자산규모	8	400억원 이상	300~400	200~300	100~200	100억원 미만
	자기자본비율	8	30% 이상	20~30	15~20	10~15	10% 미만
	유동비율	4	150% 이상	125~150	100~125	75~100	75% 미만
	비유동장기적합률	4	60% 이하	60~80	80~100	100~150	150% 초과
	차입금의존도	8	30% 이하	30~45	45~60	60~75	75% 초과
	(소계)	(32)					
수익성	총자본세전순이익률	8	5% 이상	3.0~5.0	1.5~30	0.5~1.5	0.5 미만
	자기자본순이익률	8	10% 이상	7~10	5~7	1~5	1% 미만
	금융비용부담률	8	3% 이하	3~4	4~6	6~10	10% 초과
	이자보상배율	8	2배 이상	1.5~2.0	1.2~1.5	1.0~1.2	1배 미만
	(소계)	(32)					
성장·활동성	매출액증가율	8	20% 이상	15~20	10~15	5~10	5% 미만
	총자본회전율	8	1.5회 이상	1.0~1.5	0.8~1.0	0.6~0.8	0.6회 미만
	(소계)	(16)					
기타	주가수준	8	2배 이상	1.8~2.0	1.5~1.8	1.2~1.5	1.2배 미만
	설립경과년수	4	30년 이상	20~30	15~20	10~15	10년 미만
	시험연구 및 개발투자비율	4	0.5% 이상	0.3~0.5	0.1~0.3	0~0.1	0%
	담보제공 및 채무보증비율	4	100% 이하	100~300	300~500	500~700	700% 초과
	(소계)	(20)					
	합계	100					

* 8점에 해당하는 항목이 A등급이면 8점, B등급이면 6점, C등급이면 4점,
  D등급이면 2점, E등급이면 0점임.

** 4점에 해당하는 항목이 A등급이면 4점, B등급이면 3점, C등급이면 2점,
   D등급이면 1점, E등급이면 0점임.

희망제약주식회사의 재무제표를 이용해 회사채 신용평점을 매겨 보면, 다음처럼 72점으로 계산된다.

각 분야별로 안정성(26점/32점=81%), 수익성(26점/32점=81%), 성장 활동성(4점/16점=25%), 기타(16점/20점=80%)로 나타난다. 회사의 안정성과 수익성은 양호하지만, 성장활동성이 심각하게 나쁜 것으로 나타난다.

▌ 회사채 신용평가표 - 희망제약주식회사의 신용평점

구분	평가항목	배점	비율	등급	평점	페이지
안정성	순자산규모(억 원)	8	249억	C	4	6
	자기자본비율	8	34.56%	A	8	253
	유동비율	4	175.55%	A	4	254
	비유동장기적합률	4	42.13%	A	4	257
	차입금의존도	8	42.53%	B	6	261
	(소계)	(32)			(26)	
수익성	총자본세전순이익률	8	7.95%	A	8	281
	자기자본순이익률	8	13.29%	A	8	283
	금융비용부담률	8	7.50%	D	2	318
	이자보상배율	8	3.08회	A	8	293
	(소계)	(32)			(26)	
성장 활동성	매출액증가율	8	7.61%	D	2	249
	총자본회전율	8	0.79회	D	2	268
	(소계)	(16)			(4)	
기타	주가수준	8	3.38배	A	8	-
	설립경과연수	4	8년	E	0	6
	시험연구 및 개발투자비율	4	1.2%	A	4	-
	담보제공 및 채무보증비율	4	80%	A	4	-
	(소계)	(20)			(16)	
	합계	100			72	

㈜ 평가항목별 페이지는 관련 비율이 계산된 부분임

미래상환능력(FLC)

미래상환능력

미래상환능력(FLC: Forward Looking Criteria)이란 회사가 미래 대출채권을 변제할 수 있는 능력이 어느 정도인지를 평가하는 방식이다. 과거 및 현재의 신용위험 추이를 분석하여 신용등급을 매긴 후, 최종적으로 대출금의 상환할 능력을 측정한다.

신용평가표의 항목은 크게 재무항목과 비재무항목으로 구분된다. 비재무항목은 산업위험, 경영위험, 영업위험 등으로 구성되며 그 내용은 다음과 같다.

첫째, 산업위험이란 기업이 속한 산업 환경의 호황 또는 불황이 경영실적에 미치는 위험을 말한다. 예를 들어 유가 하락으로 국내 조선업과 해운업이 극도로 침체되면서 수많은 기업이 도산한 사례가 있는데, 이런 경우 산업위험은 매우 높게 나타난다.

둘째, 경영위험이란 기업 경영자가 잘못된 판단을 내림으로써 나타나는 여러 가지 위험요인을 말한다. 예를 들어 사업 다각화를 위해 신사업에 진출하면서 거액을 투자했는데 판매 부진에 따라 손실이 생겼다면, 경영위험이 높은 상황이다.

셋째, 영업위험이란 회사가 공장을 건설하고 인력을 조달한 상태에서, 원재료를 매입해 제품을 생산한 후 최종 소비자에게 판매하는 일련의 영업활동에서 발생하는 여러 위험요인을 말한다. 영업위험은 구매, 생산, 판매 활동이 효율적으로 작동되는지 검토하는 지표로 활용된다.

끝으로, 기타위험은 지진과 화재 등 천재지변에 따라 발생하는 위험을 말하며, 보험회사의 보험금으로 충당할 수 있는지가 관건이다.

원래 비재무항목은 객관적으로 평가하기가 매우 어렵고, 평가자의 주관이 많이 개입될 수밖에 없다. 반면에 재무항목은 재무제표를 근거로 비율이나 지표가 정확하게 산출되므로, 그 누가 계산하더라도 동일한 결과가 나온다. 금융기관이 거래 기업의 재무제표를 메인 컴퓨터에 입력하면, 해당 지표와 신용평점이 자동으로 계산되는 시스템이다.

■ 업종별 평가항목표(제조업 1군)

구분		평가요소	기본구분		항목별 구간값				
			외감	비외감	A	B	C	D	E
재무항목	안정성	자기자본비율	6	6	48.07 이상	48.09~33.71	33.7~23.19	23.18~12.76	12.75 이하
		유동비율	3	3	147.98 이상	147.97~106.3	106.29~82.36	82.35~58.23	58.22 이하
		차입금의존도	3	3	21.36 이하	21.37~37.29	37.3~48.51	48.52~60.47	60.48 이상
		매출액 대 총부채	4	4	2.13 이상	2.12~1.52	1.51~1.16	1.15~0.8	0.79 이하
	수익성	총자본순이익률	7	6	6.09 이상	6.08~2.2	2.19~0.48	0.47~ -6.16	-6.17 이하
		매출액세전순이익률	6	5	6.97 이상	6.96~2.76	2.75~0.57	0.56~ -7.85	-7.86 이하
		적립금비율	7	0	75.58 이상	75.57~54.8	54.79~28.89	28.88~-0.83	0.82 이하
		금융비용부담률	6	5	1.06 이하	1.07~3.82	3.83~6.13	6.14~10.33	10.34 이상
	생산성	총자본투자효율	3	3	31.06 이상	31.05~22.88	22.87~16.83	16.82~10.46	10.45 이하
	현금흐름	이자보상배율	5	5	4.07 이상	4.06~1.97	1.96~0.78	0.77~ -0.76	-0.77 이하
		부채상환계수	5	5	1.9 이상	1.89~0.91	0.9~0.4	0.39~ -0.21	-0.22 이하
		추정현금흐름	5	5	유동성장기차입금상환후현금(+)	이자지급 후 현금(+)	영업활동 후 현금(+)	현금영업이익(+)	기타
재무항목 소계			60	50					
비재무항목	산업위험	IR 등급	2	3	IR1	IR2	IR3	IR4	IR5
		경기민감도	4	5	매우 안정	안정	보통	불안정	매우 불안정
		경쟁현황	4	5	15~16점	12~14점	8~11점	6~7점	4~5점
	경영위험	기업규모	1	1	8점	6~7점	4~5점	3점	2점
		경영자 전문성	3	4	8점	6~7점	4~5점	3점	2점
		경영전략 수립	2	3	8점	6~7점	4~5점	3점	2점
		경영관리 능력	2	2	8점	6~7점	4~5점	3점	2점
		내부통제 적정성	2	2	8점	6~7점	4~5점	3점	2점
		거래신뢰도	5	6	12점	10~11점	7~9점	5~6점	3~4점
		재무적 융통성	5	6	6~7점	5점	4점	3점	2점
	영업위험	판매효율성	4	5	12점	10~11점	7~9점	5~6점	3~4점
		생산효율성	3	4	12점	10~11점	7~9점	5~6점	3~4점
		구매안정성	3	4	8점	6~7점	4~5점	3점	2점
비재무항목 소계			40	50					
평 점 소 계			100	100					

위험의 분석방법

기업의 위험을 고려하여 신용등급을 매기기 위해, 과거에는 재무제표 위주로 분석했다. 그러나 미래상환능력에서는 위험요인을 중심으로 산업위험분석 → 경영위험분석 → 영업위험분석 → 재무위험분석 → 기타위험분석을 통해 최종적으로 미래 현금 흐름을 분석하는 방식대로 분석한다.

위험의 분석

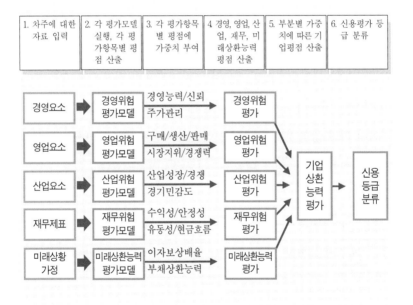

재무항목과 비재무항목의 관련성

앞의 신용평가표를 보면, 외감법인과 비외감법인에 따라 재무항목과 비재무항목에 대한 배점이 각기 다르다. 외감법인이란 총자산이

120억 원 이상으로 '외감법(주식회사 외부감사에 관한 법률)' 적용을 받아 회계법인으로부터 재무제표에 대해 회계감사를 받는 기업을 말한다.

보통 외감법인의 재무제표는 비교적 신뢰성이 높기 때문에 재무항목: 비재무항목 배점이 60: 40으로 나타난다. 한편으로 비외감법인이 작성한 재무제표는 전문가의 검토를 받은 적이 없으므로 신뢰성이 낮다. 따라서 재무항목: 비재무항목 배점이 50: 50으로 나타난다.

신용평가표에서 비재무항목은 '원인'에, 재무항목은 '결과'에 해당된다. 기업이 속한 산업이 호황이고 경영자가 전문적인 경험과 식견에 따라 적시에 적절한 의사결정을 하고, 동시에 구매, 생산, 판매 등 관리시스템이 효율적으로 작동하면 자연히 경영실적이 양호하게 나온다. 그중 하나라도 어긋나면 경영실적은 불량한 결과로 이어진다.

이에 따라 금융기관이 기업의 신용평가를 수행할 때 나올 수 있는 기업의 신용평점 유형은 다음 4가지로 정리할 수 있다.

▌금융기관의 신용평가 결과

구분 \ 유형	A	B	C	D
원인(비재무 요인)	양호	불량	양호	불량
결과(재무 요인)	양호	양호	불량	불량
판단	정상	부실책임	거래중단	정상

A 유형은 경영실적이 매우 양호해 재무 요인의 평점을 높게 받은 기업이다. 이런 기업은 비재무 요인 점수를 매우 높게 받는다 해도

뭐라 말할 사람이 없다.

B 유형은 재무 요인의 평점이 매우 낮은데, 경영실적이 손실을 나타내고 과다한 부채를 보유하기 때문에 그렇다. 즉 대출금의 원리금 상환이 어려운 기업이다. 이때, 평가자가 비재무 요인에 양호한 점수를 매겨 신규 대출을 강행한다면, 해당 기업이 도산함에 따라 발생하는 모든 책임은 평가자가 부담해야 한다. 당연히 비재무 요인의 평점이 낮게 나올 수밖에 없다.

C 유형은 경영실적은 매우 양호하지만 비재무 요인의 평가를 매우 나쁘게 받은 기업이다. 이 경우 기업의 임직원들은 금융기관의 평가자에게 왜 신용평점이 나쁜지 강력하게 항의할 것이고, 거래 금융기관을 다른 곳으로 바꿀 가능성이 높다. 금융거래 중단을 각오해야 하는 상황이다.

D 유형은 경영실적이 나쁘기 때문에 비재무 요인의 신용평점도 매우 낮다. 이 평가에 대해 반론을 제기할 사람은 아무도 없다.

결과적으로, 금융기관의 신용평가표는 재무항목과 비재무항목으로 구분한 것처럼 보이지만, 실제로는 재무항목에 따라 비재무항목의 평점을 매길 가능성이 높을 수밖에 없다.

신용평점 매기는 방법

희망제약주식회사의 재무제표를 이용해 재무항목만의 신용평점을 매겨보면, 60점을 기준으로 43.6점(100분율 환산점수 73점)이 나온다.

각 분야별로 안정성(11.2점/16점=70%), 수익성(18.4점/26점=71%),

생산성(3점/3점=100%), 현금 흐름(11점/15점=73%)으로 나타난다. 전 반적으로 양호하다는 결론이다.

▌미래상환능력 신용평가표 - 희망주식회사의 신용평점

구분	평가항목	배점	비율	등급	평점	페이지
안정성	자기자본비율	6	34.56%	B	4.8	253
	유동비율	3	175.55%	A	3.0	254
	차입금의존도	3	42.53%	C	1.8	261
	매출액 대 총부채	4	0.86배	D	1.6	-
수익성	총자본순이익률	7	4.45%	B	5.6	281
	매출액세전순이익률	6	5.66%	B	4.8	286
	적립금비율	7	70.46%	B	5.6	288
	금융비용부담률	6	7.50%	D	2.4	318
생산성	총자본투자효율	3	36.86%	A	3.0	306
현금 흐름	이자보상배율	5	3.08배	B	4.0	293
	부채상환계수	5	0.30배	D	2.0	292
	추정현금 흐름	5		A	5.0	-
	합계	60			43.6	

▌신용평가 배점표

배점 \ 등급	A등급	B등급	C등급	D등급	E등급
3점	3.0	2.4	1.8	1.2	0.6
4점	4.0	3.2	2.4	1.6	0.8
5점	5.0	4.0	3.0	2.0	1.0
6점	6.0	4.8	3.6	2.4	1.2
7점	7.0	5.6	4.2	2.8	1.4

㈜ A등급에 속하면 만점이고 그 이하 등급부터는 만점을 5로 나눈 점수를 감액해 계산한다.

04

기업 공개 시의 상장요건

기업 공개시의 상장요건

기업이 발행한 주식을 증권시장에 상장시키는 것을, 기업공개(Public Offering)라고 한다. 기업이 공개되면, 그 주식이 증권시장에서 자유롭게 매매되기 때문에 일반투자자·기관투자자 등 수많은 이해관계자들이 나타난다. 특히 공개기업이 도산하면 많은 투자자들이 거액의 손실을 입으면서, 크나큰 사회적 문제가 발생할 수 있다. 이 때문에 공개요건을 엄격하게 제한하여 우량기업만을 공개시킬 필요가 있다.

금융감독원은 유가증권시장(코스피시장)과 코스닥시장으로 각각 구분하여 엄격한 공개요건을 정해, 경영실적이 양호한 기업만을 공개시키고 있다. 지금까지 배운 내용을 응용하는 차원에서, 다음 항목들이 어떤 내용인지 곰곰이 살펴보기 바란다.

유가증권시장 상장요건

상장요건		일반회사
규모 요건 (모두)	기업규모	• 자기자본 300억원 이상
	상장주식 수	• 100만주 이상

분산
요건
(모두)
	주식수	• 다음 중 하나만 충족하면 됨
		① 일반주주 소유비율 25% 이상 또는 500만주 이상(다만, 상장예정주식 수 5,000만주 이상 기업은 상장예정주식수의 10% 해당 수량)
		② 공모주식 수 25% 이상 또는 500만주 이상(다만, 상장예정주식 수 5,000만주 이상 기업은 상장예정주식수의 10% 해당 수량)
		③ 자기자본 500억원 이상 법인은 10% 이상 공모하고 자기자본에 따라 일정규모 이상 주식 발행
		  – 자기자본 500억원~1,000억원 또는
		    기준시가총액 1,000억원~2,000억원 : 100만주 이상
		  – 자기자본 1,000억원~2,500억원 또는
		    기준시가총액 2,000억원~5,000억원 : 200만주 이상
		  – 자기자본 2,500억원 이상 또는
		    기준시가총액 5,000억원 이상 : 500만주 이상
		④ 국내외 동시공모법인은 공모주식수 10% 이상 & 국내공모주식수 100만주 이상

	주주수	• 일반주주 700명 이상
	양도제한	• 발행주권에 대한 양도제한이 없을 것
경영 성과 요건 (택1)	매출액 및 이익 등	• 최근 매출액 1,000억원 이상 및 3년 평균 700억원 이상 & • 최근 사업년도에 영업이익, 법인세차감전계속사업이익 및 당기순이익 각각 실현 & • 다음 중 하나를 충족하면 됨 ① ROE : 최근 5% & 3년 합계 10% 이상 ② 이익액 : 최근 30억원 & 3년 합계 60억원 이상 ③ 자기자본 1,000억원 이상 법인 : 최근 ROE 3% 또는 이익액 50억원 이상이고 영업현금흐름이 양(+)일 것
	매출액 및 기준시가총액	• 최근 매출액 1,000억원 이상 & • 기준시가총액 2,000억원 이상 *기준시가총액 = 공모가격 × 상장예정주식수

상장요건		일반회사
경영 성과 요건 (택1)	기준시가총액 및 이익액	• 기준시가총액 2,000억원 이상 & • 최근 이익액 50억원 이상
	기준시가총액 및 자기자본	• 기준시가총액 6,000억원 이상 & • 자기자본 2,000억원 이상
안정성 및 건전성 요건	영업활동기간	• 설립 후 3년 이상 경과 & 계속적인 영업활동(합병 등이 있는 경우 실질적인 영업활동기간 고려)
	감사의견	• 최근 적정, 직전 2년 적정 또는 한정(감사범위 제한에 따른 한정의견 제외)
	매각제한 (보호예수)	• 최대주주 등 소유주식 & 상장예비심사 신청 전 1년 이내 최대주주 등으로부터 양수한 주식 : 상장 후 6월간 • 상장예비심사 신청 전 1년 이내 제3자배정 신주 : 발행일로부터 1년간. 단, 그날이 상장일로부터 6월 이내인 경우에는 상장 후 6월간

* 자세한 내용은 한국거래소 홈페이지(www.krx.co.kr) 참고

코스닥시장 상장요건

구분	일반 기업(벤처 포함)		기술성장기업	
	수익성·매출액 기준	시장평가·성장성 기준	기술평가 특례	성장성 추천
주식 분산 (택일)	① 소액주주 500명 & 25% 이상, 청구 후 공모 5% 이상(소액주주 25% 미만시 공모 10% 이상) ② 자기자본 500억 이상, 소액주주 500명 이상, 청구 후 공모 10% 이상 & 규모별 일정주식수 이상 ③ 공모 25% 이상 & 소액주주 500명			
경영성과 및 시장평가 등 (택일)	① 법인세차감전계속사업이익 20억원 [벤처: 10억원] & 시총 90억원 ② 법인세차감전계속사업이익 20억원 [벤처: 10억원] & 자기자본 30억원 [벤처: 15억원] ③ 법인세차감전계속사업이익 있을 것 & 시총 200억원 & 매출액 100억원 ([벤처: 50억원] ④ 법인세차감전계속사업이익 50억원	① 시총 500억 & 매출 30억 & 최근2사업연도 평균 매출 증가율 20% 이상 ② 시총 300억 & 매출액 100억원 이상[벤처 50억원] ③ 시총 500억원 & PRP 200% ④ 시총 1,000억원 ⑤ 자기자본 250억원	① 자기자본 10억원 ② 시가총액 90억원	
			전문 평가기관의 기술 등에 대한 평가를 받고 평가결과가 A등급 이상일 것	상장주선인이 성장성을 평가하여 추천한 중소기업일 것
감사 의견	최근사업연도 적정			
경영투과성 (지배구조)	사외이사, 상근감사 충족			
기타 요건	주식양도 제한이 없을 것 등			
질적 요건	기업의 성장성, 계속성, 경영의 투명성 및 안정성, 기타 투자자 보호, 코스닥시장의 건전한 발전, 업종별 특성, 고용창출 효과 및 국민경제적 기여도 등을 종합 고려			

(2019.4.17 개정규정 기준)

05

이상적 재무제표의 설계

재무분석과 재무설계

재무제표의 계정과목을 이용해 성장성 · 안정성 · 활동성 · 생산성 · 수익성 등의 비율을 계산하는 방식을 재무제표분석이라고 한다.

원래 재무제표를 분석하는 이유는 기업이 현재 처한 실상과 그 문제점을 밝혀내서, 그 대책을 수립함으로써 미래 더 나은 성과를 달성하는데 있다. 회사가 미래에 달성하고자 하는 목표를 명확히 그리기 위해서는 재무제표의 설계(設計)가 필요하다.

이상적 재무상태표의 설계

금융기관의 신용평가표를 이용해 이상적인 재무상태표를 그려보기로 한다. 우선, 이상적인 재무상태표의 모습은 다음과 같다. 어떻게 그 모습을 그렸는지, 그 과정을 설명해보겠다.

일단 재무상태표의 형태를 그린 후 총자산과 총자본을 100으로 놓는다.

■ 이상적 재무상태표의 설계

재무상태표

유동자산 60 ③	예금 20	부채 60 (차입금 30, 비차입금 30) ④	유동부채 40 ②
	매출채권 20 ⑥		
	재고자산 20 ⑦		비유동부채 20
비유동자산 40		자본 40 ①	
총자산 100		총자본 100 ⑤	

주요 재무제표분석 지표

① 자기자본비율 = 자기자본 / 총자본 > 40%
② 유동부채비율 = 유동부채 / 자기자본 < 100%
③ 유동비율 = 유동자산 / 유동부채 > 150%
④ 차입금의존도 = 차입금 / 총자본 < 30%
⑤ 총자본회전율 = 매출액 / 총자본 > 1.5회
⑥ 매출채권회전율 = 매출액 / 매출채권 > 7.5회
⑦ 재고자산회전율 = 매출액 / 재고자산 > 7.5회

1) 자기자본비율

자기자본비율은 자기자본을 총자본으로 나누어 계산한다. 금융기관의 신용평가표에서 자기자본비율이 40% 이상이면 만점을 받는다. 따라서 자기자본이 40이고 총자본이 100이면 자기자본비율이 40%로 계산된다.

2) 유동부채비율

유동부채비율은 유동부채를 자기자본으로 나누어 계산한다. 금융기관의 신용평가표에서 유동부채비율이 100% 이하면 대부분 만점을 주고 있다. 따라서 자기자본이 40이고 유동부채가 40이면 자연스럽게 유동부채비율이 100%로 계산된다.

3) 유동비율

유동비율은 유동자산을 유동부채로 나누어 계산한다. 금융기관의 신용평가표에서 유동비율이 150% 이상이면 대부분 만점을 받는다. 따라서 유동부채가 40이고 유동자산이 60이면 당연히 유동비율이 150%로 계산된다.

4) 차입금의존도

차입금의존도는 차입금을 총자본으로 나누어 계산한다. 금융기관의 신용평가표에서 차입금의존도가 30% 이하이면 대부분 만점을 받는다. 따라서 차입금이 30이고 총자본이 100이면 당연히 차입금의존도는 30%로 계산된다.

그리고 총부채 60을 세분화하면 이자를 지급하는 차입금(단기차입금·유동성장기부채·장기차입금·사채 등)이 30으로, 나머지 이자를 지급하지 않는 부채(매입채무·미지급금·미지급비용 등)이 30으로 계산된다.

5) 총자본회전율

총자본회전율은 매출액을 총자본으로 나누어 계산한다. 금융기관의 신용평가표에서 총자본회전율이 1.5회 이상이면 대부분 만점을 받는다. 따라서 총자본이 100이면 당연히 매출액은 150 이상이 되어야 한다.

6) 매출채권회전율

매출채권회전율은 매출액을 매출채권으로 나누어 계산한다. 금융기관의 신용평가표에서 매출채권회전율이 7.5회 이상이면 대부분 만점을 받는다. 따라서 매출액이 150이면 매출채권은 20(150/7.5)으로 계산된다. 따라서 유동자산 60 중 매출채권이 차지하는 몫이 20이 되어야 한다.

7) 재고자산회전율

재고자산회전율은 매출액을 재고자산으로 나누어 계산한다. 금융기관의 신용평가표에서 재고자산회전율이 7.5회 이상이면 대부분 만점을 받는다. 따라서 매출액이 150이면 재고자산은 20(150/7.5)으로 계산된다. 따라서 유동자산 60 중 재고자산이 차지하는 몫이 20이

되어야 한다.

8) 당좌비율

유동자산 60 중 매출채권이 20이고 재고자산이 20이면 나머지 20은 회사가 영업활동을 위해 보유하는 잉여자금이 된다. 그리고 회사는 이러한 잉여자금을 현금 · 예금 · 유가증권 · 단기대여금 등으로 보유하다가, 필요시 즉시 인출 가능한 자금에 해당된다.

따라서 회사의 당좌비율은 잉여자금 20과 매출채권 20을 더한 40을 유동부채 40으로 나누면 100%로 계산되어 만점의 신용평점을 받는다.

이상적 손익계산서의 설계

금융기관의 신용평가표를 기준으로 한 이상적인 손익계산서는 다음과 같다. 이상적 재무상태표와 마찬가지로 이상적 손익계산서를 그리는 상세한 과정을 살펴본다.

1) 총자본회전율

총자본회전율은 매출액을 총자본으로 나누어 계산한다. 그리고 금융기관의 신용평가표에서 총자본회전율이 1.5회 이상이면 대부분 만점을 받는다. 따라서 총자본이 100이면 당연히 매출액은 150 이상이 되어야 한다.

2) 자기자본이익률

자기자본이익률은 당기순이익을 자기자본으로 나누어 계산한다. 그리고 금융기관의 신용평가표에서 자기자본이익률이 15% 이상이면 대부분 만점을 받는다. 따라서 자기자본이 40이면 당기순이익은 자기자본(40)×자기자본이익률(15%)로 계산되기 때문에 매출액이 150일 때 6으로 계산된다.

3) 총자본세전순이익률

총자본세전순이익률은 세전이익을 총자본으로 나누어 계산한다. 그리고 금융기관의 신용평가표에서 총자본세전순이익률이 9% 이상이면 대부분 만점을 받는다. 따라서 총자본이 100이면 세전이익은 총자본(100)×총자본세전순이익률(9%)이기 때문에, 매출액이 150일 때 9로 계산된다.

따라서 세전이익이 9이고 당기순이익이 6이면, 법인세비용은 세전이익에서 당기순이익을 차감한 수치이기에 3으로 계산된다.

4) 순금융비용부담률

순금융비용부담률은 회사가 부담하는 순금융비용을 매출액으로 나누어 계산한다. 여기서 순금융비용이란 이자비용에서 이자수익을 차감한 순액을 말한다. 그리고 금융기관의 신용평가표에서 순금융비용부담률이 3% 이하이면 대부분 만점을 받는다.

따라서 영업외수익과 영업외비용에 이자수익과 이자비용 이외의 항목이 없다고 가정하면, 매출액이 150일 때 순금융비용은 3%인

■ 이상적 손익계산서의의 설계

	절대금액	구성비
매출액	150 ①	100%
매출원가	120 ⑤	80%
매출총이익	30	20%
판매비와 관리비	16.5	11%
영업이익	13.5	9%
영업외손익	4.5 ④	3%
법인세비용차감전순이익	9 ③	6%
법인세비용	3	2%
당기순이익	6 ②	4%

주요 재무제표분석 지표

① 총자본회전율 = 매출액 / 총자본 > 1.5회

② 자기자본이익률 = 당기순이익 / 자기자본 > 15%

  → 당기순이익 = 40 × 15% = 6

③ 총자본세전순이익률 = 세전이익 / 총자본 > 9%

  → 세전이익 = 100 × 9% = 9

④ 순금융비용부담률 = 순금융비용 / 매출액 < 3%

  → 순금융비용 = 150 × 3% = 4.5

⑤ 매출액총이익률 = 매출총이익 / 매출액 > 20%

4.5로 계산된다. 세전이익이 9이고 순금융비용이 4.5이면 영업이익은 세전이익에서 순금융비용을 가산하여 계산되기 때문에 13.5로 계산된다.

5) 매출액총이익률

매출액총이익률은 매출총이익을 매출액으로 나누어 계산한다. 일반적으로 매출액총이익률은 업종마다 상이한 특징을 갖고 있다. 예를 들어 제약업·화장품업·주류업 등은 매출원가가 차지하는 비중이 상당히 낮기 때문에 매출액총이익률이 상당히 높게 나타난다. 반면에 이러한 업종들은 광고 선전비 등의 판매비와 관리비를 상당히 많이 지출한다는 특징이 있다. 다시 말해, 매출원가가 낮은 대신 판매비 등을 많이 지출함으로써 영업이익은 업종별로 거의 차이가 나지 않는다.

국내 제조업의 평균 매출원가율은 80% 정도로, 매출액총이익률은 약 20% 정도이다. 따라서 제조업의 평균적인 손익계산서를 그려보면 매출액이 150일 때 매출원가가 120(80%) 정도가 되고, 따라서 매출총이익은 30이 되며, 영업이익이 13.5이기 때문에 판매비와 관리비가 16.5가 된다.

레이더 차트의 작성

레이더 차트를 작성해 보자

공군에서 근무를 해본 사람이라면 레이더 차트가 무엇인지 잘 알 것이다. 항공기의 움직임을 전파를 탐지하여 포착한 후, 한가운데에 표적이 나타나면 미사일을 발사하여 폭파시키는 것이 레이더의 원리다.

회사의 주요 비율을 산업 평균이나 경쟁사 등의 지표와 비교하여 도표화시킨 것이 재무 분석에서의 레이더 차트 원리다. 즉 회사의 재무 비율이 레이더 안으로 밀집된다는 것은 극히 불량한 상태로서, 폭파될 가능성(부도나 파산 등 도산 가능성)이 높다는 뜻이다.

종합평가표의 작성

지금까지 설명한 재무지표 중에서 몇 가지 주요 항목을 추출하여 종합평가표를 작성한다. 그리고 희망제약주식회사의 전기와 당기의 비율을 산업평균 비율과 대비하여 그 배율을 계산한다. 이처럼 배율을 계산하는 이유는 각 비율 단위(%, 회, 금액 등)가 각각 다르기 때문에, 이를 공통 지표로 전환하기 위해서다.

█ 종합평가표

구분	주요비율	비율		산업평균비율 (C)	배율	
		전기(A)	당기(B)		A/C	B/C
성장성	총자산증가율	12.86%	7.12%	16.39%	0.78	0.43
	유형자산증가율	2.03%	△4.96%	10.60%	0.19	△0.47
	매출액증가율	7.89%	7.61%	16.39%	0.48	0.46
안정성	자기자본비율	32.26%	34.56%	32.00%	1.01	1.08
	유동비율	163.94%	175.55%	159.65%	1.03	1.10
	비유동장기적합률	47.92%	42.13%	66.35%	0.72	0.63
	차입금의존도	46.87%	42.53%	46.95%	1.00	0.91
활동성	총자산회전율	0.80회	0.79회	0.86회	0.93	0.92
	유형자산회전율	6.92회	6.10회	2.50회	2.77	2.44
	재고자산회전율	8.09회	8.46회	6.25회	1.29	1.35
	매출채권회전율	1.93회	1.90회	2.08회	0.93	0.91
수익성	총자본세전순이익률	4.42%	7.95%	3.98%	1.11	2.00
	자기자본순이익률	6.33%	13.29%	7.16%	0.88	1.86
	매출액세전순이익률	5.51%	10.11%	4.53%	1.22	2.23
	매출액순이익률	2.62%	5.66%	3.02%	0.87	1.87
생산성	부가가치율	50.71%	53.55%	40.53%	1.25	1.32
	수지비율	94.71%	90.31%	96.02%	0.99	0.94
	손익분기점률	91.75%	85.16%	93.05%	0.99	0.92

종합평가표를 갖고 다음과 같은 동심원을 그린다. 이 동심원에 각 배율을 갖고 점을 찍고나서, 그 점들을 이으면 레이더 차트가 완성된다. 이 차트에서 실선은 전기, 점선은 당기, 굵은 동심원은 산업평균을 의미한다. 이 그림에서 실선(전기)보다 점선(당기)이 밖으로 더 많

이 퍼진 것으로 미루어, 실적이 전년에 비해 당기가 더 양호하다는 것을 알게 된다.

▌레이더 차트

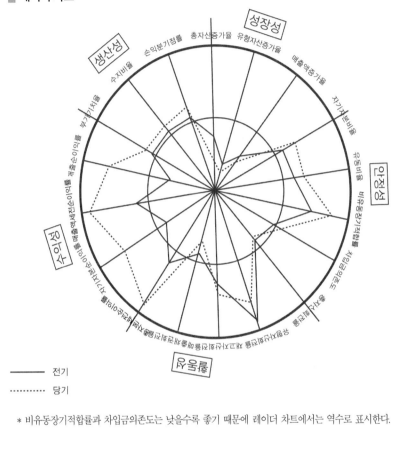

——— 전기
·········· 당기

＊ 비유동장기적합률과 차입금의존도는 낮을수록 좋기 때문에 레이더 차트에서는 역수로 표시한다.

사례회사의 레이더 차트를 분석한다

희망제약주식회사의 경우 전기에 비해 당기 실적이 밖으로 퍼지는 상태를 보이고 있고, 또한 산업평균에 비해서도 높게 나타나고 있다. 따라서 회사는 단기간 내에 도산 가능성은 낮다고 할 수 있다.

그러나 한 가지 중요한 문제점이 눈에 띈다. 바로 성장성 지표가 그림 안쪽으로 쭉 들어가 있는 모습이다. 이로 미루어 매출, 자산, 유형자산 등의 증가율이 전부 산업 평균에 비해 극히 낮은 수준이하는 것이다.

회사의 성장률이 산업 평균에 비해 현저히 낮다는 것은 어떤 의미일까?

만약 앞으로도 성장률의 하락이 지속된다면, 매출액은 감소하는데 비용이 상승함으로써 수익성이 악화될 수밖에 없다. 왜냐하면 비용은 시간이 흘러갈수록 물가 상승에 따라 늘어나기 때문이다. 예를 들어 현재 입사하는 신입사원의 급여를 과거 10년 전의 그들의 급여와 비교해 보면, 큰 차이가 나지 않는가? 특히 전기료, 교통비, 외식비 등도 큰 차이가 날 것이다.

수익성 악화에 따라 제품의 원가경쟁력이 떨어지면, 다음으로 판매 부진으로 인해 매출채권과 재고자산이 늘어나면서 활동성이 둔화된다. 그리고 영업자산의 증가는 자금 부족으로 이어지고, 금융기관의 대출을 늘려 안정성도 하락하는 현상으로 이어진다. 이러한 악순환이 몇 번만 지속되면 도산의 길을 걷게 된다.

그 대책으로는 매출 증가에 신경을 써야 한다는 것이다. 향후 신제품 개발, 신사업 진출, 해외 진출 등의 확대 전략을 강구할 필요가 있다.

국제회계기준에 따라 재무제표를 작성하면

회계기준

회사가 재무제표를 작성하는데, 정해진 기준이 없다면 어떤 사태가 발생할까? 다시 말해 재무제표의 양식이나 작성 방법 등이 통일되지 않는다면 어떻게 될까?

회사는 정해진 기준이 없기에 자기 마음대로 재무제표를 작성할 것이다. 다음으로 외부인들은 회사가 어떤 기준으로 재무제표를 만들었는지 하나하나 해석해야만 한다는 문제가 발생한다. 다시 말해, 금융기관의 대출담당자는 회사의 경리책임자에게 재무제표 작성 경위에 대해 사사건건 질문할 것이다. 또한 주식 투자자들의 질문도 매일같이 쇄도할 것이다. 이러한 사태가 발생하면, 경리과 임직원들은 외부인의 질문에 답하다가 하루 업무가 끝날 것이다.

회계기준이란 재무제표를 작성하거나 해석할 때 적용되는 원칙을 말한다. 회사에게는 재무제표의 양식이나 방법 등에 대한 작성기준으로, 그리고 외부 이해관계자에게는 재무제표의 의미를 파악하는 해석기준으로서의 역할을 한다.

한국의 회계기준

국내 기업들은 규모 등에 따라 회계기준이 각기 다르게 적용된다.

첫째, 중소기업회계기준이다.

자산총액 120억 원 미만인 중소기업이 재무제표를 작성할 때 따르는 기준이다. 상법(법무부고시 제2013-0029호)에 따라 2014년부터 중소기업회계기준을 따르도록 규정했다. 이 기준은 강제가 아닌 임의 규정이기 때문에, 대부분의 중소기업은 세법의 규정에 따라 재무제표를 적성한다.

물론 필요에 따라 중소기업도 일반기업회계기준 또는 국제회계기준을 따를 수 있다. 중소기업의 재무제표는 공인회계사의 회계감사도, 외부 공시도 적용되지 않는다.

둘째, 일반기업회계기준이다.

외감법인이 재무제표를 작성할 때는 일반기업회계기준을 따른다. 외감법인이란 외감법(주식회사의 외부감사에 관한 법률) 적용을 받는 회사를 말한다. 일반기업회계기준은 금융위원회의 위탁을 받아 한국회계기준원(KAI)에서 제정한다.

외감법인에 해당하는 회사는 (1) 직전 결산일 현재 자산총액 120억 원 이상이거나 (2) 자산총액 70억 원 이상으로 부채총액 70억 원 이상 또는 종업원 수 300명 이상인 회사다.

외감법인은 일반기업회계기준을 적용해 재무제표를 작성해야 하지만, 경우에 따라 국제회계기준을 따를 수도 있다. 외감법인의 재무제표는 금융감독원의 전자공시스템(DART)에서 누구나 쉽게 찾아볼 수 있다.

셋째, 국제회계기준(K-IFRS)이다.

전 세계적으로 통용되는 회계기준으로, 국내 상장법인이 재무제표를 작성할 때 반드시 따라야 한다. 과거 국내 상장법인은 한국회계기준에 따라 국내용 재무제표만 작성했기 때문에 미국 금융시장에 진출하려면 미국용 재무제표를, 유럽 금융시장에 진출하려면 유럽용 재무제표를 추가로 작성해야 했다. 이런 번거로움을 해결하고 회계기준의 국제화 추세에 발맞추기 위해 정부는 2011년부터 국제회계기준(K-IFRS)을 도입했다.

현재 국제회계기준은 미국과 일본을 제외한 전 세계 대부분의 국가에서 채택하고 있다. 다만 미국 기업은 미국회계기준에 따라, 일본 기업은 일본회계기준에 따라 재무제표를 작성하고 있다. 최근 국제회계기준 참여국이 늘어나면서, 미국 정부는 국제회계기준에 따라 작성한 외국기업의 재무제표를 적법한 보고서로 인정해주고 있다.

국제회계기준에 따른 재무제표 작성

이 책의 사례에 나오는 희망제약주식회사는 비상장기업으로서 일반기업회계기준에 따라 재무제표를 작성했다. 그런데 이 회사가 증권시장에 상장하려면 국제회계기준에 따라 재무제표를 다시 작성해야만 한다.

희망제약주식회사의 재무제표를 국제회계기준에 따라 작성하면 다음 양식과 같다. 일반회계기준에 비해 재무제표가 매우 간단하다는 것을 알 수 있다. 일반회계기준과 국제회계기준은 회계처리 방법 등에서 많은 차이가 나는데, 그 상세한 내용은 지면 관계상 생략하기로 한다.

연결재무상태표

희망제약주식회사   (단위: 백만 원)

구분 과목	당기 2020년 12월 31일 현재		전기 2019년 12월 31일 현재	
자산		54,815		
1. 유동자산				49,455
현금및현금성자산	5,345		4,788	
단기금융상품	10,572		7,500	
단기매도금융자산	0		0	
매출채권	29,955		27,742	
선급금	45		44	
선급비용	473		547	
재고자산	6,680		6,254	
기타유동자산			2,580	
2. 비유동자산		17,173		17,748
장기매도금융자산	898		1,832	
만기보유금융자산	182		287	
관계기업투자	403		0	
유형자산	8,745		9,201	
무형자산	284		212	
이연법인세자산	0		0	
기타 비유동자산	1,745		6,216	
자산총계		71,988		67,203

연결재무상태표- 계속

희망제약주식회사 (단위: 백만 원)

구분 과목	당기 2020년 12월 31일 현재		전기 2019년 12월 31일 현재	
부채				
1. 유동부채		31,225		30,167
매입채무	4,507		4,153	
단기차입금	17,351		17,658	
미지급금	1,065		826	
미지급비용	2,483		1,858	
유동성장기부채	5,303		5,307	
기타비유동부채	516		365	
매각예정부채	0		0	
2. 비유동부채		15,881		15,357
사채	7,280		7,536	
장기차입금	682		999	
순확정급여부채	7,675		6,691	
이연법인세부채	0		0	
장기충당부채	244		131	
기타비유동부채	0		0	
부채총계		47,106		45,524
자본				
1. 지배기업 지분	24,882		21,679	
우선주자본금	6,350		6,000	
보통주자본금	1,000		1,000	
주식발행초과금	700		700	
이익잉여금	16,646		13,904	
기타자본항목	186		75	
2. 비지배지분	0		0	
자본총계		24,882		21,679
부채와자본총계		71,988		67,203

연결손익계산서

희망제약주식회사 (단위: 백만 원)

과목＼구분	당기	전기	증감액
매출액	54,712	50,845	3,867
매출원가	23,529	23,233	296
매출총이익	31,183	27,612	3,571
판매비와관리비	18,497	18,232	265
영업이익	12,686	9,380	3,306
영업외수익	2,521	2,112	409
영업외비용	9,673	8,690	983
법인세비용차감전순이익	5,534	2,802	2,732
법인세비용	2,440	1,469	971
당기순이익	3,094	1,333	1,761

찾아보기

2020 재무제표를 읽으면 기업이 보인다

초판 1쇄 인쇄 2020년 2월 21일
초판 1쇄 발행 2020년 2월 28일

지은이 | 홍성수 김성민
펴낸이 | 홍성수
펴낸곳 | (주)새로운 제안

책임편집 | 이혜경
디자인 | agentcat
마케팅 | 문성빈

등록 | 2005년 12월 22일 제2-4305호
주소 | (07285) 서울특별시 영등포구 선유로3길 10 하우스디비즈 708호
전화 | 02-2238-9740 팩스 | 02-2238-9743
홈페이지 | www.jean.co.kr email | webmaster@jean.co.kr

인쇄 | 예림인쇄 제책 | 예림바인딩

ISBN 978-89-5533-584-2 (13320)
ISBN 978-89-5533-585-9 (15320) 전자책

이 도서의 국립중앙도서관 출판예정도서목록(CIP)은 서지정보유통지원시스템 홈페이지
(http://seoji.nl.go.kr)와 국가자료공동목록시스템(http://www.nl.go.kr/kolisnet)에서 이용하실
수 있습니다.(CIP제어번호: CIP2020002278)